フェアトレードタウン

“誰も置き去りにしない”公正と共生のまちづくり

日本フェアトレード・フォーラム
渡辺龍也 編著

新評論

はじめに

消費者がフェア（公正）な買い物をすることで、弱い立場におかれた発展途上国の生産者の人たちに人間らしい生活を保障するとともに、自分の足元の生活を見直すフェアトレード。そのフェアトレードを「まちぐるみ」で広め、根づかせていく「フェアトレードタウン運動」の輪が世界に広がっています。運動が産声《うぶごえ》をあげたのは、イギリス北部の小さな町ガースタング。二一世紀を目前にした二〇〇〇年のことでした。フェアトレードに関わる人たちを虜《とりこ》にしたこの運動は、イギリス全土へ波及するのみならず、ドーバー海峡をわたって欧州諸国へ、さらに大西洋を越えてアメリカへ、そして地球を半周してオーストラリアへと広がっていきました（「運動の起源と現在」参照）。

日本では、二〇〇三年に芽吹いた運動が八年の月日をへて大輪の花を咲かせ、二〇一一年に熊本市が日本初のフェアトレードタウンとして誕生しました。続いて、一五年に名古屋市、一六年に逗子市（神奈川県）、そして一七年には浜松市（静岡県）がフェアトレードタウンとなりました。さらに、札幌市、垂井町《たるいちょう》（岐阜県）、宇都宮市、岡山市などが次を目ざしています。

先進国中心だったこの運動はアフリカ、中南米、アジアにも広がり、二〇一六年にはフェアトレードタウンの国際会議が初めて途上国地域（レバノン）で開催されました。こうして、今では世界三二カ国に合わせて二〇〇〇を超えるフェアトレードタウンが誕生しています。

それでは、このフェアトレードタウン運動は、どのようにして始まり、どうして世界各地の人々をひきつけてきたのでしょうか。その始まりは、意外なことに「フラストレーション（いらだち）」にあったと言います。イギリスのフェアトレード活動は一九五〇年代にまでさかのぼりますが、長いあいだ途上国の問題に関心をもつ一部の人たちの活動にとどまり、一般市民への広がりに欠けていました。フェアトレード普及のイベントやキャンペーンを打つと、その期間中は関心が高まり、フェアトレード産品を買い求める人が増えるものの、それが終わればまた元に戻ってしまう。そうした一時的な「お祭り騒ぎ」の繰り返しに終わることへのフラストレーションから、運動が生まれたというのです。

人々の関心を維持し、フェアトレードを日常の生活に根づかせるにはどうしたら良いか。それには、コミュニティ（市区町村）の中でフェアトレード産品を買ったり使ったりできる場所を増やし、さまざまな組織（行政・議会、企業・商店、学校、教会、市民団体）や人々に、日常的にフェアトレード産品を購入・利用することにコミットしてもらおう――つまり、「まちぐるみ」でフェアトレードの輪を広げ、根づかせよう――そうした思いからスタートしたのがフェアトレードタウン運動でした。

このように、フェアトレードタウン運動は市区町村を単位に始まりましたが、もっと身近なコミュニティを足場にした運動も生まれています。大学というコミュニティ内でフェアトレードを広げる「フェアトレード大学」、小・中・高等学校で取り組む「フェアトレード学校」、キリスト教・イスラム教・ユダヤ教等の教会や寺院をベースに広げる「フェアトレード宗教施設」、職場に広げる「フェアトレード職場」などです。日本でも、二〇一八年二月に日本初のフェアトレード大学が浜松に誕生しました（静岡文化芸術大学）。

他方で、フェアトレードタウン運動が広がるにつれて、その内容や目的も多様性を増してきました。最初はフェアトレードラベル産品（「序」参照）だけを普及の対象にしていましたが、様々なフェアトレード産品を幅広く対象にする国が出てきました。また、フェアトレードだけでなく、環境に良いエコな製品や倫理的な製品も対象とする運動が現れました。さらに、自分たちが住むまちも公正な活力あるまちにすることを目指した運動が生まれました。日本の運動です。フェアトレード産品を日常的に購入・利用してもらうことでフェアトレードの市場を広げようとするだけでなく、自分たちの足元の生活や社会を見つめ直し、公正で持続可能な社会を築いていこうと日本の運動は、奥行きと深みにおいて世界に誇れるものと言ってよいと思います。

本書では、こうしたフェアトレードタウン運動の日本各地における先駆例を紹介していきます。また、運動の誕生と発展の経緯、今後の課題なども明らかにしていきます。編著者一同、フェアトレードタウン運動をテーマとする世界初の入門書としてご活用いただければと願っています。

途上国だけでなく日本を含む先進国内にも格差を広げてきた「グローバリゼーション」は、いま大きな曲がり角に来ていると言われます。一方ではそれに対抗するように、国内の貧困や格差を前に、自国第一主義や排他的なナショナリズムがあちこちに頭をもたげています。二〇一五年の国連総会で採択された「持続可能な開発目標（ＳＤＧｓ）」が掲げる、「誰も置き去りにしない」社会を実現できるのか、まさに今は試練の時です。
「誰も置き去りにせず」、すべての人が人間らしく共生していくことのできる社会は、フェアトレードが目指してきた社会そのものです。公正で持続的な共生社会を草の根から築き上げるフェアトレードタウン運動は、その実現に向けた力強い一歩となるはずです。その大輪の花が世界各地に咲き乱れ、格差と分断で黒ずんでいく地球を彩り鮮やかなものにし、人々が心豊かに共生できる社会へと変えて行くことができますように！　さあ、あなたのまちも、フェアトレードタウンを目指しませんか？

編著者　渡辺龍也

二〇一八年一月三一日

フェアトレードタウン

もくじ

はじめに ……………… 1

序——
フェアトレードタウン運動の
誕生と広がり
……………… 9
渡辺龍也

1 熊本市
人つなぐ
フェアトレード
日本初の
フェアトレードタウン熊本
……………… 34
フェアトレードシティくまもと
推進委員会代表
明石祥子

2 名古屋市
できないと思いこみ、
閉じ込めていた
想いの蓋があいた…
……………… 74
名古屋をフェアトレード・タウン
にしよう会代表
土井ゆきこ

4 逗子市
世界とつながる
平和なまちづくり
逗子の
フェアトレードタウン運動
……………… 144
逗子フェアトレードタウンの会
事務局長
磯野昌子

5 浜松市
多文化共生の上に
咲いた花
浜松市の
フェアトレードタウン運動
……………… 171
はままつフェアトレードタウン・
ネットワーク理事／
静岡文化芸術大学教授
下澤 嶽

運動の起源と現在
日本のフェアトレードタウン運動に
寄せて——
広がるフェアトレード
タウン運動
ガースタングから世界へ
……………… 260
フェアトレードタウン運動創始者
ブルース・クラウザー

Fair Trade Towns

3 名古屋市
みんなで やろみゃー！ フェアトレード
名古屋のフェアトレードタウン運動 ……107
フェアトレード名古屋ネットワーク代表理事
原田さとみ

若い力 1
世界と地域をつなぐ高校生
愛知県立南陽高等学校
Nanyo Company 部 ……130
柘植政志
三田千英子

若い力 2
世界に羽ばたくミツバチプロジェクト
愛知県立愛知商業高等学校ユネスコクラブ ……137
梶原英彦

6 札幌市
フェアトレードタウン札幌を目指して ……197
フェアトレード北海道 代表
萱野智篤

まちチョコ編
人口の二倍以上のフェアトレードチョコが売れた！
「りくべつまちチョコ」の取り組み ……226
陸別町地域ブランドプロデューサー
秋庭智也

7 垂井町
小さな町の大きな挑戦
穏豊社会への一里塚 ……236
フェアトレードタウン垂井推進委員会 会長
神田浩史

結——フェアトレードタウン運動の意義と課題 ……276
渡辺龍也

巻末資料
フェアトレード国際ネットワーク概要 ……311

執筆者紹介・推進団体連絡先 ……314

序――フェアトレードタウン運動の誕生と広がり

東京経済大学教授／日本フェアトレード・フォーラム理事　渡辺龍也

運動の誕生

フェアトレードタウン運動が生まれたのは、イギリス北西部ランカスター州にある人口五〇〇〇人の市場町《いちばまち》**ガースタング**、そして産みの親は町の獣医だった**ブルース・クラウザー**氏でした。クラウザー氏は、イギリスでいち早くフェアトレードを始めた国際協力団体「オックスファム」の会員で、一九九二年に移り住んだガースタングでオックスファムの地元グループを立ち上げました。そして町内にフェアトレードを広めようと、フェアトレードコーヒーの試飲会を開いたり、毎年恒例の子どもフェスティバルに参加してPRしたり、地元のカフェやレストランにフェアトレード産品を使うよう働きかけたりしました。町の青少年クラブや中学校に呼びかけて「ガースタング・ゴー・グローバル・グループ」を結成して、子どもたちが好きなチョコレートの原料であるカカオの産地ガーナ（アフリカ中部にあるイギリスの元植民地）の生産者の生活や奴隷貿易の歴史を学び、それを劇に仕立てて披露し、町の人たちにフェアトレードの意義や必要性を訴えかけたりもしました。

そうした努力にもかかわらず、クラウザー氏はフェアトレードがまちに浸透していく手応えを感じることができませんでした。イベントやキャンペーンを行っている間は人々の関心が高まっても、それが終わるとまた無関心状態に戻ってしまう——その繰り返しだったからです。そのことにフラストレーションを覚えたクラウザー氏は、二〇〇〇年三月、国内最大のフェアトレード推進イベント「フェアトレード・フォートナイト」（フォートナイトは二週間の意味）で、新たな試みに挑戦しました。

町長や学校の先生、牧師、商店主、農家などを招いて、フェアトレード産品と地元産品だけを使った「フェアトレード食事会」を参加費無料で開いたのです。そして参加者に対して、寄付する代わりに、日頃からフェアトレード産品と地元産品を買ったり使ったりしていくことを誓約するよう求めたのです。すると、町内の学校と教会はそのすべて、商店やレストランはその九五％から誓約を得ることができました。こうしてガースタングは、二〇〇〇年四月の町民集会で世界初の「フェアトレードタウン」を宣言するにいたったのです（詳しい経緯は二六〇頁以下「運動の起源と現在」参照）。

フェアトレードタウンになったことで、町民のフェアトレードへの認知度は飛躍的に高まりました。二〇〇一年にクラウザー氏たちが独自に行った調査では、フェアトレードラベルを認知できた町民が七一％に上り、全国平均（二〇％）を大きく上回りました。認知率はその後も、〇八年に九二・五％（全国平均八八％）、一二年に九六％（翌年の全国平均九六％）へと上昇していきました。

運動の広がり

「**まちぐるみ**」でフェアトレードを広げるという斬新な試みは、マスコミの注目を集めるとともに、地元選出の国会議員や国際開発省からも賞賛と支持を獲得しました。運動は、国際開発省の次官が予言したとおり「燎原の火」のごとくイギリス全土に燃え広がり、さらには海を越えて大陸ヨーロッパ、そしてアメリカ、オーストラリア、日本へと広がっていきました。

先進国だけではありません。アフリカのガーナや中南米のブラジル、コスタリカなど、フェアトレード産品を生産する発展途上国にも運動は広がっています。こうして今日では、**世界三二カ国**に二〇**三九のフェアトレードタウン**が生まれています。その中には、ロンドン、パリ、ローマといった一三の首都や、サンフランシスコやシカゴといった大都市も含まれています。さらに、ハンガリー、南アフリカ、ペルーなど、合わせて世界五〇カ国ほどに運動は波及しています。

フェアトレードタウンになるには

それでは、「フェアトレードタウンになる」には、どうしたらよいのでしょうか。運動の母国イギリスでは、二〇〇一年に**五つの基準**を定め、他の国でも基本的にその五基準を踏襲しています。フェアトレードタウン運動は「まちぐるみ」でフェアトレードを広げる運動だと書きましたが、それは基準を見ても明らかです。つまり、地域の政治（基準1）、経済（基準2）、社会（基準3）の三つのセク

表１　世界のフェアトレードタウン（2018年１月現在）

	国　名	初認証／宣言年	タウン数
1.	イギリス	2000年4月	631
2.	アイルランド	2003年9月	48
3.	ベルギー	2005年7月	217
4.	イタリア	2005年10月	46
5.	スウェーデン	2006年5月	67
6.	オーストラリア	2006年5月	8
7.	アメリカ	2006年7月	44
8.	ノルウェー	2006年8月	37
9.	カナダ	2007年4月	25
10.	オーストリア	2007年5月	182
11.	スペイン	2008年4月	13
12.	デンマーク	2008年8月	1
13.	オランダ	2009年3月	78
14.	ドイツ	2009年4月	520
15.	フィンランド	2009年8月	15
16.	コスタリカ	2009年10月	1
17.	フランス	2009年11月	31
18.	ニュージーランド	2009年11月	4
19.	ルクセンブルグ	2011年3月	28
20.	日本	2011年6月	4
21.	ガーナ	2011年6月	2
22.	チェコ	2011年9月	11
23.	ブラジル	2012年	3
24.	ポーランド	2012年11月	1
25.	レバノン	2013年5月	9
26.	エストニア	2014年11月	1
27.	カメルーン	2015年6月	1
28.	スイス	2016年3月	4
29.	エクアドル	2016年10月	2
30.	韓国	2017年6月	2
31.	インド	2017年8月	2
32.	台湾	2017年12月	1
	世界計		2,039

ターすべてがフェアトレードの輪を広げることにコミットし、地域住民の関心・理解が高まり（基準4）、そして多様な背景を持った人たちからなる推進委員会が組織されている（基準5）ことを求めているからです。つまり、推進委員会を核にして、地方自治体、地元企業・商店、様々な社会組織、それに住民が一丸となって（＝まちぐるみで）フェアトレードを推進することを求めているのです。

イギリスでは、以上の五基準を満たすとフェアトレードタウンに認証され、その後は二年ごとに認証の更新を受けることになります（最初だけは一年後に更新）。更新されるには、当初は過去二年間どのような進展があったかを報告するだけでよかったのですが、二〇一二年からは、次の二年間に達成したい目標とそのために必要な活動を記載した行動計画を提出し、それがどれだけ達成できたかを報告することが求められるようになりました。中でも、基準1と基準5については必ず目標を定めることが求められています。

なお、国によっては認証組織がないため、自主宣言のフェアトレードタウンも存在します。それはガースタングのまちが住民主導でフェアトレードタウンを自主宣言し、認証は後付けにすぎなかったことから、運動の創始者クラウザー氏が住民主導の自主宣言を積極的に評価しているためです。

イギリスのフェアトレードタウン5基準

1. 地元自治体がフェアトレードを支持する決議を行うとともに，自治体内（事務所や食堂，会議など）でフェアトレードラベル産品を提供することに合意していること。

2. 各種のフェアトレードラベル産品が，地元の小売店（商店，スーパー，新聞販売店，ガソリンスタンドなど）で容易に購入でき，飲食店（カフェ，レストラン，パブなど）で提供されていること。

※ 2品目以上[a]のフェアトレード産品を販売／提供する小売店／飲食店が，人口に応じて次の数以上あること。

人口	小売店数	飲食店数
2500人以下	1	1
2501人～5000人	2	1
5001人～7500人	3	2
7501人～2万人	4	2
2万人～ 2万5000人	5	3
2万5000人～3万人	6	3
3万人～10万人	5000人増えるごとに +1	1万人増えるごとに +1
10万人以上	1万人増えるごとに +1	2万人増えるごとに +1

3. 地元の職場や団体（宗教施設，学校，大学など）がフェアトレードを支持し，フェアトレードラベル産品を利用できる場合は必ず利用していること（人口10万人以上の町では地元の基幹雇用者[b]の参加が必要）。

4. メディアへの露出やイベントの開催によって，地域全体でフェアトレードへの関心と理解が高まっていること。

5. フェアトレードタウン運動が発展を続け，新たな支持を得られるよう，フェアトレード推進委員会（steering committee）が組織されていること。

注：a）小売店については，2012年から4品目以上へと引き上げられている。
b）基幹雇用者とは，規模が大きく，地域にゆかりと影響力がある雇用者のこと。

日本のフェアトレードタウン運動

その興隆■

それでは、日本国内ではどのようにしてフェアトレードタウン運動が始まり、広がってきたのでしょうか。日本で初めて運動が起きたのは**熊本市**でした。一九九三年から市内でフェアトレードショップを経営する明石祥子さんが、二〇〇三年に市活性化のアイデアとして「体験型観光とフェアトレードタウン構想」を市に提案したのです。きっかけは、その二年前に東京のフェアトレード団体の代表からフェアトレードタウン運動の話を聞き、勧められたことにありました（詳細は「1　熊本市」参照）。

提案後明石さんは、市当局や市議会への働きかけを本格化させました。毎年開催するフェアトレードのファッションショーで当時三〇歳台だった市長にモデルとして登場してもらったり、知り合いの市議に議会で市をフェアトレードタウンとすることについて質問してもらったりしました。市長は提案に好意的だったものの、市民の間にフェアトレードの認知や支持が広がらなければ実現は難しいという考えでした。そこで、途上国から生産者の人たちを招いてセミナーを開いたり、学校への出前授業を行ったり、頻繁にファッションショーを開催したりと、フェアトレードの浸透を図る様々な活動を繰り広げました。そうやって手応えを感じた二〇〇九年、運動の推進母体となる「フェアトレード・シティ推進委員会」を立ち上げました。

熊本の動きは、フェアトレードを広めるのに苦心してきた各地の人たちを触発しました。**名古屋市**

で一九九六年からフェアトレードショップを運営してきた土井ゆきこさんは、地域とのつながりをぬきにフェアトレードは広げられないとの思いを強め、二〇〇九年夏に「名古屋をフェアトレード・タウンにしよう会」を立ち上げました（「2　名古屋市」参照）。地元タレントの原田さとみさんも、企業や行政などを動かしてフェアトレードタウンを実現しようと、同年末に「フェアトレードタウンなごや推進委員会」を組織しました（「3　名古屋市」参照）。

札幌市では、フェアトレードショップ関係者を中心に、フェアトレードを広める祭典「フェアトレードフェスタ」を二〇〇三年から毎年開催する中で、〇八年の祭典中に札幌をフェアトレードタウンにしようという機運が生まれました。そして勉強会の開催や運動の組織化を進め、〇九年末にフェアトレードタウンの実現を目的の一つとする「フェアトレード北海道」が発足しました（「6　札幌市」参照）。

東京では、首都圏のフェアトレード団体の代表や学識経験者などからなる「フェアトレード推進会議」が二〇〇九年末に結成され、その活動の一つとして「フェアトレードタウン推進部会」が発足しました。こうして、期せずして二〇〇九年に熊本、名古屋、札幌、そして東京でフェアトレードタウンの実現や推進を図る組織が同時に生まれたのです。「機が熟した」とはこういうことを言うのでしょう。いま振り返ると、**二〇〇九年が日本の「フェアトレードタウン元年」**だったと言えると思います。

運動のネットワーク化■　フェアトレードタウン運動が各地で盛り上がるにつれ、横のつながりも生まれてきました。二〇〇九年春には各地の推進組織が参加するスカイプ会議が行われました。各地の動きが結集し、一つの力となって動き始めたのが二〇一〇年三月でした。東京の「フェアトレードタウン推進部会」のメンバーでもあった筆者が、勤務先の東京経済大学で開催した「**国際シンポジウム：フェアトレードの拡大と深化**」に、フェアトレードタウン運動の創始者クラウザー氏や、熊本、名古屋、札幌のフェアトレードタウン推進組織の代表を招き、クラウザー氏を囲む意見交換会を設けたのです。

国内の主だったフェアトレードタウン運動関係者が一堂に会したこの会合では、各地の活動を紹介し合ったあと、日本でフェアトレードタウン運動を推進していくにはどうしたらよいか話し合いました。その結果、

①　イギリスの五基準を基本としながらも日本独自の基準を作っていくこと

②　多様性を尊重し、国際フェアトレードラベル機構（FLO）や世界フェアトレード機構（WFTO）（これらの組織については巻末資料を参照）に認証されたフェアトレードだけでなく、小規模でもフェアトレードの理念や原則に立った活動（＝第三カテゴリー）も大事にしていくこと

③　運動はトップダウンではなく草の根主体のボトムアップで進めていくべきこと

で合意しました。お互い初めて膝を突き合わせた会合だったにもかかわらず、目指す方向が驚くほど一致していたのは予期せぬ喜びでした。

二〇一〇年五月に開催した二回目の意見交換会では、フェアトレードタウン運動の全国的なネットワーク作りと日本独自の基準作りを主な目的とする「**フェアトレードタウン・ネットワーク準備委員**

会」を立ち上げることに合意し、七月に準備委員会を発足させました。

日本独自の基準作り■ 準備委員会は、二〇一〇年一〇月に名古屋市で三回目、翌一一年一月に熊本市で四回目の意見交換会を開催し、日本の実情に合った基準作りを進めました。

イギリスで作られた五基準のうち、どうしても変える必要があったのは自治体に関する基準でした。イギリスの地方自治体では通常、有権者から選ばれた議員の中から互選で首長（市区町村長）が選出されます（これを一元代表制といいます）。その場合、議会がフェアトレードを支持する決議を行えば、首長もそれに縛られるので、議会の決議があれば十分です。一方日本では、地方の議員と首長は別々の選挙で選ばれます（これを二元代表制といいます）。この場合、両者の立場は対等で、議会が支持決議をしても、首長はそれに縛られませんし、逆に、首長が支持を表明しても、議会はそれに縛られません。したがって、**日本では「議会による支持決議」と「首長による支持表明」の両方が必要**なのです。

もう一つの課題は、運動の対象とする**フェアトレード産品と取扱店の数**でした。フェアトレードラベルが普及しているイギリスでは、ラベル産品だけを対象にしていますが、日本ではラベルがよく知られていません。さらに、WFTOに加盟するフェアトレード団体も当時国内には一団体しかなく、日本のフェアトレードは大半がそれ以外の「第三カテゴリー」に当たります。そうした状況を踏まえ、日本では、国際的に認知されているWFTOの一〇原則、ないしWFTOとFLOが共同で定めた「フェアトレードの原則に関する憲章」に立脚したフェアトレードも対象とすることにしたのです。

次に、フェアトレード産品を取り扱う店（商業施設）の数もイギリスほど多くないため、敷居を低くしました。ただ、フェアトレードを地域に根づかせるには、ラベル産品を扱うスーパーやコンビニの数がそろっているだけでは不十分です（売れなければすぐ取り扱いをやめる恐れがあるため）。そこで、フェアトレードの推進を主目的とし、推進の拠点となる専門店＝フェアトレードショップ（売上ないし取扱品目の半分以上をフェアトレード産品が占める店）が一店以上あることを条件に加えました。

最後に、「**地域活性化への貢献**」**という日本独自の基準**も加えることにしました。フェアトレードは途上国の弱い立場に置かれた生産者を支援する活動ですが、国内でも地方の過疎化や高齢化、シャッター街化、「食えない」農林水産業などが大きな問題となっています。人が生き生きと人間らしく暮らせる必要性・重要性に南北の違いはありません。そこで、地産地消やまちづくり、環境活動、障がい者支援等のコミュニティ活動と連携することで、地域の経済や社会の活性化に寄与することも加えたのです。

以上の経緯を経て策定されたのが、次ページの「**日本のフェアトレードタウン六基準**」です。

認定組織の設立■　基準について大筋の合意が得られたことで、基準を満たしたまちをどう認定するかに議論が移りました。まず認定組織については、フェアトレードタウン・ネットワーク準備委員会を認定組織へと改組することにしました。その運営にあたる理事会は、地方のフェアトレードタウン推進組織、フェアトレード団体、フェアトレードラベル認証組織、フェアトレード支援団体、フェ

日本のフェアトレードタウン6基準

基準 1：推進組織の設立と支持層の拡大　フェアトレードタウン運動が持続的に発展し，支持層が広がるよう，地域内のさまざまなセクターや分野の人々からなる推進組織が設立されている。

【指標】フェアトレードタウンを目指すことを規約等で明示した推進組織が設立されている。

基準 2：運動の展開と市民の啓発　地域社会の中でフェアトレードへの関心と理解が高まるよう，さまざまなイベントやキャンペーンを繰り広げ，フェアトレード運動が新聞・テレビ・ラジオなどのメディアに取り上げられる。

【指標】各種のイベント・キャンペーンが行われ，メディアに取り上げられている（複数あればよい）。

基準 3：地域社会への浸透　地元の企業や団体（学校や市民組織）*がフェアトレードに賛同し，組織の中でフェアトレード産品を積極的に利用するとともに，組織内外へのフェアトレードの普及に努めている。

＊「地元の企業」には個人経営の事業体等も含まれ，「地元の団体」には学校・大学等の教育機関や，病院等の医療機関，町内会・商工会等の地縁組織，各種の協同組合，労働組合，寺院・教会等の宗教団体，福祉・環境・人権・まちづくり分野等の様々な非営利・非政府団体（NPO・NGO）が含まれる。

【指標】複数の企業，複数の団体が組織内でフェアトレード産品を利用し，組織内外への普及をしている。

基準 4：地域活性化への貢献　地場の生産者や店舗，産業の活性化を含め，地域の経済や社会の活力が増し，絆が強まるよう，地産地消やまちづくり，環境活動，障がい者支援等のコミュニティ活動と連携している。

【指標】種々のコミュニティ活動と連携・連帯した行動が取られている。

基準 5：地域の店（商業施設）によるフェアトレード産品の幅広い提供　多様なフェアトレード産品が地元の小売店や飲食店等で提供されている。フェアトレード産品にはFLO（国際フェアトレードラベル機構）ラベル認証産品とWFTO（世界フェアトレード機関）加盟団体の産品，それに地域の推進組織が適切と認めるフェアトレード団体*の産品が含まれる。

＊「適切と認めるフェアトレード団体」とは，少なくとも以下の条件を満たしている団体のことをいう。

a）WFTOの10原則，ないしWFTOとFLOが共同で定めた「フェアトレードの原則に関する憲章」が掲げる5原則に立って活動している。

b）事業の透明性が確保されている。

【指標1】2品目以上のフェアトレード産品を提供する店（商業施設）が，人口3万人未満は2店以上，3万人以上は1万人あたり1店以上ある。ただし，フェアトレードの推進・普及を主な目的とする店（売上ないし取扱品目の半分以上をフェアトレード産品が占める店）が1店以上あること。

【指標2】各店は2品目以上提供することを基本とするが，1品目だけの場合は0.5店として扱う。

【指標3】フェアトレード産品が年間6ヵ月以上提供されている。

基準 6：自治体によるフェアトレードの支持と普及　地元議会がフェアトレードを支持する旨の決議を行うとともに，自治体の首長がフェアトレードを支持する旨を公式に表明し，自治体内へのフェアトレードの普及を図っている。

【指標】地元議会による決議と首長による意思表明が行われ，公共施設や職員・市民へのフェアトレードの普及が図られている。

アトレードショップ、それに有識者で構成し、認定の実務にあたる認定委員会は、地方のフェアトレードタウン推進組織、フェアトレード団体、有識者等で構成することで合意しました。

認定手続については、事務局による書類のチェック、認定委員会による審査（現地調査を含む）と認定、理事会による承認と非認定の場合の不服審査、といったプロセスを設けることで合意しました。

こうして二〇一一年四月、ついに**一般社団法人「フェアトレードタウン・ジャパン」**の設立にこぎつけました（一四年に**「日本フェアトレード・フォーラム」**へと改称）。全国のフェアトレードタウン運動関係者が一堂に会した当初、三〜四年はかかると思われた一連の作業が、わずか一年で法人化まで終えることができたのは、関係者が「一心同体」だっただけでなく、早く熊本市をフェアトレードタウンに、という共通の想いがあったからでした。

日本初のフェアトレードタウン誕生■　熊本市は、二〇〇三年来の粘り強い活動によって、すでに一〇年初めの時点でほぼ基準を満たすところまできていました。唯一欠けていたのは市議会によるフェアトレード支持決議と市長によるフェアトレード支持表明でした。この基準は、運動の本家イギリスでも最難関です。ましてや国内に「前例」がなく、議会と首長の両方の支持を必要とする日本でこの基準を満たすのは大変なことでした。

熊本市長は個人的には前向きだったものの、市民に幅広く認知／支持されているとまでいえない事柄について公式に支持表明することには慎重でした。一方の市議会も、好意的な議員は増えていたものの、この種の決議は全会一致が原則で、一つの党派でも反対すると決議できないことから、足踏みが続いていました。

転機が訪れたのは二〇一〇年末でした。翌一月のフェアトレードタウン・ネットワーク準備委員会の熊本会合開催を前に、基準や認定の仕組みが固まってきたことで議会内に支持する動きが広がり、一二月議会の最終日に「フェアトレード理念周知に関する決議」が行われたのです。市議会の決議を受け、熊本市長もその日の記者会見でフェアトレードへの支持を表明しました。

こうして熊本市がすべての基準をクリアできる状態になったのに加えて、世界全体でフェアトレードタウンの数が一〇〇〇に近づき、世界一〇〇〇番目のフェアトレードタウン誕生を祝うグローバル・イベントが企画されました。その「栄えある」一〇〇〇番目の栄誉を熊本市が得られるようにと、二か月の「突貫工事」でフェアトレードタウン・ジャパンが設立されたのです。

熊本市からは二〇一一年五月に認定申請が出され、それを受けてフェアトレードタウン・ジャパンの認定委員会が現地調査を行い、六基準すべてを満たしているという認定結果が報告されました。その結果を理事会が六月四日に承認し、ここに日本初、アジア初のフェアトレードタウンが誕生したのです。

ちなみに、世界一〇〇〇番目の栄誉は同時に世界九か国の一二市町村に与えられ、それを祝う世界イベントも六月四日に行われました。地元の時計が午後二時を刻むのに合わせて東（オーストラリア）から西（アメリカ）へと、一二市町村が順番に一〇〇〇番目になったことを祝ったのです。

熊本に続こう！■　日本初のフェアトレードタウンが誕生したことで、関心は「熊本市に続くまちはどこか」に移りました。名古屋市では、先に紹介した二団体以外にもフェアトレードタウンを推進する団体が二つありました。推進団体が多いほど運動に広がりが生まれる一方、「船頭多くして船山に登る」のたとえがあるように、議論百出して事がうまく運ばなくなる恐れも出てきます。ですが名古屋の四団体はみごと大同団結して、二〇一三年一月に「フェアトレード名古屋ネットワーク」を発足させました。

名古屋市では二〇一〇年に生物多様性条約第一〇回締約国会議、一四年に持続可能な開発のための教育に関するユネスコ世界会議が開催され、それらの機会を活かしてアピールしました。また、市の名古屋国際センター、愛知県国際交流協会、ＪＩＣＡ中部（途上国への開発協力を行う政府機関「国際協力機構（ＪＩＣＡ）」の国内拠点の一つ）など、市・県・国の公的機関の積極的な後押しもありました。

フェアトレードシティ誕生を祝うパレード（熊本市）

名古屋市は人口二二〇万人を超える大都市である上、市長と市議会が長く対立関係にあっただけに、その両方から支持を得て基準を満たすのは至難の業と思われていました。それでも、多様で活発な市民活動が両者を動かし、二〇一五年九月に二番乗りを果たしました。

人口五万八〇〇〇人の神奈川県**逗子市**では、二〇一一年に開催された講演会「逗子をフェアトレードタウンに！」がきっかけとなりました。講演会を企画した市民と、講演者で市内在住のフェアトレード研究者である長坂寿久《としひさ》さんが中心となって、「逗子フェアトレードタウン勉強会」を発足させたのです。

会は、フェアトレード関連の映画祭やファッションショー、フェアトレード産品の販売会などを催すだけでなく、より広い視野から「世界とつながるまちづくり」について考えようと、環境、開発、平和、人権、多文化共生など多様なテーマの連続講座を開催し、他分野のNGOや市民グループとも連携を深めました。市内になかったフェアトレードショップも自力でオープンしました。逗子は昔から文化人が多く住み、フェアトレードの認知度も高いまちではありましたが、市民の地道な活動が実を結んで、二〇一六年七月に国内三番目のフェアトレードタウンに認定されました（詳細は「4　逗子市」参照）。

浜松市では、日本で最初にフェアトレードを始めた国際協力団体「シャプラニール」の事務局長だったこともある下澤嶽さんが、二〇一〇年に市内の大学に赴任し、地域のフェアトレード活動を調べはじめたのを機にフェアトレードを推進する有志グループが生まれました。そして、市のフェアトレードタウン化を目指す「はままつフェアトレードタウン・ネットワーク」を一五年に発足させ、各種団体との連携も強化しました。日系ブラジル人など外国籍の住民が人口の三%を占め、多文化共生への理解が深い土地柄だったこともあって、一七年一一月に四番目のフェアトレードタウンとなりました（「5　浜松市」参照）。

札幌市では、フェアトレード・環境保全・消費者教育などにかかわる市民組織、市の行政関係者、フェアトレードに力を入れる企業関係者などが参加した新団体「フェアトレードタウンさっぽろ戦略会議」が二〇一七年九月に発足し、運動の裾野が大きく広がりました。札幌市長も、同年末の市議会で、国際社会の発展と平和に寄与するフェアトレードの推進は国際協力の観点から取り組むべき課題という認識を示した上で、市民や団体と連携しながら普及啓発などの取り組みを強化したいと答弁するなど、いよいよフェアトレードタウン実現への機運が高まっています（「6　札幌市」参照）。

岐阜県西部の関ヶ原に隣接する**垂井町**（人口二万七〇〇〇人）では、住民主体のまちづくりを推進するNPO法人が中心的役割を果たしています。主要メンバーの神田浩史さんが長く国際協力活動に関わっていたこともあって、グローバルな視点から多文化共生事業に力を入れ、二〇一一年からは「フェアトレードデイ垂井」の開催をはじめました。そうする中で熊本や名古屋の話を聞きつけ、自分たちも後に続こうと、一四年に「フェアトレードタウン垂井推進委員会」を立ち上げました。委員会では一八年中のフェアトレードタウン認定を目指しています（「7　垂井町」参照）。

以上のほか、宇都宮市、新潟市、東京世田谷区、岡山市、和歌山市などでもフェアトレードタウンを目指す動きが広がっています。私たちが知らない間に運動が始まったところも多く、みなさんのまちでも、フェアトレードタウンにしようという動きがいつ起きても、決して不思議ではありません。

国際ネットワーク

フェアトレードタウン運動が世界に広がるにつれ、各国の運動を結びつけるネットワーク作りが始まりました。それを後押ししたのは欧州委員会で、委員会の支援（フェアトレードタウン普及の三年プロジェクトに三六万ユーロを助成）のもと、二〇〇六年秋に「**第一回フェアトレードタウン国際会議**」がロンドンで開催されました。この会議には、欧州諸国はもちろん、アメリカやオーストラリアからも活動家が参加しました。当時フェアトレードの研究でイギリスに一年間滞在していた筆者も、主催者に頼み込んでオブザーバーとして参加させてもらうことができました。

この時点でフェアトレードタウンが誕生していたのは八カ国だけでした。運動を始めたばかり、ないしこれから運動をおこそうという「新興国」から来た人たちは、目を輝かせて事例発表に聞き入ったり、運動「先進国」の人たちを質問攻めにしたりで、会場は熱気に満ちあふれていました。会議を通して、「フェアトレードを社会に広げ、根づかせるのはこれだ！」という確信が芽生えたのを覚えています。会議では、ネットワークの推進やホームページの立ち上げなどが提案されました。ホームページ（巻末資料参照）は二〇〇九年七月に開設され、各国で運動を繰り広げる組織やグループがネット上で情報や経験を共有したり、議論したりできるようになりました。フェアトレードタウン国際会議はその後も年一回のペースで開催され、相互の学び合いやネットワーキングの場となっています。

国際推進委員会の設置と国際ガイドラインの策定

運動がヨーロッパを中心とした一〇か国ほどにとどまっている間は、必要な時に連絡を取り合う程度で十分でした。ですが、その数が二〇を超え、途上国にも広がるにつれて、運動の核となる組織を作ろうという機運が高まってきました。そこで二〇一二年の第六回フェアトレードタウン国際会議で、グローバルに広がった運動の一体性を維持し、国際会議の企画、新たに運動を始める国への助言、フェアトレード推進のための提言などを行う「**フェアトレードタウン国際推進委員会**」が設けられました。委員にはヨーロッパから五人、アメリカから一人、日本から一人（筆者）の計七人が選ばれました。

国際推進委員会は、各国のコーディネーター（連絡調整役）と協議の上、二〇一三年に運動の国際ガイドライン（指針）を策定しました（一五年に改定）。その中で、フェアトレードタウン運動の役割は「各地の運動主体が、フェアトレードについて人々の意識を高め、人々を動員する力を強め、フェアトレード産品の売り上げを増やせるようにする」ことにあるとした上で、以下のことを推奨しています。

●自国に適した基準を追加してもよいが、基本となるイギリスの五基準はどれも省かないこと。
●基準が満たされているか否かを判断するための指標は、各国の実情に合わせてよいこと。
●自治体だけでなく地域社会全体が運動に参加することが死活的に重要であること。
●推進の対象とするフェアトレード産品は、国内のフェアトレード関係者やパートナー団体と協議して自国に最も適した産品としてよいが、主要なグループを運動から排除しないこと。
●認証組織は、フェアトレードに関わる全国レベルの様々なステークホルダー（フェアトレードラベル団体、ＷＦＴＯ加盟団体、フェアトレードショップ協会等）からなる不偏不党の組織であること。

●少なくとも二年から三年ごとに認証を更新するプロセスがあること。
ガイドラインはまた、次の三点を強調しています。
1　フェアトレードタウン運動は草の根の運動であって、地域社会ないし住民が主体であること。
2　地域の様々な主体、セクターの参加を得た裾野の広い運動であること（全国レベルも同様）。
3　運動が対象とするフェアトレード産品を実情に合わせて幅広く認めること。

ビッグテント・アプローチ

運動発祥の地イギリスでは、フェアトレードラベル団体がフェアトレードタウンの基準を作り、運動を推進してきました。そのためイギリスや、ラベル産品の普及率が高いアイルランドや北欧諸国では、普及の対象をラベル産品に限定していました。しかし、途上国の生産者に寄り添う「連帯型」のフェアトレードが健在のアメリカでは、ラベル産品に限定するわけにはいかず、北米の約二五〇のフェアトレード団体が組織しWFTOの理念を共有する「フェアトレード連盟」の加盟団体が扱う産品も対象に加えることにしました。同様の動きはほかの国にも波及し、スペインやオランダもWFTO加盟団体が扱うフェアトレード産品を対象とするようになりました。WFTO加盟団体が数少ない日本では、もう一歩進めて「第三カテゴリー」も含めることにしたのは、すでに述べたとおりです。

このように、多様なフェアトレードを「一つの大きなテント（big tent）」の中――日本的に言えば「一つの大きな屋根」の下――に包み込む、懐の深い運動にしていこうというのが「**ビッグテント・アプ**

ローチ」です。国際ガイドラインは、運動の多様性を尊重する立場から、ビッグテント・アプローチを強要してはいないものの、強く推奨しています。

さらなる運動の発展、深化

いくつかの国では、独自に基準を追加して、**倫理的消費**や**地産地消**といった「公正で持続可能な生産・消費」を推進したり、**消費そのものを見直したり**、**地域経済の活性化を目指したり**しています。

一例を挙げると、ベルギーでは第六の基準として「地元での持続可能な食べ物の生産と消費」、つまり地産地消の推進を掲げています。カナダでは、「地域内で他の形態の持続的消費や倫理的購入を推進するイニシアチブを取る」こと――具体的には、消費そのものを減らしたり、有機産品、搾取労働のない産品、省エネ産品、地元産品を推奨したりすること――を第六の基準にしています。

オランダでは、フェアトレードショップ協会が認証する輸入団体の取扱い産品や、FSC認証製品（持続可能な林産物）、MSC認証製品（持続可能な海産物）、フェアウエア協会加盟団体の製品（衣類）、メードバイ・ラベル製品（衣類）、フェア・フラワーズ・フェア・プランツ・ラベル産品（花や植物）など、多種多様な倫理的産品／製品を推進の対象にしています。さらに、第六の基準として「地元企業のCSR（企業の社会的責任）行動を促す長期的なイニシアチブを取る」ことを掲げています。

日本でも、基準作りを進めるうちに、フェアトレード産品の消費や利用を増やすだけで良いのだろうか、フェアトレードが本当に目指しているのは公正な社会や経済の実現なのではないか、という疑問が湧いてきました。そこで、地産地消やまちづくり、環境活動、障がい者支援活動といった様々なコミュニティ活動と連携して地域の経済や社会の活性化に貢献する、という第六の基準を設けたのです。

派生した運動

フェアトレードタウン運動は、地域社会というコミュニティにフェアトレードの輪を広げるものですが、それにヒントを得て、より身近なコミュニティを対象にした運動が生まれています。

その一つ「**フェアトレード大学**」は、大学というコミュニティにフェアトレードを広げる運動です。イギリスでは、「大学ぐるみ」で広げるために、学生自治会と大学当局が協働して、大学内のすべての売店、食堂、カフェなどでフェアトレード産品が買えたり、大学の事務室や学生自治会の部屋および両者が開く会合でフェアトレードのコーヒーや紅茶を使ったりすることを求めています。初のフェアトレード大学は二〇〇三年に生まれ、現在では一七〇校を超えています。アメリカでは、学内でフェアトレード教育（講義やセミナー）を行うことも求めていて、現在四〇ほどのフェアトレード大学があります。

日本でも、二〇一〇年頃からフェアトレード大学を目指す動きが出てきたため、フェアトレード学生ネットワーク（FTSN）と日本フェアトレード・フォーラムの間で基準作りを進め、一四年に認定基準を定めました。浜松市のフェアトレードタウン化に尽力した下澤さんが勤める静岡文化芸術大学が基準を満たし、一八年二月に日本初のフェアトレード大学に認定されました。

高校以下の学校コミュニティにフェアトレードを広げる「**フェアトレード学校**」運動もあります。イギリスでは、①フェアトレードを学ぶ、②イベント等で広める、③フェアトレード産品を使う、という三段階があって、合わせて四〇〇〇を超す学校でフェアトレード学校運動が展開されています。日本の高校でもフェアトレード活動が活発になっていることから、基準作りを始めています。

また、「**フェアトレード宗教施設**」は、キリスト教やユダヤ教、イスラム教、ヒンズー教といった宗教コミュニティにフェアトレードを広げる運動です。イギリスでは、六〇〇〇以上のフェアトレード教会と四〇近いフェアトレードシナゴーグ（ユダヤ教会堂）があるということです。

さらに、職場というコミュニティにフェアトレードを広げる「**フェアトレード職場**」運動もあります。

日本のフェアトレード大学認定基準

基準 1：フェアトレードの普及を目指す学生団体が存在する

【指標 1】フェアトレード普及学生団体（以下，普及学生団体）が大学から公認されている，ないし公認の申請を行っている。

【指標 2】普及学生団体に顧問の教員がいる。

基準 2：フェアトレードの普及を目指したキャンペーンや研究・教育活動がキャンパス内外で行われている

【指標 1】普及学生団体が 3 年以上にわたって継続的にフェアトレードの普及活動を行っている。

【指標 2】フェアトレードに関する研究・教育活動が推進・推奨されている。

基準 3：大学当局がフェアトレード産品を調達している

【指標】大学当局が継続的にフェアトレード産品を購入し，利用している。

基準 4：フェアトレード産品（食品・衣類・文具・手工芸品など）がキャンパス内で購入可能である

【指標】大学生協食堂・売店やキャンパス内のカフェ等で，2 品目以上のフェアトレード産品が継続的に販売され，購入可能である（細目はフェアトレードタウン基準とほぼ同一）。

基準 5：学生自治会（ないし学友会などそれに準ずる組織），フェアトレード普及学生団体，大学当局の三者によってフェアトレード大学憲章が策定されている

※学生自治会等が存在しない場合は，普及学生団体と大学当局の二者によって策定されている。

【指標 1】策定されたフェアトレード大学憲章は，フェアトレードの理念を支持し，その普及・推進をうたっている。

【指標 2】同憲章が大学の理事会あるいは全学教授会，ないし過半数の教授会で報告，承認され，理事長ないし学長が同憲章へのコミットを公に表明している。

以上のように、フェアトレードタウン運動は、より身近なコミュニティにも足場を築き、推進する対象を広げ、倫理的消費を呼びかけ、地域の活性化も視野に入れるなど、発展、深化を続けています。その中でも日本の運動は、以下の各章で見るように、**足元の生活や消費のあり方を見直し、途上国だけでなく自分たちの社会も公正で持続可能な共生社会とすることを目指している**点で、奥行きの深い運動と言ってよいと思います。それでは、日本各地で実際にどのようなフェアトレードタウン運動が繰り広げられているのか、見ていくことにしましょう。

I 熊本市

人つなぐフェアトレード 日本初のフェアトレードタウン熊本

フェアトレードシティくまもと推進委員会 代表 明石祥子

1 運動の始まり

熊本でフェアトレードショップ開店

私とフェアトレードの関わりは、一九九三年に姉の清田真理子を中心に、きょうだい四人で熊本市の新屋敷にフェアトレードショップ「らぶらんどエンジェル」を立ち上げた時に始まりました。その後、姉が阿蘇に「LOVE LAND」を開業したことから、九五年に私が経営を引き継ぐことになりました（現在は「フェアトレード ラブランド」に改名）。

店を始めるにあたって、最初は環境をテーマにしたお店にしようと思っていました。でも、ちょうどその時、ファッションブランド「ピープルツリー」で知られるフェアトレード・カンパニー（株）代表のサフィア・ミニーさんを紹介した新聞記事を読みました。それに刺激された私はすぐに東京に出かけ、サフィアさんから話を伺って、「これを一生の仕事としよう！」と決めたのです。

それ以来ずっと、らぶらんどエンジェルは熊本のフェアトレード運動の拠点になり、多くの人が集まる場となっています。熊本で活動が継続できている理由は、一つにはフェアトレードに関心を持った人たちが気楽に集まれるこの場所があるからだと思います。そして、この店のスタッフになった人たちがフェアトレードの推進に強い思いを持つようになったのです。

らぶらんどエンジェルのほかにも、環境やフェアトレードをテーマにしたお店をいくつか立ち上げました。そのうち「はちどりの木」は、二〇〇五年に身体障がい者の作業所と共同で市内の河原町商店街にオープンしたフェアトレードショップでした。

フェアトレードの活動は、ビジネスとして、また市民運動として取り組んでいます。一九九九年に、楽しくフェアトレードに関わろうという思いで始めた「うきうきフェアトレードるんるん国際協力の会」は、本格的にフェアトレードを広める運動体にしようと、翌年「NGOフェアトレードくまもと」へと名前を変えました。それからほぼ毎年、海外から生産者さんを招いてイベントを行い、フェアトレードの普及に力を入れてきました。

そうするうち、行政も応援してくれるよう

上：フェアトレードショップ「らぶらんどエンジェル」（2016年の熊本地震以前）
下：「はちどりの木」開店セレモニーにて、幸山市長とサフィア・ミニーさんによる除幕式

になりました。二〇〇二年に三七歳の若さで熊本市長となった幸山政史《こうやませいし》市長は、フェアトレードへの理解もあって、私たちが主催するフェアトレードのファッションショーに、翌年から二回、モデルとして出演してくださいました。

ここまで活動を続けてこられたのは、「フェアなトレード」が相手の顔が見える仕事だからです。私は母として三人の子どもを一人で育てながら自宅で店を経営してきましたが、仕事と子育てを分けずに、ありのままの自然体でいることができました。このことは、長く続けるには大切なことでした。お店でみなさんに紹介しているものは、世界各地のお母さんたちが自分の子どもを育てるために作ったものです。フェアトレードはお母さん同士のつながり、私にとっては子どもを育てる場の共有として、なくてはならないものでした。

母親たちが作った手作りの、ぬくもりのある温かいものを着ることができる。そしてそれは、フェアトレードのルールにしたがって作られているので安心です。ちょうど、自分の子育ての時期にフェアトレードに出会ったことに、とても感謝しています。

フェアトレードタウン運動との出会い

私がフェアトレードタウン運動に出会ったのは、二〇〇三年五月の世界フェアトレード・デーの時でした。この時私たちは、熊本市で開催したイベントに、ゲストとしてサフィア・ミニーさんをお招きしました。イベントは有料でしたが二〇〇人ほどが詰めかけ、サフィアさんは熊本でのフェアトレードへの関心の高さにビックリされました。それで何気なく「熊本市がフェアトレードタウンになったらいいんじゃない?」って言われたんです。私は「はい、やります!」と反射的に答えていました。市の活性化委員をしていた私は、早速その年の一〇月に「体験型観光とフェアトレードタウン構想」を市に提案しました。ただ、提案はしたものの、そもそもフェアトレードタウンとはどういうものなのか、私自身よく分かっていませんでした。

そこで、すぐにサフィアさんに連絡してイギリスに視察に行くことにしました。その当時(二〇〇四年)は、運動発祥の地イギリスでさえ、一七のフェアトレードタウンがあるだけでした。

最初に訪問したフェアトレードタウンはオックスフォードでした。教会の地下に家賃がただのフェアトレードショップがあって、退職した女性ボランティアが五人で運営していました。他にもいくつかの町を視察に行きましたが、中心的な役割を果たす熱狂的な人たちは何人かいるものの、普通の人がフェアトレードに関心があるというわけではないようでした。私が道で「この町はフェアトレードタウンですか?」と尋ねても、「何ですか、それ?」という反応でした。結局、自分の町がフェアトレードタウンだと知っている人には出会えませんでした。

それでも、中心的な人たちはとても熱心でした。訪問すると、みんなが一度に私に話しかけてくるのです。私の英語力はニュアンスが分かる程度ですが、情熱はすごく伝わってきました。どれだけフェアトレードを広めようとしているか、たくさんの体験談を伺い、助言もいただきました。

実際にフェアトレードタウンを視察して、現状としてはあまり町の人に知られていないようだが、とにかくやってみようとの思いを強くしました。漠然とながらも、フェアトレードタウンのイメージを描くことができました。

独自宣言

熊本をフェアトレードタウンにしようという想いを強くした私は、イギリスを視察した翌二〇〇五年五月、恒例の世界フェアトレード・デーのイベントで行動に移しました。幸山市長とサフィア・ミニーさんの立ち会いのもと、「フェアトレードタウン河原町宣言」をしたのです。いきなり市全体をフェアトレードタウンにするのは大変なので、レトロな雰囲気が若者たちに人気があって、ちょうどその少し前に「はちどりの木」をオープンした街をまずフェアトレードタウンにしようと考えたのです。

これには当時の潮谷義子熊本県知事からも、「フェアトレードは県政が掲げているユニバーサルデザインの姿そのものです」というお祝いのメッセージをいただき、勇気づけられました。ただこの宣言は、まだ日本でフェアトレードタウン認定のための基準や団体はおろか、フェアトレードタウン運動自体が盛り上がっていなかった頃のことなので、独自（勝手）に宣言したものでした。

それから四年後の二〇〇九年、私たちは真のフェアトレードタウンを実現するという目的を明確にしようと、NGOフェアトレードくまもとを「フェアトレード・シティ推進委員会」へと変えました。

その頃には欧米を中心に九〇〇近くものフェアトレードタウンが生まれていました。国内でも、札幌や名古屋などでフェアトレードタウン運動が始まっていました。イギリスで一部の熱狂的な人たちが始めた運動が、日本でも同じように起こり始めていたのです。

あるとき、熊本で開いたイベントで、フェアトレードというのは互いに相手のことを思い合えるような貿易、つまり「**おかげさま**」や「**思いやり**」の貿易なのでは、という発言がありました。これにならって、「相手がいて、思いやりをもった人たちにあふれるまち＝熊本」に住んでいることを市民が誇りに思えるまちにしようと、希望を持って活動を続けてきました。

2 認定に向けた活動

国内各地にフェアトレードタウン運動が巻きおこったのを機に、日本でフェアトレードタウンを認定する基準や団体を設ける動きが加速しました。世界で一〇〇〇番目のフェアトレードタウンの誕生が迫る中で、熊本もその仲間入りができるようにと、多くの人たちが動き始めてくれたのです。

これは場所を問わず、フェアトレードタウンを実現しようとしている人も感じていると思いますが、私たちにとっても一つひとつの基準をクリアしていくことが大きな課題でした。そこで熊本では、基準ごとに担当者を決めてワーキンググループを作り、同時並行的に達成していきました。そして、全体を見渡しながら、進捗状況の確認と必要なサポートの提供を行うことで、特定の基準だけ達成が遅れることがないよう気を配りました。そのために、各チーム内のミーティングと全体ミーティングをこまめに行いました。

ここで、各チームの取り組みについて、特に困難をどのようにして乗り越えてきたのか、担当者の声をもとに紹介していきたいと思います。

推進委員会（基準Ⅰ：推進組織の設立と支持層の拡大）

先に述べたように、私たちは二〇〇九年に「フェアトレード・シティ推進委員会」を発足させました。私が代表を務め、ほかに副代表二名（最終的には四名）と事務局長一名でスタートしました。一般的な組織でいう会員は「発起人」としました。同委員会はフェアトレードシティ認定にともなって「フェアトレードシティくまもと推進委員会」へと衣替えしたので、認定後の運営組織を立ち上げるための「発起人」の集まりだったと言えます。

会の実働グループはボランティア集団で、普段はこの実働グループのことを「推進委員会」と呼んでいました。ですのでこれ以降は、発起人を含む全体はフェアトレード・シティ推進委員会と呼び、活動の中心を担ってきた実働グループは単に「推進委員会」と呼んで紹介していきたいと思います。

フェアトレード・シティ推進委員会の方は、年に一回程度総会を開いて活動の報告と今後の活動方針の検討を行います。発起人は年会費一〇〇〇円を支払えば誰でもなることができ、各種イベントの案内が届けられます。最終的には四〇〇人近くが発起人になりました。

一方、推進委員会の方は、役職も自由で、代表と発起人以外の肩書きも自由につけてよいことにしました。事務局長や副代表すら立候補制だったので、自分が果たしたい役割にふさわしい肩書きを考えてつけていました。やる気さえあれば誰にでもチャンスがあるというのは、新しく入るボランティアにとって参加意欲を引き出す意味が大きかったと思います。推進委員会のメンバーは、おおむね二〇人ほどで推移し、年齢は一〇代から七〇代までと幅広く、男女構成は少し女性が多い程度でした。

ミーティングは社会人が参加しやすいよう、多くは夜間に開きました。また、仕事や家庭の都合で毎回参加するのが難しい人も多いことから、ミーティングでは振り返りと情報の共有を重視しました。そうすることで、イベントやミーティングに参加できなかった人とも情報や経験を共有して、次の活動の参考にしてもらうよう心がけました。

メディア対応とイベントの開催（基準2：運動の展開と市民の啓発、基準3：地域社会への浸透）

メディアへの掲載■

地元熊本のメディアには私たちの活動が頻繁に取り上げられ、年二〇〜三〇回ほどになります。新聞にはほぼ毎月取り上げられ、テレビもイベントを開催するたびに取材が来ました。二〇一〇年一二月からは、熊本県民テレビの「テレビタミン」という番組で毎月一回、メインキャスターの本橋馨さん、村上美香さんが、フェアトレードの服を着て番組に出演してくださっています。推進委員会としても、イベントの開催時には各種マスコミへの告知を徹底しています。特に、後でご紹介する一四年三月のフェアトレードタウン国際会議にあたっては、各社を訪問して告知と取材の依頼をしました。

主催するイベントの中で大きなものは、五月の世界フェアトレード・デーと、秋のフェアトレード・シティ推進委員会の総会です。総会の前後には講演会や活動報告会を開いています。そのほか、二〇一一年からはフェアトレードに詳しくない人向けの講座を開くなど、少人数のイベントも随時開催しています。県内で開かれる国際交流に関するイベントにも積極的に出展／出店して、フェアトレードに関する説明パネルを展示したり、フェアトレード雑貨を販売したりしています。同じ日に別々の場所で催されることもあって、イベント参加は年間で最大五〇回ほどになります。

2010 年 5 月の世界フェアトレード・デー時の各種イベント
上：フェアトレードバザー
中：バングラデシュの生産者を迎えて
下：フェアトレードシティに向けたシンポジウム（運動の創始者クラウザーさんを交えて）

出前講義■　小中高校や大学では、年に数回、出前講義をしています。こちらからお願いするというよりも、学校側から依頼が来たときに対応しています。最近は東京を中心に全国からの依頼が増えています。

署名活動■　市民の啓発を兼ねて、フェアトレードシティ宣言を熊本市議会に求める「一万人署名」キャンペーンを二〇〇九年九月に始めました。一年半の間に一万六四九筆もの署名を集め、一一年二月に市議会に提出しました。署名集めは、推進委員会メンバー、発起人、フェアトレード産品取扱店が行ったほか、週末には市内中心部の街頭で呼びかけをしました。

地域の事業所への浸透■　熊本市内では、テレビ局、新聞社、銀行、病院など二一カ所の事業所がフェアトレード製品を利用しています。私たちから企業や事業所に利用を直接お願いしたことはなく、すべて自主的に決めてくださっています。フェアトレードに対する認識が社会全体に広がったことに加え、市内で私たちの活動に触れる機会が増えたことで関心を持ってくださったのだろうと思います。

例を挙げると、地元大手の肥後銀行は、ボーナス預金キャンペーンに、メッセージ付きのフェアトレード産品を一万個使ってくれました。市内にいくつか店をもつ大きな美容院（ｂｏｙグループ）は、お客様へのサービスとしてフェアトレードのコーヒーを提供しはじめました。

最大の課題（基準4：地域活性化への貢献）

六基準（「序」二〇頁参照）の中で、どのように達成したらいいのか一番頭を悩ませたのがこの基準4でした。最後の最後に追加されたこともあって、どう対応したらいいのか戸惑いました。地域活性化に向けた取り組みは、いくつか行っていると言えるはずだけれど、それが基準4を満たす活動なのかどうか分からなかったからです。こういった認定を受けること自体が初めてでしたので、どの程度までやっていれば達成していると評価されるかが見えませんでした。

新たに何か始めなければならないのか、それでは世界一〇〇〇番目のフェアトレードタウンになるのに間に合わないのではないか。そんな話し合いを続ける中で、最終的には、自分たちが取り組んでいることをありのまま紹介することにしました。

熊本は第一次産業が盛んなので、地元の小麦粉、乳製品、果物などとコラボした製品の開発は、多くの推進委員が関心を持ち、試作品もいくつか作っていました。フェアトレードの食材を使ったクッキーなどを障がい者の授産施設で作ったり、地元の牛乳やフルーツと、フィリピン・ネグロス島産のフェアトレードの砂糖を使ったアイスクリームを開発したりしました。それらは二〇一二年六月のイベントで提供することができました。アイスクリームは施設が整わず、継続して製品化、販売するまでには至っていませんが、製品化に向けた努力を続けていきたいと思っています。

取扱店の開拓（基準5：地域の店によるフェアトレード産品の幅広い提供）

カフェはちどり■

熊本市内には一〇〇を超えるフェアトレード産品の取扱店があります。その中でも、市内にフェアトレードを広げる拠点として、らぶらんどエンジェルと並んで重要だったのが、熊本市国際交流会館一階の「フェアトレード・スチューデント・カフェはちどり」（以下、カフェはちどり）*でした。このカフェが生まれたきっかけは、二〇〇五年に行われた、国際交流会館内にフェアトレードの喫茶店開設を募る一般公募でした。市の中心部、熊本城の目の前にある会館は、以前から講演会やファッションショーを催す際に利用したり、会館で行われるイベントに出展したりと、なじみの深い場所でした。そこにフェアトレードカフェの開設を募る一般公募が市政だよりに載ったのです。それは、フェアトレードがほとんど浸透していない当時の熊本市にとって画期的なことでした。

カフェはちどり（2009年）

様々な国の人が訪れるこの場所でフェアトレードのカフェを大学生、留学生で運営しよう、と手を挙げました。大学生の代表とともに「学生・留学生が運営するフェアトレード・カフェ」という企画が他に例を見ないものだったせいか、思いがけず選出されました。

そこで、以前から顔見知りの明治学院大学教授の辻信一さんと、福岡県のフェアトレードコーヒー輸入会社ウインドファーム代表の中村隆市さんに相談し、お二人の協力を得て二〇〇五年末にカフェはちどりをオープンしました。フェアトレードコーヒーや、フェアトレードの素材を使ったカレーなどの軽食を提供したほか、バッグや財布など、さまざまなフェアトレード産品の販売を始めました。会館では毎週のようにピアノやダンスの発表会、各種講演会等が開催されていて、参加する方たちにフェアトレードや途上国の生産者の状況を知ってもらう良い機会となりました。

初めてのカフェ運営は分からないことばかりでした。マニュアルなどなく、話し合いを重ねて試行錯誤していきました。多くの人にフェアトレードのコーヒーを知ってもらい、飲んでもらえるよう、会議室の利用者向けにコーヒーポットで販売したり、フェアトレードの資料を配ったりしました。カフェにはインド、バングラディシュ、中国、韓国など十数カ国の若者が関わり、国籍・職業・年齢など異なる背景や考えを持ちながらも、協力し合って切り盛りするようになりました。入れ替わりの多い大学生、留学生やそのパートナーが地域社会とつながる〝出会いの場〟や〝学びの場〟にもなりました。

私たちは、南米のはちどりにまつわる民話を胸に刻みました。店を経営した経験などない大学生た

＊「はちどり」という名前は、南米の先住民族に伝わる「私にできること」という次のお話に由来します。「森が燃えていました。森の生きものたちは、われさきにと逃げていきました。でも、クリキンディという名のハチドリだけは、いったりきたり、口ばしで水のしずくを一滴ずつ運んでは、火の上に落としていきます。ほかの動物たちがそれを見て、『そんなことをして、いったい何になるんだ』といって笑います。クリキンディはこう答えました。『私は、私にできることをしているだけ』と」（辻信一訳）。新しくオープンするカフェも、クリキンディのように、自分にできることを精いっぱいやってフェアトレードの輪を広げたい、という思いから、「カフェはちどり」と名付けたのです。

ちとともに、自分たちの力が及ぶ範囲で少しでも市民にフェアトレードを知っていただく、という目的を見失わないよう心がけました。カフェはちどりからは、たくさんの若い人たちが羽ばたいていきました。生きた体験を元に世界で活躍する若者たちの話を聞けるのを楽しみにしています。

地元の小売店や飲食店■

フェアトレードタウンを実現するには、フェアトレード産品を購入ないし飲食できる店が身近にあって、多くの市民が容易に親しみ、フェアトレードの意味を知って共鳴・共感するようになることが欠かせません。そこで取扱店の拡大を目指しました。熊本市は当時人口七三万人でしたので、認定に必要なフェアトレード産品の取扱店数は七三店舗以上でした。何をもってフェアトレード産品とするかの判断は、認証製品を別にすれば、フェアトレード・シティ推進委員会に委ねられていました（判断の基準は日本フェアトレード・フォーラムによって定められていますが）。

取扱店の開拓は、初めは知り合いの店や人から紹介してもらった店を回っていましたが、そのうち飛び込み営業もするようになりました。それまでの普及活動のせいか、中にはすでにフェアトレードを知っている方もいましたが、初対面の方にボランティアの立場でフェアトレードや産品のことを伝えるのには知識や熱意が必要でした。そこで、フェアトレードやフェアトレードタウンの意味を説明し、理解してもらうための資料を作りました。それでもシンプルに分かりやすい言葉で説明するのに苦労しました。訪問や電話をする際は、忙しい時間を避けたり、接客の邪魔にならないようにしたりするのは当然ですが、他の仕事を抱えながらの普及活動は容易なことではありませんでした。

個人のお店は不定期にフェアトレード産品を置くのが大多数だったので、継続して取り扱ってもらえるようお願いしました。一品目だけの取扱店には二品目以上扱っていただくよう働きかけました。最初は手始めに少量の取り扱いを希望されるお店が多く、らぶらんどエンジェルがそれに対応しました。

お店の方には、フェアトレードタウン認定に向けた取り組みや、認定されるには何が必要かもお伝えしました。何度も足を運ぶうちに信頼関係ができ、活動を応援してくださる店も増えていきました。店主の方とお話しすると、こだわりとプライドを持って経営されている方ばかりでした。人気のあるお店や、熱い思いを持った経営者の方とお話できることそのものが貴重な体験でした。お叱りやご意見をいただくことも多々ありましたが、それも受け止め、取り組むべき課題としました。一方で、店主の方のこだわりがフェアトレードの理念とマッチしたときは、この上なく嬉しい気持ちになりました。いきなりの訪問にもかかわらず、人気のあるオシャレな飲食店が取り扱いを即決してくださったこともあります。店長さんは二〇代半ばの女性でした。お店の経営が大変という理由で断わられることが多い中で、新しい取り組みを恐れない彼女の姿勢に感激しました。

フェアトレードとはおよそ縁遠いと思われるガソリンスタンドがフェアトレードのチョコレートを販売している例もあります。フェアトレード・シティ推進委員会の理事の一人である石原靖也さんが、基準達成のために自身のガソリンスタンド・チェーンで販売を始めてくださったのです。現場のスタッフはフェアトレードを全く知らない若者たちが中心でしたが、オーナーが児童労働のないフェアトレード・チョコレートの話をしたところ感動し、販売にとても力を入れてくれるようになったそうです。

二〇一四年には「フェアトレード製品取扱店会（仮名）」を発足させることが決まりました。この会は、取扱店間の連携を一つの目的とするもので、会の代表には先の石原さんに就いていただきました。ただ、加盟店を増やすにはさまざまな困難があり、正式な会の発足には至っていません。たとえば、フェアトレード産品を一品目しか扱っていない小さなお店の場合、加盟してもらいたくても、忙しい店主にとって負担が大きすぎるといった事情があります。

取扱店の中には、私たちが知らない間に取り扱いを始めた店や、逆に取り扱いをやめた店もあって、どう確実に把握していくかが課題です。

地元自治体の支持／協力（基準6：自治体によるフェアトレードの支持と普及）

認定にあたって一番の難関は、「議会の支持」と「市長による支持表明」だということは予測していました。二〇〇〇年に「フェアトレードくまもと」を立ち上げて活動してきた私たちは、他の基準については何とかクリアできる状態になっていました。しかし、「市議会がフェアトレード支持の決議を採択する」ということがどんなことか、想像がつきませんでした。〇四年にイギリスを視察しましたが、フェアトレードタウンの議会対応まで具体的に知ることができませんでした。

そこで、地元の議会から支持を得るには、活動を強化し、継続することだと受け止め、とにかく何でも試行錯誤でやってみることにしました。私たちにはマニュアルもなく、フェアトレードへの市民の理解も当初はほとんどなかったので、手当たり次第にやるしかなかったとも言えます。

当時、市議会の中では村上博議員（熊本連合）が数少ない理解者でした。車いす議員でもある村上議員には、フェアトレードのクリスマスカードを購入していただいたり、会報に私の言葉を掲載していただいたりしていました。その村上議員にフェアトレードタウン運動への協力をお願いしたところ、二〇〇四年に市長への一般質問の中でフェアトレードタウンについて質問していただくことができました。日本の市議会で正式にフェアトレードタウンが取り上げられたのは恐らくこれが初めてだと思うと、議会を傍聴していた私は思わず涙があふれてきました。

さらに多くの議員の理解を得ようと、フェアトレードのイベントを開くたびに招待したり、各会派の議員に説明に行ったりと、思い付くことは何でも実行しました。理解していただくために、「フェアトレードタウンになれば具体的にどんなメリットが熊本にあるのか」などを考え、資料を作りました。二〇一〇年以降のキャッチコピーは、「アジア初、世界で一〇〇〇番目のフェアトレードシティくまもと」でした。その年熊本市が策定した「東アジア戦略」が、「熊本市の存在感を示し、東アジアから選ばれる都市になる！」という目標を掲げていたので、それを達成するにはまさにフェアトレードタウンになるのが最善です、と説明しました。そうするうちに少しずつ理解し、支持してくださる議員が増えていきました。

若手議員で、私が大学生の時から知っていた田中敦朗議員（くまもと未来）は、気軽に相談に乗ってくださる心強い存在でした。議会の性質や流れなども説明してくださり、二〇〇九年六月の議会ではフェアトレードシティくまもとの実現を後押しする一般質問をしてくださいました。同じく若手の紫垣正仁議員（自民党）もフェアトレードの本質を理解され、一〇年の九月議会でフェアトレードシティの実現に向けてという質問をしてくださいました。

若い頃からご縁のあった落水清弘議員（自民党系の市政クラブ）は、市議会議長を務められた方です。議会で決議案を通す厳しさを身をもって知る落水議員は、親身に対応してくださいました。決議案も、落水議員がその時の状況を考慮しつつ、苦心の末、採択されうる文章を作成してくださいました。そして自民党重鎮の嶋田幾雄議員は、初めてお会いしたにもかかわらず、私の話をしっかり聞いてくださり、二〇一一年の春に市議を勇退するにあたって、自民党内の反対派も含めた議員にフェアトレードをどうぞよろしくと言い残されました。こうした議員の皆さんのご協力と、一万人の熊本市民の署名、そして決してあきらめない私たちの熱意が、風のないところに風を起こし、ついに決議を勝ち取ることができたのではないかと思います。

一方、幸山市長は、気軽にファッションショーに出演してくださったり、カフェはちどりを応援する色紙を書いてくださったりと、当初から深い理解と共感を寄せてくださっていました。ただ、議会で三回にわたってフェアトレードについての質問を受けても、答弁はほぼ同じでした。「フェアトレードの理念は納得のいくもので、自分は理解しているけれども、まだまだ市民の人たちの理解が足りないのではないですか」というものです。そのたびに、私たちはもっと頑張ろうという思いを強くしました。

市長には、各国から生産者の方々を招くたびにお引き合わせしました。その様子を報道してもらうことで、市民の皆さんにフェアトレードへの理解を深めてもらうことにつながったと思います。また、イベントを開催する際には必ず「フェアトレードシティを、目指す！」というスローガンを掲げて、市民へのＰＲに努めました。イベントの開催は年に五〇回ほど、週に一度のペースでした。

このように、若手議員の支持、市長の理解、それに私たち市民の決してあきらめない意志の力によって、二〇一〇年一二月、熊本市議会で「『フェアトレード』理念周知に関する決議」が満場一致で採択されました。決議を受けて幸山市長も、当日の記者会見で「従来から市としてフェアトレードを側面から応援してきたが、今後もそうした取り組みを強化したい」と、フェアトレードへの支持を表明されたことで、六番目の基準をクリアし、最大の難関を乗り越えることができました。

こうして、日本のフェアトレードタウン基準をすべて満たし、二〇一一年六月四日、晴れて熊本市は「**日本初、アジア初、そして世界で一〇〇〇番目のフェアトレードタウン**」に認定されたのです。

熊本市議会「フェアトレード」理念周知に関する決議
(2010年12月)

決議

グローバル化の進む中，近年TPPをはじめとする自由貿易の台頭が際立っている。しかしながら，現在の先進国と新興国（発展途上国）間の貿易の構造は，決して公平・公正な状況とはいえず，大きな貧困や環境破壊の原因ともなっている。

たとえば，コーヒー，紅茶，果物など一次産品の取引において，社会的立場の弱い途上国の生産者たちは，生産コストを無視した不当な価格を押し付けられ，そのことが劣悪な労働環境・児童労働をひき起こす要因ともなっている。

フェアトレードとは，公平・公正な貿易と訳され，途上国の生産品（手工芸品や農産物等）を公正な対価で買取り，継続的に輸入販売することで，生産者の自立を支援し貧困問題を解決しようとする手法の一つである。

よって，本市議会は，フェアトレードの団体・企業・個人の商行為等を支援するものではなく，あくまで経済大国の日本国民としての立場で，国際貢献や人権尊重の精神，さらには人道的見地から，執行部に対して，フェアトレードの理念周知に努めるよう切望する。

以上，決議する。

熊本市議会

フェアトレードシティ認定証授与式の様子（2011年6月4日）。フェアトレードタウン・ジャパン（当時）の渡辺代表理事（本書編者 左端）から，幸山熊本市長，明石代表（筆者）に認定証が授与された

3　熊本の運動の独自性

熊本のフェアトレードタウン運動は、「やりたいからやる市民運動」という言葉がしっくりきます。活動の参加者は、義務感からではなく、「自分がやりたいから」という自発的な意思をしっかりと持ち、それでいて気楽に楽しく参加する人が多くいます。また、漠然と何かできることがしたいという人にも、敷居は低いと思います。「来る者は拒まず、去る者は追わず」の精神でやっています。

以下に、熊本の活動で特徴的だと思うことを四つ挙げておきます。

コンスタントにイベントを開催

熊本では、毎年コンスタントにイベントを開催しています。特に、フェアトレードのファッションショーは二〇一一年に一〇〇回目を数えました。生産者もほぼ毎年招聘しています。一〇年一二月には、二日間にわたって「フェアトレ文化祭」を開催しました。県内の全大学の学生によるファッションショー&座談会や、カフェはちどり五周年を記念したトークショー、タイ・インド・バングラデシュの本場カレーの食べ比べ、繁華街でのフェアトレ・ナイト、などです。イベントの際には、国際協力や環境活動に関わる県内の他の団体とも積極的にコラボしています。

二〇一六年からは、ファッション業界の裏側を描いた映画『ザ・トゥルー・コスト』の上映会を五〇回以上開催しています。

推進委員会への幅広い参加

熊本市では、四〇〇人近い市民の方がフェアトレード・シティ推進委員会の発起人になるなど、市民が力を合わせて日本初のフェアトレードタウンを実現しました。助け合う心、人を思いやる心を熊本の市民がご先祖様から代々受け継いできたことを考えれば、それも必然だったと思えるようになりました。理事には各分野の第一線で活躍している方々に就任していただきました。専門性のある様々な意見と、市民の方々へ分かりやすくフェアトレードを伝えるための知恵を出し合いました。一方、若者たちはミーティングを重ね、フェアトレードに直接関りのないイベント（町内会の夏祭りや市民がこぞって参加するおてもやん総踊りなど）にも選り好みせずに参加し、フェアトレードの周知に努めました。

居場所があるということ

普段の推進委員会の活動は、大半が「らぶらんどエンジェル」と「カフェはちどり」で行われてきました。そこに行けば必ず誰かがいるという意味で、これらの場所はメンバーの居場所になってきました。そして、これらの場所で開催する会合には、ほとんどの場合代表の私も参加しています。その日初めてボランティアになったメンバーも、代表と同席することで、グループ内に上下関係が生まれず、意思疎通がとても円滑になっていると思います。

年代のバランスと役割分担

一〇代から七〇代までさまざまな年代のメンバーが推進委員会に参加することで、新しい人材も育ちます。イベントの開催や出店にあたっては毎回リーダーが立候補し、他のメンバーがサポートします。一度リーダーになった人は、経験者の立場から新しい人にアドバイスしたり、協力したりするようになります。スムーズな引き継ぎができるのは、リーダー経験者が増えたことに加え、活動の蓄積によって定型化できていることもあると思います。毎年数多くのイベントに参加しているので、申し込みから準備、当日の態勢づくり、事後の報告まで一連の流れをつくることに熟練し、定型化して次の人に伝えることで、誰にでもできるようになりました。そのおかげで、代表を中心とした中核メンバーが方向性を示せば、あとは各メンバーが分担してそれぞれの役割をこなすことができています。私たちの活動でとりわけ特徴的なのは、たくさんの若い人たちがフェアトレードに興味を持って参加していることだと思います。自分がやりたいことを自分の言葉で話す若者たちがたくさんいます。そうした真剣に取り組む若者たちとともにこの運動を展開できるのは、とてもやりがいのあることです。

4　認定から今日まで

二〇一一年にフェアトレードタウンに認定された後は、フェアトレードの認知度をさらに上げることと、他のフェアトレードタウンの応援をすること、その二つを目標に掲げて活動を続けてきました。

それを大きく変えたのが、二〇一六年四月に私たちを襲った「熊本地震」でした。そこで、認定後から地震までと地震以降に分けて私たちの活動をご紹介したいと思います。

新たな組織づくり

認定から四カ月後の二〇一一年一〇月、私たちはそれまでのフェアトレード・シティ推進委員会を解散し、「フェアトレードシティくまもと推進委員会」を立ち上げました。新しい推進委員会は、理事会のもとに市民活動部門（従来の推進委員会）と企業との連携部門を置いて、部門間で連携して活動を進めていくことにしました。ラブランド内に設置した事務局は、基本的にボランティアでなりたっています。新推進委員会は、事務局の強化と、地域と協力した産品の開発を行って、熊本に一層フェアトレードを根づかせることを目指しました。国際会議に向けて有給スタッフを雇用した事務局は、雇用を継続できる体制作りと、財政基盤の強化が急務となりました。

視察・見学への対応とブックレットの制作

日本初のフェアトレードタウンになったことで、日本各地からの視察や見学も増えました。役所経由のものを「視察」としていますが、その受け入れ方もだんだん形が整ってきました。直接事務局を訪ねてくる人も年々増えています。視察や見学では推進委員会のボランティアがガイド役を務めます。

来訪者はほとんど同じような質問をし、私たちも同じような説明をすることが増えました。いわゆる「よくある質問」に時間を使うのは、来訪者にとってももったいない話です。せっかく来たのですから、認定の背景とか熊本の活動の歴史だけでなく、今のこと、これからのことを聞いていただきたいと思いました。そこで、「よくある質問」への回答とともに、私たちの活動や思いを紹介するブックレット「熊本から世界へ ひとつなぐフェアトレード」を二〇一三年六月に発行しました。視察に来る方、熊本の活動に興味のある方には購入をお願いしています（一冊五〇〇円）。タイトルは私たちの活動目的を端的に言い表していて、とても気に入っています。ブックレットにはフェアトレード産品取扱店のリストと地図を掲載しているので、自分でプランを立てて取扱店を訪ね、産品を購入して帰る方も増えました。

認定の更新

ブックレット発行と同じ二〇一三年六月、私たちは初めての認定更新を経験しました。認定からどれだけ進展があったかを報告するにあたり、一番大変だったのが五番目の基準「地域の店によるフェアトレード産品の幅広い提供」でした。というのも、先に触れたように、市内にあるフェアトレード産品取扱店を一つの取りこぼしもなく把握するのは、ボランティアによる調査ではとても難しかったからです。

ボランティアの皆さんには、地区ごとに担当を決め、質問用紙を持って一軒一軒回ってもらいました。お店の都合もあって何度も足を運ばなければならなかったり、お店によっては理解して協力してもらうのが大変だったりということもありました。

熊本市役所の担当者さんやフェアトレードを応援してくださる議員さん、市長や県知事、これまで応援してくださった方々、それにガソリンスタンドや美容院など直接フェアトレードに関係のない事業所の方たちまで、認定の時と変わりなく協力していただき、無事更新を終えることができました。ただ、二年おきの更新は非常に負担が大きいことから、日本フェアトレード・フォーラムに三年ごとに変えてほしいと要請したところ、承諾されました（二回目の更新は直前に地震があったため、猶予してもらっています）。

フェアトレードタウン国際会議の開催

二〇一四年三月、「熊本から世界へ　ひとつなぐフェアトレード――第八回フェアトレードタウン国際会議」を開催しました。それまで七回の国際会議はすべてヨーロッパで開催されていたので、初めてのヨーロッパ外での会議を私たちの町で開催できたことになります。

フェアトレードタウン国際会議や世界フェアトレード機構（ＷＦＴＯ）世界会議に何度か参加した際、私はフェアトレード活動の世界的なつながりや各国で進む運動に感銘を受けていました。そこで、世界の人々が集う国際会議を市民の手で開きたいと提案し、フェアトレードタウン・ジャパン（FTTJ、主催）と熊本市（共催）と相談しながら準備を進めました。

国際会議の内容や海外ゲストはFTTJが対応し、その他のプレイベント、ポストイベントなどの企画は、立案から資金調達まですべてフェアトレードシティくまもと推進委員会のボランティアスタッフ（事務局一名を除く）が、互いに助け合いながら進めました。資金ゼロからの出発でしたが、六〇人が一年をかけてやり抜きました。国際会議期間中の運営もすべてボランティアの手で行われました。

そうした努力の甲斐あって、先進国・途上国合わせて二一カ国、そして国内各地から合わせて三〇〇人以上の参加を得ることができました。会議の前日には全国から集まった大学生のサミットを開催し、八〇人が参加しました。また、初めての試みとして、生産者さんの顔が見えるフェアトレードを熊本市民の皆さんにPRしようと、フェアトレード国際フェアのブースを揃えました。

海外からは、WFTOのルディ・ダルヴァイ会長と国際フェアトレードラベル機構（FLO）のモリー・ハリス・オルソン前理事長（招待時は理事長）という世界の二大国際フェアトレード組織の代表、それにフェアトレードタウン運動の生みの親ブルース・クラウザーさんに来ていただくことができました。このお三方は、熊本会議の直前に、本書の編者でもある渡辺龍也先生が東京経済大学で開催した国際フェアトレードシンポジウムに招待されていて、熊本まで足を伸ばしていただくことができたのです。

会議を成功裏に終える上では、共催者として陰に陽にサポートしてくださった熊本市の力添えも欠かせないものでした。幸山市長主催のウェルカムパーティーや本会議での牧慎太郎副市長によるプレゼンテーションは、「あのお話をまとめた資料が欲しい」との問い合わせをいただくほど好評で、市のPR効果も大きかったと思います。会議は、最後に「熊本宣言」を採択して無事終えることができました。

また、ブルース・クラウザーさんには次のように講評していただきました。「熊本会議は、初期の目標をすべて達成し、世界のフェアトレード活動家にとって重要な相互啓発の場を提供してくれました。その実現に関わったすべての人たち、特に適宜協力してくれたボランティアの存在があって初めてフェアトレードタウン運動の力を結集することができました。（中略）今回の会議は時宜を得たもので、よりよい世界に向けて挑戦している人たちを繋ぐ役目を果たし、フェアトレードタウン運動を強化するものだったと考えます。」

会議の後には、オルソンＦＬＯ前理事長に立ち会っていただいて、前述した「フェアトレード製品取扱店会（仮名）」の発足を発表することができました。会議後の懇親会では、ボランティアで取り組んだことが高評価を得たことに勇気づけられ、終わったばかりなのに「次は何をしようか」という話で盛り上がりました。

熊本宣言

熊本におけるフェアトレード推進の活動は，2000年，イギリス・ガースタングが世界で初めてフェアトレードタウンを宣言した時とほぼ同じころ，市民の手により始まりました。現在に至るまで，この活動は志ある人々の熱心な活動によって受け継がれ拡がり，やがて行政・議会をも動かす力となり，2011年6月，世界で1000番目，アジアで初めてとなるフェアトレードシティとして認定を受けることとなります。今回，このフェアトレードシティ認定を契機として，熊本市において，第8回フェアトレードタウン国際会議が開催され，欧米など先進国認定都市の関係者のみならず，アジアやアフリカなどの政府関係者や産品生産者を合わせて，21ヶ国から300余人が参加し，フェアトレードタウン運動の現状と問題点，公正な地域経済社会の構築など，将来に亘る課題を共有しました。 歴史的に見れば，熊本は「苦しむ人を敵味方の区別なく救護する」日本赤十字社発祥の地であり，国籍や生きる環境は違っていても，その生命の大切さを知り，助け合う心，人を人として思いやることのできるDNAが脈々と受け継がれています。

熊本市は，20年以上も続くユニセフ「アフリカ子どもの日 in Kumamoto」などの国際交流・協力への取組みはもとより，「2013国連“生命の水”最優秀賞」を受賞し，世界でも高い評価を受けた，恵まれた地下水を守るための環境保全への取組み，スペシャルオリンピックスやオハイエくまもと「とっておきの音楽祭」等，障がい者支援への取組み，あるいは，地域の資源である竹やろうを活用し，多くのボランティアの参画により運営される「みずあかり」等，イベントを通した賑わいのある地域づくりへの取組みが活発に行われるなど，多くの市民の絆によって，また様々なコミュニティ活動と連携した活動によって，市民力による協働のまちづくりを実践してきた都市です。 このことは，「地場の生産者や店舗，産業の活性化を含め，地域の経済や社会の活力が増し，絆が強まるよう，地産地消やまちづくり，環境活動，障がい者支援等のコミュニティ活動と連携していること」という，フェアトレードシティ認定の日本独自の基準として設けられた，いわゆる「地域活性化への貢献」にも沿うものです。

このようなポテンシャルを持つ熊本市は，「人とひとをつなぐ多様なコミュニティ活動と連携した賢い消費者の選択が，持続可能な社会を創りあげる」という基本的な考えに基づき，フェアトレードの理念を遍く日本へ，アジアへ，そして世界へ積極的に発信していくことを「第8回フェアトレードタウン国際会議 in 熊本」実行委員会としてここに宣言します。

2014年3月30日

「熊本から世界へ ひとつなぐフェアトレード――第8回フェアトレードタウン国際会議 in 熊本」実行委員会

カフェはちどり閉店

一〇年近くフェアトレードの輪を市内に広げる場となってきたカフェはちどりは、残念ながら契約の切れた二〇一四年三月に店を閉じました。代わって、国際交流会館を運営する熊本市国際交流振興事業団が、「link Café」という名のフェアトレードのカフェと雑貨ショップを同年八月にオープンさせました。生きた国際協力の体験の場として「継続」を大事にしていただけに、店を閉めるのは胸が締め付けられるような思いでした。それでも、行政側がフェアトレードカフェを設置・運営することは、行政自身がフェアトレードにコミットすることを意味し、熊本市のフェアトレードが一段高いステージに達したことを示す証として、前向きに考えるようにしています。

ようこそ フェアトレードシティくまもとへ!
フェアトレードシティ
くまもと市
フェアトレードタウン国際会議の様子
（2014年3月）

震災で倒壊したラブランド

熊本地震とこれから

熊本は二〇一六年四月一四日と一六日に大地震に見舞われました。二度の激震で二一一人が亡くなり、四万棟以上の建物が全半壊しました。一回目の地震の時、私は自宅兼フェアトレードショップ「ラブランド」の二階で休んでいました。窓枠が外れ、危険を感じて近くの白川小学校へ避難しました。より大きな二回目の地震では、通路倉庫として使っていた一〇メートルの塀が崩れ、二階の壁が落ちました。あまりの揺れに二階から飛び降りようと思ったほどでした。さいわい、私をはじめフェアトレードシティくまもと推進委員会のメンバーはケガもなく元気で、復興作業に励んでいる方もいます。

木造築五〇年のラブランドの二階は、とても危険で住めない状態で、解体せざるをえませんでした。鉄筋築約六〇年の一階部分も全壊と判定されましたが、両親が九〇歳と高齢なこともあり、取り壊さないで使うことにしました。全国から駆け付けてくれたボランティアさんの協力で、お店は二か月後に臨時営業できるようになりました。被災して住む場所や仕事がなくなり、不安定で心細かった時、全国三七カ所の方々が、被災したラブランドのフェアトレード産品を預かり、販売してくださいました。応援してくださる人がいることが、どんなに助けになったか。フェアトレードをやって来てよかった！　とつくづく思いました。

熊本県「まるごとフェア化」プロジェクト

今回の地震を機に私たちは、これからのフェアトレードタウン運動のあり方を深く考えるようになりました。そしてみんなで議論を重ねた結果、ただ復興・継続させるだけでなく、人類全体の大きな目標である「持続可能な社会」への転換を熊本から発信・提示していくことを決めました。

県内の多くの生産者の方たちも大小の被害を受けましたが、復興にあたっては単に生産量を回復させるのではなく、社会と環境に配慮した生産、熊本県全体でサステナブルな生産へと変えていくこと、「生産者と消費者を公平な関係にしよう」というフェアトレードの理念を活かして県産品全体をフェアトレード化し、全国に購入者を広げること、そして「**持続可能な生産と消費のモデル**」になることを運動の目標にしたのです。二〇〇〇に上る世界のフェアトレードタウンからの支持と支援を受けながら、ピンチをチャンスに、ただの復興ではなく、創造的な復興を！――それが私たちの想いです。

この新たな運動を私たちは、「熊本県まるごとフェアプロジェクト」と名付けました。その第一歩として、熊本市の東南部にある山都町《やまとちょう》と連携することにしました。この町は進取の気質に富んだ方々が多く、私たちの新たな想いに賛同してくださる生産者もいらっしゃるので、まずここを基点に、県を「まるごとフェア化」していくことにしたのです。

3）熊本全県が持続可能な生産地となることを目指します　世界全体が持続可能な社会への転換を模索しています。今回，熊本は転換への良い機会を得たと考えたいと思います。農業では有機農業化，産業では社会・環境に配慮したビジネスへの転換など，持続可能な社会への転換の試みを熊本県全体に広げる仕組みづくりをしていきたいと思います。自然環境と人と人の関係に配慮した産品であるからこそ，その総合的な価値を分かって買って欲しい，分かりました，買わせてくださいという呼応関係を築きたいと思います。

2. プロジェクトの対象地

上記3つの目標に賛同くださる市町村を募り，熊本全県に広げていきたいと思います。最初に上益城郡山都町（以下，山都町）の皆様に参加いただきたいと思います。その大きな理由は次のとおりです。

① 地震と豪雨の被害が甚大であること
② 高い文化を持っていること（高い自治意識を持った市民が町を自主的に運営してきた歴史があります）。

3. プロジェクトの実施

① 企業の従業員と都市生活者に，山都町での作業ボランティアを呼びかけます
② 持続可能な生産への転換
③ 流通の仕組みづくり
④ 支援者，協働者の拡大

熊本県まるごとフェアプロジェクト

【くまもと丸ごとフェアネットワーク】 2016年4月の地震とその後の豪雨によって大きな被害が出た熊本県は，復興の段階に入っています。復興にあたっては，単なる復旧にとどまらず，都市と地方の格差，少子高齢化など，日本の構造的な課題もこの機に解決しようという動きが各地で生まれています。

「くまもと丸ごとフェアネットワーク」は，創造的復興を目的に，市民の呼びかけによって生まれた組織です。

I. プロジェクトの目的

1) 復興活動への企業と都市生活者の参加を広げます　地元の力だけでは再生できない農地，作業所などの復興のため，ボランティア募集と支援を行います。主に県外，特に大企業と都市生活者に呼びかけ，地元の方々と語らいながら作業を手伝い，地元の方々の心の支えともなる交流の仕組みを作ります。まずは復興作業から入り，順次農作業の手伝いなど，「また来よう」と思う気持ちが湧く関係を作る努力をします。

2) 生産者と消費者の関係を対等にします　現在の社会は，生産者と消費者が対等ではありません。生産，サービスの機能化と経済性の追求が世界全体で急激に進み，消費者のニーズを満たす産品が需要を上回って生産されるようになり，多くの生産者は，費やした努力に見合わない対価しか得ることができなくなりました。ほぼすべての分野で，買う側は強く，売る側は弱くなっています。生産においては，資源とエネルギーが持続可能な範囲を大きく超えて使われていることも周知の通りです。これを社会全体で是正したいと考えます。（フェアシティ化）

具体的には，生産者は（性能や品質に加えて）社会，環境に配慮して生産し，消費者と生産者とが直接顔を合わせ，言葉を交わし，一緒に働いて，その結果消費者が，産品の総合的な価値をよく分かって買うという，双方に密接な関係を作ります。

このプロジェクトを通して私たちは、**熊本型フェアトレードブランド**として独自性を創出したいと考えています。具体的には次のようなことを考えています。

● 「ジャパン・フェアトレードラベル」を作り、県内の生産者や障がい者のものづくりを支援する（例：市内の障がい者就労施設「ライン工房」で作るクッキーとフェアトレード砂糖のコラボ）
● フェアトレードの価値を物語化して伝える
● 海外のフェアトレード製品とコラボする（例：オーガニックコットンやフェアトレードを推進するインドの開発NGO「EduCARE」と熊本在住のハンディキャップアーティストとのコラボ、インドネシア発のフェアトレードチョコ「DARIK」と天草陶磁器とのコラボ）

以上のように様々なアイデアがありますが、まず始めたいのは熊本県内で被災したオーガニック生産者（有機農家と自然酪農家）の支援です。そのために、

● 東京を中心として企業内マルシェを実施して、有機農家と自然酪農家の支援を行うこと
● 新規販売ルートの開拓やフェアトレードコラボ製品のテスト販売を行うこと

などを考えています。

5 最後に――「フェアトレード列島」という夢に向かって

二〇〇八年、私は「フェアトレード・アイランド・ジャパンを夢見て」という文章を、『日本のフェアトレード』という本（長坂寿久著、明石書店）に寄稿しました。地球全体から見た理想の日本の姿を自分なりに描き、日本列島全体がフェアトレードの島になるという「夢」を描いたものです。熊本市がフェアトレードタウンに認定された今も、この夢は変わっていません。どこでもだれでも参加できるフェアトレードタウン運動を推進し、全国各地のフェアトレードタウン誕生を応援していきたいと思います。

私がフェアトレード活動を始めた一九九〇年代は、フェアトレードという言葉すら全く知らない人も多く、まずは知ってもらうことに日々力を注ぎました。自宅でお店を開業した当時は、子育てと仕事の両立に悩む間も立ち止まる間もなく、ただがむしゃらにこなしていました。でも、食事が夜遅くなったり、ありあわせのものになっても、小学生だった三人の息子たちは「ご飯が遅い！」とか「まずい！」とか言ったことは一度もありません。同居している両親も黙って私のすることを応援してくれました。活動を続けるにあたり、家族の反対に遭った人たちから相談を受けることが度々あります。私は家族の支えがあったからこそ、様々な課題を乗り越えることができました。そしてまた、私のまわりにいた先輩、友人、若者、大学生たちは、誰一人として、フェアトレードタウンという聞き慣れないことを目指す私に反対する人はいませんでした。困った時には必ず相談に乗ってくれ、助けてくださいました。チャンスの時をとらえ、一歩踏み出すことができたのも、常に励まし、勇気づけてくださった方々の協力のおかげです。

私がフェアトレードに真剣に取り組もうと思ったのには、ある人との出会いがあります。まだお店を始めて間もない頃、オレンジのローブを着たネパールのお坊さんが大きなスーツケースを持って訪ねてきました。そのお坊さんは「インド・ネパールの戦争孤児を五〇〇～六〇〇人育てています。その子たちを育てるために商品を買って欲しいのです」と言いました。そして「この孤児たちは、自分がどこで生まれたのかも、自分の誕生日がいつなのかも知りません。自分たちのことを誰かが気にかけてくれるというだけで、目を輝かせます。それが子どもたちの生きる希望なのです」と。

私は、子どもたちの喜ぶ姿を想像しながら、「熊本からあなたたちの幸せを祈っていますと子どもたちに伝えてください！」と言いました。お坊さんが持ってきた商品はできるだけたくさん買い取りたいと思ったものの、パッケージの言葉がインドの言葉で、なかなか熊本で売れそうなものはなく、少量を引き受けることしかできませんでした。「私一人の力では追いつかない」と無力感でいっぱいになりました。

でもフェアトレードなら、現地で作る過程で日本人の好みに合わせることができます。商品を買う人も品質が分かって安心できますし、自分が好きなものを選んで買うことができます。現地の人も労働条件が守られた環境で働くことができ、継続的に収入を得ることができる仕組みです。あのお坊さんが売り歩く商品が、いつかフェアトレードの産品になればいいなと思いました。

私はそれ以来、フェアトレードシティ熊本の実現、そしてフェアトレードタウン国際会議の開催など、前例のないことに取り組んできました。この二つはとてもハードルの高いものでした。フェアトレードを始めたとき、分かりやすく説明するのが難しくて、人々の関心を得られず、このままフェアトレードが消滅してしまうのではと不安になりました。その具体的な解決策として取り組んだのがフェアトレードタウン運動でした。それでも、はじめはあまりにも理解されないので、「生きているうちに、いつか熊本市がフェアトレードタウンになればいいや」と思ったほどです。

私たちフェアトレードシティくまもと推進委員会は、熊本市がフェアトレードタウンになり、フェアトレードタウン国際会議を開催したのちに二つの目標を掲げ、それらを達成しました。一つは「認知度を上げること」で、市内ではフェアトレード産品を扱うお店が増えてきましたし、特にチョコレートはどこでも見かけるようになりました。値段が高いという言葉のかわりに、おいしいと言われるようになりました。二〇一五年の調査では三九・八％と、全国で最も高い認知度になりました。もう一つは次のフェアトレードタウンを応援することでした。こちらは二〇一五年に名古屋市、一六年には逗子市がフェアトレードタウンに認定されました。その後も、フェアトレードタウンを目指す他の地域（国内・海外）からの要請で私は講演を行い、「次のフェアトレードタウン」を応援し続けています。

二〇一六年四月、熊本市は大地震に見舞われました。推進委員会の事務局があるラブランドも全壊しましたが、その危機的状況がかえって私たちを奮い立たせました。ピンチをチャンスに変えよう、復旧、復興をしながら熊本を丸ごとフェアにしようと、思いを新たにしたのです。世界のフェアトレードタウンと連携しながら、被災地の有機農家や障がい者を支援して日本全国に市場を広げ、究極的には熊本を、生産者にとっても消費者にとってもフェアで持続可能な生産と消費のモデル社会にすることを新たな目標としています。

テレビでは毎日のように暗いニュースが流れてます。私たちの小さな運動が役に立っているのかと、立ち止まることがあります。それでもフェアトレード活動を続けてこれたのは、フェアトレードタウンが地球全体に広がり続けているからです。私が熊本地震で突然家を失ったあと、たくさんの方々のやさしい言葉や行動に助けられ、その温かさが身に沁みました。そのことでフェアトレードがとても重要な活動だと再認識することができました。

フェアトレードタウンは世界で二〇〇〇を超えました。**フェアトレードが当たり前になる世界**が、フェアトレードタウンの広がりとともに確実になってきていることが嬉しくてたまりません。「人つなぐフェアトレード」をテーマに、「フェアトレードアイランドジャパン」を夢みて、一歩一歩、実践していきます。

【付記】本章の初稿は、二〇一四年から筆者を含む数人のチームが共同で執筆したものです。その後、本書の編集過程で熊本が大地震に見舞われたこともあって、初稿の内容や情報の更新についてチームの他のメンバーに細部を確認してもらうことが難しくなりました。最終的に筆者が文責を負うかたちにはなりましたが、この場を借りてチームのみなさんにお礼申し上げます。そして、この本が出版される直前の二〇一八年一月末、ラブランドは火災で全焼してしまいました。熊本地震からようやく立ち直ろうとしていた矢先のことでした。この度重なる逆境は、私たちに与えられた試練ととらえ、推進委員会のメンバーやまわりの方々と力を合わせ、向かい合い、学び、乗り越えていきます。皆さんとともに力強く歩んでいきたいと思いますので、お力添えのほど、よろしくお願いいたします。

上：くまモンと明石代表
下：熊本県菊陽町の無農薬無施肥の「フェアトレード畑」

2
名古屋市

できないと思いこみ、閉じ込めていた想いの蓋があいた…

名古屋をフェアトレード・タウンにしよう会 代表　土井ゆきこ

1　はじめに

フェアトレードに関心のある人もない人も、世界とつながって暮らしています。と同時に、地球誕生以来つながった命がここにあります。そのつながりを知るきっかけとしてのフェアトレード、日々の暮らしが感謝に満ちた生活となるためのフェアトレード、貧困を解決するために生まれたフェアトレード。フェアトレードにも、いろいろな顔があります。フェアトレードが万能薬というわけではないのですが、フェアトレードが広まれば、世界中の人々がみな人間的な暮らしができるようになるきっかけになるのではないでしょうか。

私のフェアトレードタウンとの出会いは、二〇〇五年に大阪で開催されたワン・ワールド・フェスティバルでした。フェアトレードを広めるための運動として素晴らしいと思いましたが、私のまち・名古屋ではとてもできないと思い、行動には至りませんでした。私にとっては遠い世界のことという思いでしたが、ある大きなきっかけと、とても小さなきっかけがあってこの運動を始めました。

大きなきっかけと、とても小さなきっかけ

それから三年後の二〇〇八年五月から九月まで、私は船で世界を一周するピースボートの旅に出ました。六〇年の人生を振り返り、これからの身の丈の暮らしと、閉じていく命と向き合う、「降りていく人生」の出発点にしたいと思っての船旅でした。私には二つの夢があり、一つは自分の店を持つこと、もう一つが世界一周でした。一つ目の夢は、四八歳の時に始めたフェアトレードショップ風"s（ふ〜ず）で実現しました。店を一〇〇日も空けるのは心残りでしたが、二つ目の夢を実現するため、八人のスタッフに任せて旅立ちました。

実際には、私がいなくても店はちゃんと回りました。誰がリーダーというわけでもなく、みんなが力を合わせて私の「世界一周したい」という夢を実現させてくれました。それまでは、初めてフェアトレードタウンの話を聞いた時に「できない」と思ったように、自分がしてきた仕事を人に任せることなどできないと思い込んでいたのです。それがこの船旅を機に、夢を実現させるために努力し、またその時期が満つれば可能であるということがわかりました。店で起こりうる様々な場面を想定の上、しっかり準備して出発しました。

その後、フェアトレードタウン運動に関わるようになるのですが、このとき店を人に任せられるようになったという大きなきっかけがあったからこそ、小さなきっかけでフェアトレードタウン運動へ

の道を歩むことができました。スタッフのおかげです。

船旅から帰った二〇〇八年秋、東京で開かれたフェアトレード団体の展示会で、フェアトレードタウンに興味のある全国の小売店主一〇人くらいが集まり、車座でフェアトレードタウンについて話しあう機会がありました。その中で、「みんなでフェアトレードタウンになろうって手を挙げよう」という声が上がりました。突然の提案でしたが、手を挙げることくらいなら私にもできると思い、手を挙げました。挙手という小さな小さなきっかけですが、その瞬間、「できない」と思い込んでいたフェアトレードタウンへの想いの蓋が開いたのだと思います。この挙手と六〇歳で出かけた世界一周の船旅が、三つ目の夢、「名古屋をフェアトレードタウンに!」という夢を実現する旅の始まりとなりました。

フェアトレードとの出会い

私がフェアトレードに出会ったのは、店を始める一年前の一九九五年ごろだったと思います。そのころ会社勤めをしていた私は、「自分に正直に生きたい、できれば社会に役に立つことがしたい、そして生涯現役で暮らしたい」という思いを持っていました。そこでエクラ（関戸美恵子主宰・後のNPO法人起業支援ネット）の女性起業セミナーを受講したところ、講座の話の中で内橋克人さんの『共生の大地』（岩波新書、一九九五年）という本が紹介されました。第三世界ショップの片岡勝さんや、オルター・トレード・ジャパンの堀田正彦さんの活動が紹介されていて、発展途上国の支援を目的とする貿易「フェアトレード」という仕組みがあることを知って、とても強く心を打たれました。

いま想い起こすと、実はそれより一〇年以上前に最初のきっかけがありました。三人の子育ての真っ最中だった私は、世界のことに無関心なまま暮らしていました。そんなある日、住んでいたマンションで、まのあけみさんの出前コンサートが催され、ギター片手に生活の唄を歌う合間に、まのさんは語りました。「私たちの食卓は、東南アジアの人たちの暮らしを犠牲にしてなりたっている」と。それを聞いて私は大きなショックを受け、以来その言葉がずっと心に引っかかっていたのです。

フィリピンのバナナ農園で、農薬などの害に苦しむ人たちがいる。インドネシアでは、エビ加工に従事する女性たちが、貧しさゆえにもいだエビの頭を持ち帰って食す（スープかも？）――そういう話を聞いた日から、我が家の食卓からバナナやエビは姿を消しました。不買で犠牲はなくならないけれど、もはや買う気になれなかったのです。

2　フェアトレードとタウン運動

”風”sと「GAIAの会」の起ち上げ

フェアトレードを知ってからは、ジグソーパズルのピースをつないでいくように、いろいろな出会いがあり、一九九六年にフェアトレードショップ”風”sを愛知県女性総合センター（ウィルあいち）一階にオープンすることができました。ウィルあいちの男女参画推進のコンセプトはフェアトレードにぴったりでした。出会いのピースが一つでも欠けていたら、”風”sはきっと実現できなかったでしょう。

フェアトレードショップ「風"s」店内
（2016年，正文館書店本店2階に移転後）

それから二〇年以上たった今も、店を二〇一六年に移転しなければならないという転機はあったものの、引き続きたくさんのピースに支えられて店を続けています。

"風"sのオープンと同時に、フェアトレードの普及啓発を目的に市民団体「ＧＡ《が》Ｉ《い》Ａ《あ》の会」を立ち上げました。そして、フェアトレード専門ブランド「ピープル・ツリー」代表のサフィア・ミニーさんをはじめとするフェアトレード関係の方々の講演会や、コンサート、フェアトレードのファッションショー、映画上映、国際理解教育のワークショップなどの活動を十数年続けてきました。この「ＧＡＩＡの会」は、後述する「名古屋をフェアトレード・タウンにしよう会」の母体となりました。

一〇年ほどたつと、大学・高校などでバザーを開く機会が増え、卒論にフェアトレードを取り上げる学生も増えるなど、フェアトレードの輪が広がってきたように思えました。が、フェアトレードの志をもって店を開いた名古屋市内の他のフェアトレードショップ、「ぷーく」「バナルパ」「チャパカ」は閉店してしまいました。フェアトレードはまだまだ市民の心に根づいていない、そんなもどかしさの中で出会ったのが、フェアトレードタウン運動でした。

まわりも動き始めた

私の中でフェアトレードタウンへの想いが目を覚ましたとたん、タイムリーな情報をキャッチし、不思議とまわりも動き始めていることに気づきました。最初が、二〇〇九年二月に東京で開かれたワークショップ「フェアトレードを通じた自治体・NGOの連携の可能性をさぐる」でした。五〇人ぐらいの参加者の中には、この本にも登場する渡辺龍也先生（東京経済大学）や明石祥子さん、萱野智篤先生（北星学園大学）のほか、『日本のフェアトレード』（明石書店、二〇〇八年）の著者・長坂寿久《としひさ》先生（拓殖大学）の姿がありました。行政の方、学生、大学の先生、NGO・NPOの方、フェアトレードショップの人たちなど多方面の方が参加していて、自由討論形式で活発に話し合い、意見交換しました。その中で、「**コミュニティを再生しなければフェアトレードは広がらない**」というキーワードが、私の心にストンと落ちました。

翌三月にも、東京で開催された「フェアトレードタウンとは〜フェアトレードで町おこし」と題する講演会に参加しました。フェアトレード・ラベル・ジャパン（FLJ）の事務局長、中島佳織さんのお話で、世界にフェアトレードタウンが六四五もあり（現在は二〇〇〇以上）、前年の秋には大都市ロンドンも仲間入りしたことを知りました。その数の多さにびっくりし、とても勇気づけられました。

「名古屋をフェアトレード・タウンにしよう会」を立ち上げる

私たちは、名古屋にFLJの中島さんをお呼びして講演会を開こうと企画し、みんなで勉強してそ

上：ブルース・クラウザーさん（中央）と筆者（右端）
下：国際理解教育ワークショップの様子

の日を迎えるべく、二〇〇九年六月に「名古屋をフェアトレード・タウンにしよう会（略称なふたうん）」を立ち上げました。学生、会社員、議員、主婦など二〇名ほどが集まりました。その後ＮＩＥＤ・国際理解教育センターの伊沢令子さんを講師に「名古屋をフェアトレード・タウンにするためのワークショップ」を三回行い、講演会の当日には五〇人の参加者と一緒に勉強しました。

翌二〇一〇年には、東京経済大学で渡辺龍也先生が開催された国際シンポジウム「フェアトレードの拡大と深化」に参加しました。そこに招かれていたフェアトレードタウン運動の創設者ブルース・クラウザーさんは、シンポジウムの翌日、名古屋に来て下さり、交流会を開いてお話を伺うことができました。「夢見る男」と言われていた彼のフェアトレードタウン運動。その数を四〇〇に増やそうという彼の夢を遥かに超えた今、運動は海を越えました。世界は動いている。名古屋もその輪の中に入りたい、との思いを強くしました。

「なふたうん」の独自性

「なふたうん」の最大の特徴は、国際理解教育の参加型ワークショップを運動の基盤に据えている点で、「なぜフェアトレードが必要か」を考えるために、世界の問題や身近な問題、そして貧困について考えることが重要だと思います。講義形式で話を聞くだけではなく、自ら考え、みんなと力を合わせて問題解決への道を探ります。ワークショップでは、「他の人の意見を否定しない」ことを約束事にしていて、人の意見をまずは聞くコミュニケーションの貴重な体験ともなります。

このワークショップは、小学生から中・高・大学生、さらには一般の大人までを対象に、これまで一〇〇回以上開催してきました。看板講座は、なふたうんオリジナルの「チョコレートの来た道」です。まず、みんなが大好きなチョコレートがどのようにしてできるのか、材料は何で、どこで採れるのか、チョコをたくさん食べる国はどこなのか等々を、楽しくゲーム形式で展開します。「カカオの採れる国」と「チョコを食べる国」の違いから南北問題に触れ、そこから話は児童労働に及びます。そうした話を聞いた受講者の多くは、これまで何気なく食べてきたチョコレートの背景にある過酷な児童労働の現実を知り、心を揺さぶられるようです。学生たちは、私たちの暮らしが当たり前でないことを思い、食べ物は感謝して食べるなどと、自らの思いをフェアトレード振り返りシートに書き込みます。

ほかに定期的な活動として、月一回の定例会（も～やっこカフェ）、フェアトレード入門講座（過去五十数回開催）、ナゴヤFTユースチー夢の勉強会「フェアトレード寺子屋」などがあります。いずれも若手メンバーが中心になって開催します。「なふたうん」の独自性は「地味コツ」で、「地味にコツコツ続けること」をモットーにしています。

フェアトレード名古屋ネットワーク（FTNN）の誕生

地道な活動の一方で、二〇一一年一一月には、第一回目の「名古屋にフェアトレードを広めるための会議」を開催しました。それまで個別に関係を作ってきた愛知県国際交流協会や名古屋国際センター、国際協力機構中部国際センター（JICA中部）、教育関係者や企業、NPO・NGOの人たち、地域で活動をしている人たちのほか、行政の担当者や議員など、今まで一つのテーブルに着くことがなかった方々に一堂に会していただきました。その後も毎回二〇名前後の方が集まり、ジェトロ（日本貿易振興機構）名古屋所長の参加も得ることができました。全体会議で市内のフェアトレードの進展状況や各組織の取り組みを紹介したあと、グループごとに課題を話し合うというワークショップ形式ですすめました。

こうして一年間の準備期間を経て、二〇一三年一月一一日、「フェアトレード名古屋ネットワーク（FTNN）」が発足しました。設立総会の会場には一般市民、NPO・NGO、教育関係者、企業、行政の担当者や議員など七〇人あまりが集い、規約や活動方針を議論し、採択しました。代表には筆者が、副代表には「中部フェアトレード振興協会」の杉本皓子さん、「フェアトレードなごや推進委員会」の原田さとみさん（次章参照）、「認定NPO法人アイキャン」の吉田文さんが選出されました。ここまで来られたことを、この三人の方をはじめ、ネットワーク関係の皆様に大変感謝しています。総会の様子はNHKのニュースで放映され、中日新聞や朝日新聞でも報じられました。会員数は正会員九〇名、賛助会員三一名に上りました。筆者が代表を務めた二年間の活動は次の通りです。

●定例会の開催（隔月）
●定例会の「ＧＯ！フェアトレード」コーナーで会員の活動を紹介し、会員同士の交流を図る
●運営委員会、代表と三名の副代表による四者会議の開催（それぞれ隔月）
●〃モノとココロを考える、フェアトレードのためのフリーペーパー〃『惣（ｓｏｕ）』の発行（年二回）
●フェアトレードマップの発行（二〇一四年五月、一万部発行）
●冊子フェアトレード教材用『地球とのフェアトレード』の発行（編集堤静良、監修渡辺龍也、二〇一四年八月、一万部発行）
●毎年五月の世界フェアトレード月間中の市内の企画を収録したパンフレットの発行（二〇一三年は五〇企画、一四年は一〇〇企画を達成）
●世界フェアトレード・デー（五月第二土曜日）に名古屋テレビ塔で企画を実施
●教育現場等での国際理解教育参加型ワークショップの実施
●フェアトレード・ツキイチマルシェの開催（於 名古屋テレビ塔）

次に、主要二団体の活動を、ＦＴＮＮ副代表の言葉を引用してご紹介したいと思います（すでにご紹介した「なふたうん」と、次章に登場する「フェアトレードなごや推進委員会」は略します）。

認定ＮＰＯ法人アイキャン（ＩＣＡＮ）■　アイキャンは、人々の「ために」ではなく、人々と「ともに」を合言葉に、社会の課題に対して「できること（ＩＣＡＮ＝I can）」を実践する人を増やし、その

一人一人の「できること」を持ち寄ることで、世界中の子どもたちが享受できる平和な社会創りを目指しています。一九九四年の設立以来、フィリピンの路上や紛争地、ごみ処分場周辺に暮らす子どもたちへの教育や保健医療、平和構築活動などを行っています。

アイキャンのフェアトレードは、多くの犠牲者を出したフィリピン最大のパヤタスごみ処分場の崩落事故（二〇〇〇年）を機に始まりました。事故でごみ山が閉鎖され、ごみの中から集めた資源を換金して生活することができなくなった住民の母親たちと、危険なごみ山での収入に頼らない生計手段を模索しました。その結果、クマのぬいぐるみの製作とフェアトレードで生計を立てる試みが始まったのです。

アイキャンが技術指導を始めて五年、人々は独立することを選び、価格設定や会計、品質管理、組織運営まで自分たちの手で行うようになりました。生産者との一五年以上にわたる活動を通じて、フェアトレードは収入を得る手段というだけでなく、生産者の生きがいそのものであること、一つの製品には厳しい生活を自分たちの手で改善していこうという強い想いと未来への希望が込められていることを実感しています。

世界中のフェアトレード製品が、スーパーをはじめ至る所で売られ、消費者が気軽に手に取れるようになるとともに、製品が作られた背景や生産者の想いを共有することができる、そんな光景が当たり前になるよう、生産者と「つながる」NGOとして、製品に込められた生産者の「想い」や「価値」を伝え続けていきます。（アイキャン　吉田文）

中部フェアトレード振興協会■

東海地方では、一九九〇年代にフェアトレードショップが誕生し、アジアの民衆との市民交流が進むとともに、フェアトレードも徐々に知られるようになりました。それでも、良いことも皆が知るところにならなければパワーやうねりにはなりません。そうしたことから、東海地方のフェアトレードショップ、NPO、学生、社会人などが集まって、二〇〇六年に中部フェアトレード振興協会を発足させました。

私たちの特徴は、フェアトレードのイベントを実行しながら撮影し、それを編集して貸し出し、関心のある方に見ていただくべく、フェアトレードの普及DVDを作成することにあります。二〇〇八年からはフェアトレードショップのマップを四年継続して作成・配布し、五月のフェアトレード推進月間には啓発イベントを開催してきました。

フェアトレードタウン運動の良いところは、一定の地域の中で、顔の見える関係を通してフェアトレードを広めていくことだと思います。すでにフェアトレードを知っている人とこれから知る人による、活発で元気な交流や社会づくりが期待できます。名古屋をフェアトレードタウンにしようという活動が活発になってきたため、私たちも「フェアトレード名古屋ネットワーク」の創設メンバーとして参加しました。二〇一五年に名古屋市がフェアトレードタウンになり、大きな広がりを感じています。継続を願い、一六年は五月のフェアトレード推進イベントを復活させました。一七年はその講演録を作成・配布しています。小さな団体ですが目をしっかり開いて地域の方々と歩んでいきたいです。

（中部フェアトレード振興協会　杉本皓子）

3　これまでの運動の広がり

学校への広がり

私は「なふたうん」の活動の一環として、小学校から大学まで、学校へフェアトレードの出前授業に出かけています。二〇一二年の「消費者教育基本法」施行に伴い、公教育の現場でフェアトレードへの関心が高まり、家庭科・道徳の授業をつないで行う二時間の出前授業の要請もあります。さらに二〇一四年一一月には、「持続可能な開発のための教育（ＥＳＤ）に関するユネスコ世界会議」が名古屋で開かれ、これを機に愛知県内のユネスコスクールが二校から一五〇校以上へと一挙に増えました。

小学校からＥＳＤや消費者教育を行うことは、フェアトレードの広がりにとっても、とても重要だと思います。その際、国際理解教育の参加型ワークショップの形を導入することによって、視野が地球規模に広がり、自分も相手も尊重する姿勢が育まれ、コミュニケーション能力の向上にも役立ちます。学校などで消費者教育を行う際の教材として使えるよう、フェアトレードについてのＤＶＤや、インターネットからダウンロードできる資料も製作しました（後出、九二頁「行政への広がり――名古屋市」参照）。

また、以下で述べるように、学校や大学でフェアトレード産品を扱いたいという要望がある場合、フェアトレードショップ風"ｓが産品を貸し出していて、現在では、毎年交流している学校・大学は合わせておよそ二〇校ほどに上ります。

高校では■　名古屋市では、高校生のフェアトレード活動がとても盛んです。最も活発なのが愛知県立南陽高校と同・愛知商業高校です（「若い力」1・2参照）。二〇一〇年一月、南陽高校で二〇〇名の生徒に筆者が講演をし、これを機に「何か自分たちにもできないか」と生徒たちの活動が始まり、さらに新任の先生を迎えたことで南陽カンパニーという部活働に発展して、現在めざましい活躍があります。また愛知商業高校も、蜜蜂の屋上飼育など環境活動はしていたのですが、二〇一四年五月のフェアトレード月間に愛知県国際交流協会となふたうんが共催した「フェアトレードは農業を救う⁉︎地域と地球のやさしい関係」（講師は京都大学の辻村英之先生）の企画に部活の生徒七人と先生が参加したことで、ここからフェアトレードの活動が加わりました。

私立南山高校・中学校には、中学生と高校生が一緒に活動する女子の「小百合会」があり、二〇一〇年から毎年学園祭にフェアトレードの出店を行っています。私立金城学院高校では、〇九年からPTAのお母さん方が、学園祭に出店しています。私立中部大学第一高校や名古屋市立向陽高校、愛知県立名古屋西高校も同様に出店しています。年によって多少学校が入れ替わりますが、多くの学校がフェアトレードショップ風〟sから産品を預かる委託販売の形をとっています。

何らかの理由で学校に行きづらい子どもたちも通う私立KTC中央高等学院（名古屋キャンパス）の生徒さんたちは、FTNNのフェアトレードマップづくり（後述）にボランティアで参加し、店を訪ね歩いてくれました。学校や社会になじみにくい人たちも、フェアトレードを知ることによって世界に目を向け、自分の生き方を考えるきっかけになったらいいなと思います。

最近では、名古屋市立工芸高校の生徒会が、市教育委員会主催の「夢・チャレンジ」支援事業にフェアトレードをテーマに応募して合格しました。市から得た助成金で、二〇一六年には学校祭でフェアトレードのコーヒーを提供するなど、活発な啓発活動を行っています。

大学では■　名古屋市を中心とする中部地域では、フェアトレードや国際協力分野の学生サークルや、これらの分野に関心を持つ個人からなる「中部フェアトレード学生ネットワーク団体328（みつばち）」が二〇〇九年に誕生しました。参加した一一大学のサークルは、フェアトレードに関する講演会や勉強会を開いたり、イベントでフェアトレード産品を販売したりしています。主なサークル活動は次の通りです。

愛知大学の国際協力サークル「SEED」は、学内の生協コンビニの一角にフェアトレード産品を売る専用ブースを置かせてもらうことに成功しました。中京大学の国際協力サークル「fairing」も、生協に依頼してフェアトレード産品を置いてもらったり、二〇一〇年からは学祭で出店したりしています。学生のネットワーク活動とは別に、南山短期大学では、ゼミでフェアトレードを勉強した学生たちが、"風sから預かった産品をホームカミングデーで販売しました。その販売力には目を見張るものがあって、フェアトレードの背景などをしっかり理解した上で取り組む必要性をつくづく感じました。名古屋大学では、大学生協のユニセフ班がフェアトレードの学習会を開いたり、六月の名大祭と冬のバザーへの出店を行ったりしていましたが、最近は活動が低調のようです。

「みつばち」は、二〇一五年に「フェアトレード学生ネットワーク（FTSN）」の中部支部として新たなスタートを切りました。現在は愛知大学と中京大学のほか、名古屋外国語大学（ボランティアサークルＬｉｎｋＳ）、愛知医科大学（ボランティアサークルＨＩＡＭＵ）、椙山女学園大学（フェアトレードサークルＬｅｓ ａｍｉｅｓ）が加盟しています。

生徒や学生がフェアトレード産品の販売に取り組むことには、次のような意義があると思います。

一、フェアトレードをじかに知り、学ぶことができる。産品を売るにあたってその背景を勉強することで、より深くフェアトレードについて知ることになる。また、人にフェアトレードを語る難しさも体験し、より理解しようという行動につながる。

二、相手とのコミュニケーションを尊重する姿勢が育まれる。買い手が産品の良さや背景を理解して買ってくれた時の達成感は、得がたい経験となる。

三、買い手としてフェアトレード産品を生活に取り入れるだけでなく、売り手の立場をも経験することで、「持続可能な社会に向けた消費者教育」の効果が期待できる。

商店への広がり

人口二二九万人の名古屋市がフェアトレードタウンに認定されるには、フェアトレード産品を扱う店が二二九以上必要です。が、それらは全部が専門店である必要はありません。そば屋さん、金物屋さん、歯医者さん、クリーニング屋さん等々、どんなお店であれ、フェアトレード産品が置いてあれば、取扱店とみなされます（基準の詳細は「序」二〇頁参照）。地元に根づいたお店の方と馴染みのお客さんとの間でフェアトレードをめぐる会話が生まれ、そこから世界のこと、ひるがえって足元の地域の問題へと、話の輪が広がってゆくことでしょう。

名古屋市中区伏見にある映画館「伏見ミリオン座」は、二〇〇六年の開業当時からカフェでフェアトレード・コーヒーを提供し、翌年からはフェアトレードの雑貨コーナーも常設しています。映画を観る楽しみに加えて、フェアトレードのコーヒーでくつろいだり、おみやげに雑貨を買って帰ったりすることもできます。どのスタッフでもお客様からの質問に答えられるようにと、フェアトレードを説明するための資料が用意されています。館長さんによると、お客様の関心の高さに押されて、扱う品数が増えていったとのことです。

フェアトレードは本屋さんとも相性がいいです。書店に香るコーヒーのアロマ。本好きな人はコーヒーや紅茶通が多いと思います。名古屋で一番の老舗の正文館書店本店では、一五年くらい前に筆者を講師とした勉強会に会長と社長も参加されました。五月のフェアトレード月間には、フェアトレード関連書コーナーを特設し、隣でコーヒーの試飲も行いました。現在は二階の風”sの店でコーヒーを提供しています。チョコレートも、当初はバレンタイン期間中だけの販売でしたが、フェアトレード月間中も販売するようになりました。二〇一六年三月末、指定管理者制度の導入で、風”sが二〇年間お世話になった愛知県女性総合センターから出ざるを得なくなったとき、正文館書店さんが本店の二階奥を移転先として受け入れてくださったのも、こういうご縁があったからこそでした。

商店街全体でフェアトレードを広げようという動きは今のところありませんが、子育て関係のおもしろい試みがあります。千種区の仲田商店街では、二〇〇六年に一軒の空き店舗にNPO法人運営の子育て広場「もんもの木」がオープンしました。ここでは喫茶コーナーでフェアトレードのコーヒーや紅茶を提供し、レジ横ではフェアトレードのチョコや紅茶を販売しています。北区の柳原商店街では、子育て支援NPOの「まめっこ」が運営する子育て広場「遊モア」でフェアトレードコーナーを設けたり、公園に親子が集う企画「あおぞら広場」で、若いお母さんたちにフェアトレード・コーヒーを提供したりしています。このように親子が集う場からフェアトレードが広がれば、大きな力になっていくと思います。

「なふたうん」の活動の一つの柱が、市内でフェアトレード産品を取り扱うお店のマップ作りでした。二〇一一年に初めて作成した時、取扱店の数は八一でしたが、一二年には一二四に増え、一四年にFTNNが引き継いで作成した時は、新たにイオン、ミニストップ、無印良品、すきやなどのチェーン店を含め、二五三に上りました。

企業への広がり

三井住友海上名古屋ビルの食堂前スペースで、二〇一〇年から昼休みにフェアトレード産品の展示販売を始めました（八年間で計二六回開催）。”風ｓの移転に伴って、現在は一時休止していますが、同ビル一階の「カフェアイリス」ではフェアトレードのコーヒーなどを継続的に提供しています。

同じく二〇一〇年、CSR（企業の社会的責任）活動の盛んなトヨタもフェアトレード産品の取り扱いを始めました。豊田市にある本社や名古屋市内のオフィスの売店およびトヨタ生協で、フェアトレード産品を販売するようになったのです。ただ、CSR担当部長はとても熱意ある方だったものの、店舗側は必ずしも積極的でなく、残念ながらこの取り組みは二年で終わってしまいました。

NTTの労働組合は、以前から児童労働の問題に取り組んでいて、名古屋でも毎年秋に開催されるワールド・コラボ・フェスタ（「持続可能な社会の実現」をテーマに、中部地域の市民、NGO・NPO、企業、行政が協働して開催するイベント）で児童労働に関する展示ブースを出していました。そこで、名古屋市内にあったNTT西日本-東海（現NTTビジネスソリューションズ）の地下売店にフェアトレード産品の取り扱いをお願いしたところ、二〇一二年に実現しましたが、こちらも店舗側の関心が薄く、残念ながら続きませんでした。

行政への広がり

名古屋市■　フェアトレードタウン運動によって、行政の中でもフェアトレードがしっかりとした位置を占めるようになりました。生物多様性条約第一〇回締約国会議が開かれた二〇一〇年には、市のPR紙「広報なごや」五月号にフェアトレード月間の記事が掲載されました。一四年にはESD特集の中でフェアトレードをタブロイド版の見開きで掲載しました。同年一〇月に東海三県一市グリーン購入キャンペーンの一環で開催された「はじめよう！　環境にやさしいお買い物」というイベントでは、市のブースにフェアトレード産品や関連資料が展示されました。

二〇一四年七月に名古屋市が発足させた「消費者市民社会研究会」には「なふたうん」もメンバーとして参加を要請され、消費者教育のモデル校の授業を担当しました。その際、名古屋市立西陵高校で行った出前授業をもとに作成した教材「フェアトレードを通して消費がもつ影響力を理解する」は、インターネットからダウンロードできます（http://www.seikatsu.city.nagoya.jp/plaza/kyouzai/detail/1）。また、一六年に完成した「尾木ママとこどもたちの消費者の芽」というＤＶＤでは、チャプター2の「買い物で地球の未来が変わる」を担当しました。このＤＶＤは「消費者教育教材資料表彰二〇一七」を受賞しました（こちらもネットで視聴できます https://www.seikatsu.city.nagoya.jp/kouza/ogimama/index.html）。

市の環境局環境推進課が運営する環境学習センター（エコパルなごや）では、二〇一〇年から六年間、五月のフェアトレード月間中に展示しました。一〇年の「子どもたちに伝えたいフェアトレード」に始まって、一一年の「フェアトレードタウンって知ってますか？」、一二年の「児童労働とフェアトレード」、一三年の「フェアトレードで伝えるＥＳＤ」、一四年の「フェアトレードとチョコレートとＥＳＤ」、そして一五年のフェアトレード・タウンと私たちの暮らし」と、毎年テーマを変えながら発信し、展示と並行して映画の上映会を開いたり、「なふたうん」のワークショップ「チョコレートの来た道」の子ども向けバージョンを開催したりしました。

名古屋市科学館では、二〇一四年にパネル展「フェアトレードとチョコレート」を開きました。同館ではほぼ同時期に、企業団体協賛の「チョコレート展」が大々的に開催されていたのですが、私たちのパネル展は小規模ながらチョコの背景にある児童労働の問題を伝える企画で、市民の皆さんには違いがわかってもらえたのではないかと思います。ちなみにこの企画は、前年一一月に市議の方々と私たちが交流した「フェアトレード・サロン」（九八 - 九九頁で後述）の場で、児童労働の問題に関心をもった市議の提案で実現したものです。

一方、市の施設でのフェアトレード産品の販売は、二〇一一年夏から毎月一週間ずつ、市役所の西庁舎地下売店に風"sが出店してフェアトレード普及の拠点としてきました。しかし、こちらも一六年の風"s移転で継続が難しくなったため、一七年一月をもって出店を辞退しました。現在は西庁舎の南隣にある愛知県庁西庁舎一〇階の生協売店でのフェアトレードコーナー（〇九年から継続）の維持に力を入れています。そのほか、公益財団法人名古屋市みどりの協会が管理する市内の公園では、一二年に中区の蘭の館（現在は久屋大通庭園フラリエに改名）に出店したのが縁で、一四年には戸田川緑地公園売店、一七年からは東谷山フルーツパークや名古屋市農業センター売店でも、フェアトレード産品の扱いが始まりました。

市の外郭団体である名古屋国際センターでは、二〇一〇年のフェアトレード月間からフェアトレードの企画が始まりました。「なふたうん」も協力して、一一年にドキュメンタリー映画「バングラデシュの衣料工場で働く若き女工たち」の上映会、一二年に長坂寿久先生の講演会、一三年にパレスチナオリーブ代表の皆川万葉さんの講演会を開催しました。センターのラウンジではフェアトレード産品の展示・販売や試飲・試食会も行い、じかに手にとり、味わい、買うことができる楽しい企画となりました。一四年からはショート・ワークショップも取り入れ、好評を得ています。

二〇一六年五月に同センターと「なふたうん」の共催で行った「フェアトレード・タウン名古屋を動かす！元気な若者たちのスピーチ！」には、一〇校あまりの高校・大学の生徒・学生や一般市民およそ五〇名が集まり、若者たちが日頃のフェアトレード活動を報告し交流する場となりました。この催しは翌年も行われ、中学生もスピーチするようになって、十代前半までフェアトレードへの関心が広がりつつあります。

名古屋市民、市民団体、企業、大学、行政が協働で運営する学びの場「なごや環境大学」では、街をキャンパスにして、市民の手で様々な環境関係の講座が開催されています。「なふたうん」は二〇一一年から参加し、三回連続講座「楽しく学ぶフェアトレード」を計一〇回開催しました。非日常的な空間に身を置いて、世界のこと、地域のことを考える二時間の講座は、参加者にとってあっという間

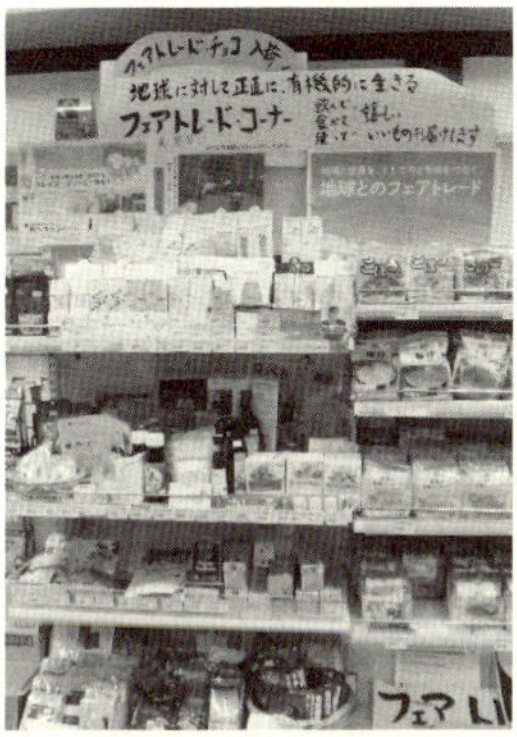

上：「なふたうん」のマーク。「蜜蜂がいなくなれば人間も破滅する」というメッセージを込めたもの。名古屋市の市章「〇八」（尾張藩の合印に由来）の「ハチ」ともかけている
下：愛知県庁西庁舎 10 階 生協売店内のフェアトレードコーナー

の楽しい時間だったようです。今はフェアトレードの解説をしながらカカオマスやカカオバターからチョコレートを手作りする「私もチョコ職人弟子入り」や、「フェアトレードの生豆焙煎教室」など、実践も織り込んだ新しい講座に取り組んでいます。

愛知県■　二〇〇八年に愛知県が開催した「ＮＰＯと行政のテーマ別意見交換会」に参加したのを機に、後日、県の環境課を訪問して、グリーン・コンシューマーの育成とコミュニティ再生の起爆剤としてフェアトレードを取り入れるよう申し入れました。

二〇一一年に県の「生物多様性に配慮したエコラベル商品普及促進検討会」が行った調査では、数あるラベルの中でフェアトレードラベル産品を買った人の割合が一〇・一％と、最も高いという結果が出ました。「ラベルの意味まで知っている人」についても、フェアトレードが八・二％と最多でした。検討会が翌一二年に出した提言書は、「普及・促進すべきエコラベル商品」の一つにフェアトレードラベルを挙げるとともに、フェアトレードタウン運動も紹介してくれました。

県の環境部長も、県庁本庁舎売店でのフェアトレード産品販売に一役買ってくださいました。すでにご紹介したように、西庁舎一〇階の生協売店には風”ｓのフェアトレードコーナーがあります。東大手庁舎一階にある「あいち環境学習プラザ」では、一六年春からＥＳＤ展示の隣にフェアトレードの展示コーナーが常設され、「なふたうん」が隔月でテーマを変えた展示をしています。

二〇一〇年には、愛知県国際交流協会と「なふたうん」が協働して、フェアトレードと環境を切り口にした催しを実施しました。東京済大学の渡辺先生とＦＬＪの中島事務局長を迎えたシンポジウムに始まり、四回のワークショップ、二回の公開講座を通して、みんなでフェアトレードについて学び、考えました。同年秋のワールド・コラボ・フェスタ（約八万人参加）では、フェアトレードコーヒーを紹介しながらアンケート調査もしました。終了後はこの二つの活動内容をまとめた冊子「森を育てるフェアトレード」を作り、一万部を配布しました。

二〇一一年からは、県国際交流協会と「なふたうん」の共催で、五月のフェアトレード月間に講演会などの企画や展示を行っています。一三年は、絶滅危惧種のゴリラの住む森から環境問題を考え、私たちの暮らしとの関わりも考える参加型ワークショップを開催し、子どもから大人まで楽しめる「ゴリラダンス」も取り入れて好評でした。コンゴ民主共和国から来日したゴリラ研究者のお話は、ゴリラの暮らしから、携帯電話などに使われる鉱物が豊富なために起きる内戦のお話まで、奥深いものでした。一六年には、フェアトレード団体「ネパリ・バザーロ」代表の土屋春代さんを招いて「三・一一とフェアトレード」と題する講演会を開きました。土屋さんは三・一一以降、「国内フェアトレード」が広がっているという貴重なお話をしてくださいました。協会は継続的にフェアトレード月間に企画・展示を行っていく方針で、一四年度以降は中期計画に「フェアトレード普及啓発業の実施」を掲げています。さらに一六年夏からは、「なふたうん」と共催で「フェアトレード学校＝若者のための夏期集中講座」を始めました。二日間にわたり一〇時から一七時ま

2016年夏期集中講座の様子

で、普段の授業ではなかなか聞けない現場の話に耳を傾ける機会や、ワークショップや手仕事を体験する機会を提供しています。

国際協力機構中部国際センター（JICA中部）

国の機関であるJICA中部は、二〇〇九年からフェアトレード関連の催しを頻繁に企画するようになりました。一〇年五月にJICA中部で開催されたイベント「ちょっと気になるフェアトレードとフェアトレードタウン」には風〞sも出店し、同年末から翌年二月にかけては「なふたうん」の活動を二階「パネルコーナー」で展示紹介する機会も提供していただきました。一階の「買物ゾーン」には、公募の末（有）フェアトレーディング（フェアトレードコーヒーの輸入・焙煎・卸業）が選ばれ、同社はコーヒーや雑貨を販売する「フェアビーンズ」を開店しました。このようにJICA中部は、名古屋および中部地域のフェアトレード活動の一つの拠点になっています。

議会への広がり

「なふたうん」は、名古屋市議が市民の声を聞く「市民三分間議会演説」に二〇一〇年二月に参加して、「名古屋をフェアトレードタウンにしよう！」と提案しました。しかし、議員からは何も反応がなく、まだまだ関心が低いと思いました。それでも翌年一一月に「なふたうん」が呼びかけて開催した「名古屋にフェアトレードを広めるための会議」には、市議二人の出席を得ることができました。

一三年には名古屋市議員会館で、フェアトレードのコーヒーやお菓子を提供しながら説明・交流する場「フェアトレード・サロン」を二回開催しました（議会への働きかけの詳細は次章をご覧ください）。

4 他分野の市民運動との協働／連携

生協との協働／連携

名古屋市南区の「生活協同組合連合会アイチョイス」は、二〇一一年六月に期間限定で森林農法によるメキシコのフェアトレードコーヒーを販売し、近年はバレンタインの季節にチョコレートやコーヒーなどを扱っています。名東区の「生活協同組合コープあいち」は、一二年にフェアトレードコーヒーの販売を大きく伸ばし、翌年にはチョコレートの取り扱いも始めました。さらに一五年からは、日本生活協同組合連合会がフェアトレードの推進を活動方針に掲げ、独自ブランド商品を販売するようになりました。コープあいちでも、毎週フェアトレードコーヒーなど二品程度を共同購入で取り扱っています。

福祉団体との協働／連携

市内の福祉作業所とのおつきあいも長いです。社会福祉法人名古屋市身体障害者福祉連合会の通所授産施設「第二ワークス」（中村区）は、風”sのオープン当初からフェアトレードコーナーを事務所内に設けて展示販売しています。二〇一七年からは白鳥公園内にある名古屋国際会議場に売店も出すようになりました。

　四〇年来障がいを持った方たちの仕事作りをしている北区の「わっぱ企業組合」（障がい者支援団体が、障がい者の真の自立を目指し営利部門を独立させて作った組織）とも、風”sは長くおつきあいさせてもらっています。十数年前から共同で、フェアトレードの材料を使ったオリジナルクッキーを数種類作っています。

　同じく障がい者支援のＮＰＯ法人「からし種」（瑞穂区）は、ランチで風”sのフェアトレードコーヒーを提供しています。やはり障がい者を支援するＮＰＯ法人「ＴＯＢＥＣ」（南区）の「とべ工房」では、市民団体「ママ企画」とともに、フェアトレードのオーガニックコットンで園児のエプロンを制作しました。

市民団体との協働／連携

　「なふたうん」や風”sは、様々な市民団体が企画するバザーやイベントへの協力も求められます。そうした催しでは、いまやフェアトレードの雑貨や美味しい食品が欠かせないものになっています。

　環境保護団体「藤前干潟を守る会」は、「生きものまつり」で毎年フェアトレードのブースを設けています。戦争と平和の資料館「ピースあいち」は、二〇〇九年から五月のピース祭りでフェアトレードの委託販売をしています。いずれもボランティアのみなさんに支えられています。

そのほか、「食の安心・安全」や「持続可能な社会」など、多種多様な分野の市民団体からフェアトレードの出店要請や委託販売の依頼が来ています。

オーガニック（有機）とフェアトレード

「なふたうん」は、二〇一二年二月に開かれた「なごや国際オーガニック映画祭」に発足段階から実行委員として参加しました。当日は七〇〇人の参加があり、会場にフェアトレードカフェを併設して、美味しいオーガニックコーヒーを提供しました。オーガニックとフェアトレードの結びつきに気づかない人も多いとは思いますが、実はフェアトレードはオーガニック農業を推奨しています。また、生産者と直につながるフェアトレードは「国際産直」とも言われています。この企画によって、産直形態が多い国内の有機農業関係者の方々にも、フェアトレードに関心を持ってもらえたのではないかと思います。一四年、一六年に開催された同映画祭でもフェアトレードカフェでくつろいでいただきました。

歌でつながるフェアトレード

カカオ農園の児童労働を歌にした「愛知子どもの幸せと平和を願う合唱団」の皆さんと作曲家の藤村記一郎さんが、二〇一一年にすてきなフェアトレードの応援歌を作ってくださいました。「つながれ！ フェアトレードで」というタイトルで、ＣＤも出来あがりました。児童労働をテーマにした「なふたうん」の歌作りの企画に合唱団が参加してくださった縁もありました。

また、消費者教育の中で児童労働について学んできた三重県伊勢市立小俣中学校の生徒たちは、児童労働をなくしたいという思いを込めて「NO More Cry」という歌詞をつくりプロが作曲。この歌はのちに合唱コンクールの課題曲になるよう三部合唱曲にもなっています。手話を交えて歌うDVDも作られました。「なふたうん」はこのDVDを、ワークショップの最後にいつも放映します。私自身すでに一〇〇回以上も視聴していますが、子どもたちの思いがじーんと伝わってきて、見るたびに感動します。全国の学校の合唱コンクールで課題曲になることを願っています。

5 さいごに——名古屋のフェアトレードタウン運動が目指すもの

名古屋のフェアトレードタウン運動には、二つの大きな特徴があります。

まず一つ目は、「**地域に根ざしたフェアトレード**」です。言い換えれば、「視野は世界に、行動は地域で（Think Globally, Act Locally）」です。フェアトレードをきっかけに世界に目を向け、先進国に住む私たちにできることを考え、行動し、途上国の人々の自然とつながる生活に学び、「**共に生きる、生かされる**」社会を目指しています。実践として、学校など教育現場でのフェアトレードをテーマにした参加型ワークショップの出前授業（年一〇回以上実施）、大学や高校の学生・生徒によるフェアトレード産品販売、障がいをもつ人たちとの協働、商店街や子育てグループとの連携、有機農家の方々との連携など、様々な分野の団体や人とつながり、フェアトレードを地域に根ざしたものにしたいと思っています。

もう一つが「**コミュニティの再生とリンクしたフェアトレード**」です。フェアトレード産品を扱う地元のお店は、フェアトレードに限らず様々な情報の受信・発信基地でもあります。つまり、フェアトレード産品取扱店が情報の交差点、出会いの場、コミュニティ・スポットとなって、地域につながりを生み、地域は新たな活力を得ることができます。そしてフェアトレードを通して、この場は世界にもつながっていきます。

一九九六年にフェアトレードショップ"風s"を開いて二〇年以上の月日が流れました。私が初代代表を務めたフェアトレード名古屋ネットワークの活動が軌道に乗り始めた二〇一四年秋、私は副代表の一人である原田さんに代表を譲り、フェアトレードタウン認定申請の準備をしっかり終えてから、再びピースボートの旅に出ました。この旅は、私自身がタウンになる目標に向かってがんばろう、そして達成の暁には南極へ行こうと、二年前から密かに計画していました。この旅から帰国して一週間もたたない一五年三月一〇日、雪の降る日でしたが、あと少しというところでクリアできなかった条件の一つ、名古屋市議会での「フェアトレードの理念の支持に関する決議」が採択されました。〇八年にフェアトレードタウンになりたいと手を挙げてからの七年を振り返ると、感慨深いものがありました。

その半年後の二〇一五年九月、名古屋市がフェアトレードタウンに認定されたことで、「なふたうん」

2017年若者スピーチの参加者たち

の目標も達成されました。それでも、市内のフェアトレード認知度が八〇%に達するまでは、「名古屋をフェアトレード・タウンにしよう会」の名前で運動を続けるつもりでいます。

私にとって、フェアトレードは「生き方を問う」ものです。先に述べた「フェアトレード・タウン名古屋を動かす！　元気な若者たちのスピーチ！」の企画で、二〇一七年に行われたアンケートには「あなたにとってフェアトレードとは？」という問いがありました。参加者の若者たちは、葉っぱの形に切り取った回答用紙に思い思いの言葉を書き込みました。

「学ぶこと」「一人ひとりの権利を考えること」「心が安らぐ仕事」「自分で自分の生活を豊かにする手立て」「自分をも成長させるステキな出逢い」「幸せな未来づくり」「人と人の温かいつながり」「未来につながる橋」「地球の未来を作ること」「生産地と消費地の普通の暮らしのしあわせをつなぐもの」「考え方が変わったきっかけ」「自分と世界を見つめなおすもの」「人生そのもの」などメッセージは様々です。みんな違って、それぞれに素敵！　そんな多様性を持ち合わせたフェアトレードは、やっぱり魅力を感じるし、そのように感じ取ることができる若者たちも素敵です！　若い人たちには「まずは自分が幸せになって、まわりにもそれがひたひたと伝わり、広がる」というようなイメージを抱いてもらえたらと思います。若い世代が魅力に感じるフェアトレード、彼らがそれに関わることで元気な街になることを願っています。

世界とのつながりがあってこそ成り立つ私たちの暮らしです。でも、その影で人間らしい生活ができない人がどこかにいるとしたら……？　そしてそんな生きづらさの原因が、実は私たち自身の暮らし方にあるとしたら……？　世界のことを知り、想像し、どうしてそうなるのか考えて行動する。フェアトレードはそんなきっかけをつくります。やがて「誰かを犠牲にしないですむ暮らし方」を思うようになり、それが地産地消や自給自足など、地域と大地に根ざした生き方へとつながり、自分たちの街のあり方をも見直す視点が生まれるのではないでしょうか。

フェアトレードタウン運動を通して私たちが目指しているのは、先進国に住む私たちが、消費を通して世界の環境や人権に関わっていることを自覚するとともに、足元の暮らしを見つめ直して、途上国の人々とも共生できる街へと変えていくことです。フェアトレードという言葉やフェアに取引されたものが、暮らしの中に当たり前にある街。国の内外を問わず、社会的に弱い立場にある人たちと共に生きる想いにあふれた街。子どもも、お年寄りも、障がいをもつ人も、誰もが気持ちよく挨拶の言葉をかわし、笑顔があふれ、人と人の交わりに満ちた街。人も大きな自然の一部だと自覚して、「おかげさま」という気持ちをもって生きていく街。この時、この場所に生まれてよかったと、誰もが思える街。そういう街に暮らしたいと思います。フェアトレードタウン運動は、そうした街づくりへの道です。

それは一気には実現できないでしょうが、少しずつ着実に歩みを進めていきたいと思います。コツコツと地道に、たとえ一歩一歩は小さくても、人から人へ伝えていくことが大事だと考えます。そうした日々の歩みが、人々の心を玉突きのように次々と動かし、池や湖に投げ込まれた石（意思）が波紋を生み出すように、大きな輪となって広がっていく。やがて五年後、一〇年後には、きっと大きな変化が起きる。それがフェアトレードタウン運動だと思います。

街は、ただそこにあるものではなく、誰かから与えられたものでもなく、私たちがこうありたいと望み、みんなが参加して創り上げていくものだと思うのです。公共の場は、人任せにするのではなく、市民一人ひとりが関わって創り上げていくもの。その営みに、企業も行政も、一市民としてともに関わって欲しいと願っています。フェアトレードを一つの「縁」にして、人々が互いにつながり、心も緑も豊かな街を子どもたちに残したい。「あの時、大人たちは頑張ったんだね」と子どもたちが言ってくれるような街にしたい。その営みを、途上国の人たちにも学びながら顔の見える関係を築き、いつかは世界中の誰もが人間らしい暮らしができるようにと願いながら。それは、とてつもなく大きな夢かも知れません。が、それでもその夢に向かって、ここ名古屋の地で、また他の地域ともつながって、コツコツと運動を続けていきたいと思っています。

3
名古屋市

みんなでやろみゃー！ フェアトレード 名古屋のフェアトレードタウン運動

フェアトレード名古屋ネットワーク 代表理事 原田さとみ

私とフェアトレードとの関わり

一九八七年にモデルとしてデビューし、タレントとしても活動を広げた私は、さらに新たな表現の場として、九九年に名古屋でファッションのセレクトショップ「ペネロープ・パリ・ペティヨン」というお店を立ち上げました。オープンしてすぐに子どもを授かり、翌年に息子を出産。お店の経営を続けながら、タレント業は五年間休業して育児に専念しました。お母さんになり、自分の「好き」と「世の中にとっていいこと」が結びついたことを「ビジネス」にできたらいいな、と思うようになりました。

息子が三歳になってチョコレートを食べられるようになった頃、その原料であるカカオを作る農園では、貧しさのために子どもが労働を強いられているという新聞記事を読みました。甘いチョコレートは自分の息子を笑顔にしてくれるけれど、その陰で小さな子どもたちが親元を離れて働かされ、辛い日々を過ごしていることを知って、心が震えました。同じ子を持つ親として、その不平等が許せませんでした。

チョコをいただく息子も、生産地の子どもも、みんな幸せであってほしい、不平等をなくしたい、何とかしたいと思い、私に何ができるかと考えた時、同じ記事で紹介されていたフェアトレードのチョコレートを、まずは自分のお店で販売することから始めました。これが私のフェアトレード活動の出発点です。それから、徐々に自分の専門であるファッション分野でも何かできないかと模索するうちに、フェアトレード＆エシカル・ファッションの取扱・輸入へと広がっていきました。

その後二〇〇九年に、国際協力機構（ＪＩＣＡ）中部のオフィシャルサポーターに就任したことで、アフリカ、アジアなど途上国を訪れる機会を得ました。フェアトレード産品の生産地でもあるこれらの途上国では、人々が貧困・格差・紛争・災害など様々な問題に直面しています。すぐに私たちがすべきこと、できることは様々ありますが、やはりフェアトレードで現地に継続的に仕事を生み出し、定着させることが問題解決に直結すると痛感しました。時に途上国の弱い立場の人々を犠牲にして成り立っている先進国の私たちの暮らし、利便性や効率、利益を追い求める暮らしは、実は脆弱で長続きしないこともわかってきました。

途上国にはもともと、自然に育まれた伝統息づく心豊かな暮らしがあって、人々は地域や近隣で助け合い、分かち合って生活しています。そこには生きる強さ、たくましさがあります。現地を訪れると、むしろ先進国の私たちが失ったものの多さに気づかされ、多くのことを学ばせてもらっていると感じます。私たちは謙虚になって、ここから学ばなければ、未来はないのではないかと思います。

「フェアでエシカルなファッション」を追求

二〇〇五年に育児休業から復帰した私は、母親としての立場から育児のこと、環境のこと、地球の未来のことに関心を持ち、活動を広げていきました。さきほど触れたようにセレクトショップでフェアトレードのチョコレートを売りはじめ、次第に洋服もアクセサリーもフェアトレードのものに切り替えていきました。さらに、フェアトレードを広く捉えた「エシカル＝思いやり」の理念に立って、一一年にお店をフェアトレード＆エシカル・ファッションのセレクトショップ「エシカル・ペネロープ」へと発展させました。誰も傷つけない方法で生産されるファッションで、作る人も、売る人も、買う人も、みんなが幸せになるようにという願いからです。すべてがつながっているという視点に立ち、人や自然やすべての命を思いやり、支え合う、〝思いやりの美意識〟に基づくエシカル・ファッションを提案しています。仕入の際は、デザインや質だけでなく、

●オーガニックや天然・自然素材、リサイクル素材など、エコロジカルで安全な素材・染料を使用していること

●安全な労働環境が守られ、生産者が公正な対価を得るフェアトレードで生産されていること

●地域に伝わる製法や伝統技術を後世に残す努力をしていること

を大事にしています。

ファッションを通して貢献できること

お店には、アフリカやアジア、中南米など途上国からのフェアトレード商品や、途上国の伝統工芸の製法を先進国のクリエイターがデザインと心でつなぐエシカル商品まで、世界中から「思いやりの品々」が届きます。貧困・紛争・災害などで困っている人々に、身近なファッションを通して貢献できればと願っています。買い手の方々には、どのような人々が、どのような思いでこれらの品を作っているのか、そして私たちの選び方次第で世の中がどのように変わりうるのか、世界と私たちがどのようにつながっているのかを考えてもらい、責任あるお買い物＝エシカル消費を推進すべく努めています。

ファッションが専門の私にできることとは、ファッションを通じてフェアトレードを知らない方々にもメッセージを届けること。でも同時に、背景や物語を知らなくても商品の魅力で買っていただけるようにすることも大事にしています。難しく考えず、「この服かわいい！」がフェアトレードを知るきっかけになればいいと思います。見た目やデザイン性に魅かれて選んだ商品が、公正で、正直で、生産者にも地球環境にも優しい方法で作られたものであれば、きっと未来は良い方向へ進むと信じています。これまでのおしゃれは、素材がどこから来たのかも知らず、生産地で誰かが犠牲になっているかもしれない可能性をかえりみないものだったかもしれません。これからは、商品の物語性や背景を大事にして、自分の選択に社会的責任をもつ、内側から輝くおしゃれへと変化していくと思います。

フェアトレードタウンなごや推進委員会の設立と大型イベントの開催

二〇〇九年夏、前章を執筆された土井ゆきこさんが「名古屋をフェアトレード・タウンにしよう会（通称なふたうん）」を立ち上げた頃、市内の大学生や若者たちのグループが、同様の運動を独自に進めようとしていました。優秀で熱い想いをもった元気な学生たちで、私を含め社会人にも声をかけて、同年末には「フェアトレードタウンなごや推進委員会」が生まれました。大学生を会の代表に、私は世話人という立場で、力を合わせて各分野からの協力者・支援者をどんどん増やしていきました。学生たちのほか、フェアトレード関係者、大学教授や企業、ＮＰＯ・ＮＧＯなどの市民団体、行政（市と県）、ＪＩＣＡ中部などから合わせて三〇人ほどが集まりました。

最初の委員会では、当時はまだほとんど国内に伝えられていなかった世界のフェアトレードタウン事情を、大学生たちが語学力を生かして英語・イタリア語・フランス語から和訳して紹介しました。素晴らしい発表でした。ところが大人たちの多くは、フェアトレードタウンの魅力やメリットにまだ気がつかず、「名古屋のフェアトレードタウン化は難しい」、「フェアトレードタウンになったら市民にどんなメリットがあるのか？」など、消極的な意見も出ました。世界の不平等を是正するにはフェアトレードタウン運動が必要だと感じた若者たちには、この運動は純粋に国際協力・社会貢献の方法と映っていました。なので、それ以外に何らかの「メリット」がなければ動かないという大人たちの考え方は、ただただ残念でがっかりするものでした。

ですが、その消極的な意見こそが原動力となり、フェアトレードタウンの実現につながったのです。

その時、「現実」を直視し理解することで実現が近くなると直感しました。消極的な意見にこそ応え、「市民にとってのメリット」を示すことがフェアトレードタウンの実現に最も必要な要素であると私は受け止め、ここから本格的にスイッチが入って、団体の活動が熱くスタートしたのです。

委員会がメインの事業として取り組んだのは、毎年五月の第二土曜日に世界中で開催される「世界フェアトレード・デー」を名古屋で開催することでした。まずはフェアトレードを多くの方々に知ってもらい、認知度を高めることを目的に、イベントには誰でも参加できるよう、オープンスペースで開催することにしました（現在は名古屋テレビ塔下と久屋公園で開催）。イベントの内容は、フェアトレードを知っている人も知らない人もワクワクするようなもの、世界の課題を知り、行動につながるようなものを心がけ、みんなで企画・運営・開催してきました。

こうして二〇一〇年から始めた「世界フェアトレード・デーなごや」のメインステージは、フェアトレード&エシカル・ファッションショーです。プロのモデル、音楽、演出によるこのショーは、いつも多くの観客を惹きつける人気のステージとなり、年間を通じてほかの様々なイベントでもファッションショーを行い、フェアトレードをアピールしました。それから六年後の一六年からは、ファッションからコーヒーへ切り口を変えて、「フェアトレード・コーヒー・サミット」と題し、テーマをコーヒーに絞って開催しています。喫茶文化のさかんな名古屋ならではの企画として、全国の様々なフェアトレードコーヒーを集め、飲み比べを楽しめる一日として定着し始めています。ほかにも高校生・大学生によるステージや、ゲストのトークショー、公園内ではフェアトレード・マルシェ（市場）が催され、毎年一万人を超える来場者で賑わいます。たくさんの人を集められるイベントなので、企業の協賛も集まります。

さらに二〇一一年以降は、毎年一〇月の「名古屋まつり」の日に、市内の白鳥庭園で「エシカル」をテーマにしたイベント「エシカルでいきましよ！」を開催しています。これは前年一〇月に名古屋で開かれた、生物多様性条約第一〇回締約国会議を継承する市民イベントとして始めたものです。ここでもファッションショーやトークショー、エシカル・マルシェやエシカル茶会、子ども向けの「フェアトレード・トレジャー・ハンター（宝探し）」などが行われ、来場者四〇〇〇人を超える人気のイベントに育っています。

これらの大型イベントは多くのマスコミに取り上げられ、いろんなところで「フェアトレード」という言葉が繰り返し飛び交うようになりました。それによって市民のフェアトレード認知度を高められるだけでなく、フェアトレードをきっかけにたくさんの人が集まって街が賑わい、人がふれあい、盛り上がることを示すことに成功しました。これがまさに「名古屋市民にとってのメリット」につながったのです。そのことはのちに「国際フェアトレードタウンなごや宣言」（一二〇頁参照）の中で、「わたしたちの暮らしを見つめ直し、交流の促進や賑わいの創出にもつながるもの」と謳われることになります。フェアトレードは、遠い途上国の問題を解決することだけが目的ではなく、フェアトレードタウン運動を広げることで、世界とつながる私たち自身の暮らしを見つめ直し、街の課題も共に解決することにもつながるということに気づかされました。まちぐるみでフェアトレードを推進することは、地域の絆を深めるということ。それが名古屋市民にとってのメリットだと理解されるようになっていったのです。

フェアトレード名古屋ネットワーク（ＦＴＮＮ）の誕生

名古屋のフェアトレードタウン化を推進する団体は、私たちの「フェアトレードタウンなごや推進委員会」を含めて四つありましたが、その力を結集する時がやってきました。二〇一三年一月、四団体が大同団結して「フェアトレード名古屋ネットワーク（ＦＴＮＮ）」を発足させたのです。各団体がそれぞれ得意な方法を生かして連携を始め、一団体ではできなかったことが可能になって、ぐんぐんとフェアトレードタウン認定に向けた活動が進みだしました。

ＦＴＮＮの定例会では、フェアトレードに関心を持つ幅広い層に呼びかけたことで、様々な分野からの参加者が増えていきました。フェアトレードタウン化に必要なことなどを話し合い、情報共有やネットワークづくりをして、様々なコラボも生まれ、さらに仲間が増えていきました。

二〇一三年のフェアトレード月間からは、名古屋地区で開催されるイベントをまとめ、「五月のフェアトレードなごやイベントスケジュール」と題するパンフレットを発行しました。掲載されたイベント数は、翌一四年は五〇、一五年は一〇〇、一六年は八〇で、名古屋のフェアトレードイベントを一望できる資料として、フェアトレード月間を盛り上げています。時を同じくして、フェアトレード普及のためのフリーペーパー『惣（ｓｏｕ）』の発行も始めました。編集委員を募り、有志メンバーで取材・編集し、年二回発行しています。

二〇一三年七月からは、毎月第一日曜日に名古屋テレビ塔の下で、「フェアトレード・ツキイチ・マルシェ」を始めました。それは、フェアトレードに出会える場、フェアトレードの出店に人が集まり、賑わい、盛り上がっていることを見てもらえる場を街の中に作りたかったからです。今ではすっかり定着して、街の定例行事となっています。

二〇一四年五月には、認定のために重要なフェアトレード産品取扱店舗を掲載した「なごやフェアトレード・マップ」を完成させました。当時名古屋市の人口は二二七万人でしたので、取扱店舗数は最低でも二二七を必要としていました（基準の詳細は「序」二〇頁参照）。そこで、FTNNの大学生・社会人などボランティアメンバーで市内に繰り出して調査を行い、二五三店舗をカウントして何とかクリア。みんなで集めた貴重なデータとなりました。

「人口一万人あたり一店舗以上」という認定基準を確実にクリアするには、市内の企業や事業所のみなさんの協力を得る必要がありました。何らかの理由で取り扱いをやめるお店があるかもしれないので、クリアラインよりも多めの三〇〇店舗を目指して、二〇一四年四月に異業種交流会「FT三〇〇の会」を立ち上げました。フェアトレードタウン運動を盛り上げようと、地元愛にあふれるたくさんの企業や個人が発起人になってくださいました。メディアや代理店、イベント会社、まちづくり協議会、大学教授、フェアトレードやエシカルに携わる企業などが参集してくださり、取扱店舗数は順調に増え、ここでの交流から様々なコラボ企画も生まれました。

市会への働きかけ

フェアトレードタウンに認定されるには自治体（首長と議会）からの支持が必要ですが、中でも名古屋市会（名古屋市のほか横浜、京都、大阪、神戸の旧「五大都市」では、市議会ではなく旧来の「市会」という呼称が使用されています）からの支持決議をどう獲得するかが難関でした。

私たちはまず、当時の名古屋市会の副議長だった女性議員に相談しました。すると、すぐ二〇一三年にフェアトレードの勉強会を開いてくださいました。党を超えて女性市会議員が集まってくださり、私たちの思いを聞いていただき、意見交換をしました。当時の議長（男性議員）にも参加していただくことができ、それがのちのち生きてきました。勉強会では、フェアトレードのチョコレートケーキとコーヒーを囲んで、フェアトレードのこと、途上国の生産者が置かれた状況、なぜフェアトレードタウンを目指したいのか、名古屋市にはどんなメリットがあるのかなどを丁寧に説明しました。そして認定を得るには議員のみなさんの力が欠かせないことなどを、簡潔ながらも心に響くよう伝えました。

ちょうどその頃名古屋市は、国連持続可能な開発のための教育（ＥＳＤ）の一〇年を締めくくる「ＥＳＤに関するユネスコ世界会議」を翌年に控えていて、サステナブル、国際協力、エシカルなどへの意識が高まっていて、フェアトレードの意義を肌で感じられるような雰囲気が生まれていました。

二〇一三年九月に「ＥＳＤユネスコ世界会議一年前イベント」が開催されると、地元タレントであり、フェアトレードやエシカルを発信してきた私は講演者として招かれました。ステージ後に再会した市会議長に、「次は男性議員のみなさんで勉強会をしましょう！」とお声かけすると、翌年二月に男性議員を集めてくださいました。これもＥＳＤユネスコ世界会議の理念がフェアトレードタウン構想とフィットしてると理解していただけたからだと思います。こうしてフェアトレードタウンのことをイベント等で伝える機会を継続的にいただけたのは、ありがたいことでした。

勉強会の数日後には、ある男性議員から、後援会のイベントで参加者にフェアトレードのチョコレートを配りたいという依頼を受けました。こうして男性議員の中にも理解者が増えていきました。

またある議員の方は、こんなふうに語ってくれました。「フェアトレードは、最初は一部の活動家たちの運動なのかなと心配していた。でも五月の世界フェアトレード・デーに行ってみると、たくさんの人が集まり、楽しそうにしている。若者も大人もいろんな人が関わっていて、笑顔があり、ファッションショーやトークショーも垢抜けていて、これならいいなと思った」と。広く市民に開かれた活動だということがわかり、心が動いたそうです。

ＦＴＮＮでは、ＥＳＤユネスコ世界会議が開かれる二〇一四年を絶好の機会と考え、フェアトレードタウン化に向けて全力をあげました。その甲斐あって、フェアトレード産品取扱店舗数も含め基準１～５はクリアでき、残るは基準６の「地方議会による支持決議と首長による支持表明」だけというところまで漕ぎつけました。河村たかし市長は以前からフェアトレードタウン運動を理解してくださっていたと思うので、まずは議会を通すことが先決となっていました。決議は全会一致が原則で、一人の議員の反対もあってはならず、一度採択に失敗すると同じ決議文は再提出することができないと聞いていました。とてもデリケートなことだけに慎重さが必要で、目標としていた一四年の認定は見送らざるをえませんでした。ここまでやるべきことをやってきた私たちにできることは、信じて待つのみ。決議の機会も方法も、理解を示してくださった議員のみなさんにすべて委ねて待ちました。

国内二番目のフェアトレードタウン誕生！

年が明けた二〇一五年春、とうとうその時が来ました。一緒に汗をかいてくださった二人の議員と当時の議長・副議長の四人が中心となって、議会内で理解者を増やし、地固めをして、決議案提出のタイミングを見計らっていました。そうして決議案が提出された三月一〇日、提案議員によって「フェアトレードの理念の支持に関する決議案」が読み上げられ、議長による力強い発声で、ついに全会一致で決議が採択されたのです。それは、私が土井さんからFTNNの代表を引き継いだ直後のことでした。

その二か月後の五月九日、「世界フェアトレード・デーなごや二〇一五」のステージで、名古屋市長がフェアトレードへの支持を表明したことから、認定基準はすべてクリアされました。

こうして日本で二番目のフェアトレードタウンに認定された名古屋市に、同年九月の「環境デーなごや二〇一五」のステージで認定証が贈られました。そしてその場で、河村市長とFTNN代表の原田とで「国際フェアトレードタウンなごや宣言」に署名しました。その夜の祝賀会には三〇〇名近い人たちが駆けつけ、有機無農薬、地産地消、フェアトレードの素材を使った料理で祝いました。
思えば、名古屋でフェアトレードタウン運動が始まってからすでに六年がたっていました。「そんなの無理でしょ」と言っていた人たちも仲間になって、みんなで突っ走った六年間。市民の小さな草の根の活動から始まった運動が、市民を、そして市を動かしたのです。

地球とのフェアトレード

この宣言にあるように、名古屋市では「**地球とのフェアトレード**」を推進しています。いま私たちは、自然の浄化能力を超えて廃棄物を流し続け、山や森、海や川、自然の循環を壊し、水・大地・空気を危うくしています。地球からいただいている自然の恵み――水・空気・土・光――を謙虚に、正しく享受し、子どもたちの世代に美しい地球を渡す責任が私たちにはあります。一方で、途上国だけでなく国内でもグローバル競争社会となり、激しい価格競争によって職人仕事が消え、小さな企業・商店も少なくなっています。そうした中で私たちは、フェアトレードを地域に根ざしたものとし、地産地消や地域活性化の推進、弱い立場にある方々への仕事の創出などを通して、足元の問題解決にも寄与したいと思っています。世界に対しても、地域に対しても、そして地球に対してもフェアでありたいとの思いが「地球とのフェアトレード」という言葉に込められています。

国際フェアトレードタウンなごや宣言

平成 27 年 9 月 19 日

フェアトレードは，開発途上国の原料や製品を適正な価格で継続的に購入することにより，生産者や労働者の生活改善と自立を目指していくもので，その理念は，環境・貧困・人権・平和・開発など地球規模の課題解決に貢献するとともに，わたしたちの暮らしを見つめ直し，交流の促進や賑わいの創出にもつながるものと考えます。

フェアトレードタウンとなった名古屋市では，市民一人ひとりの買い物を通じて，“地球とのフェアトレード”により，まちぐるみでフェアトレードを推進し，地域の絆を深めます。

名古屋市と名古屋市民は，フェアトレードの理念を支持するとともに，市民への理解がより広がるように互いに協力していくことをここに宣言します。

「みんなでやろみゃあ！ フェアトレード！」

名古屋市長　河村たかし
フェアトレード名古屋ネットワーク代表　原田さとみ

「環境デーなごや 2015」のステージ。
中央で認定証を掲げるのが河村たかし市長，その左が筆者

フェアトレードタウンになって

「フェアトレードタウン認定」という一つの目標を達成したことで、私たちは新たなスタート地点に立ちました。より広く、より多くの人々に「地球とのフェアトレード」の思いが伝わり、フェアトレードに関わる人が増えて、途上国や弱い立場にある方々への思いやりが広がるよう、分かち合いの心が育まれるよう、やるべきことはまだまだたくさんあります。

フェアトレードタウンとなり、公的にフェアトレードが認知されたことで、いろいろなアイデアや活動がスムーズに動き始めました。市とＦＴＮＮとが力を合わせてフェアトレードを推進し、フェアトレードタウンとしてできることが増えて、大変心強くなりました。

市職員向けの研修■　フェアトレードタウンに認定されてすぐ、市はフェアトレードをテーマにした職員向けの講演会を開き、私を講師としてフェアトレードの正しい知識を広げる場を設けてくださいました。講演会に参加した市の職員は五〇〇人を数えました。

フェアトレードのリーフレットとマップ作り■　市の担当窓口である環境局環境活動推進課は、より多くの市民にフェアトレードの理念やフェアトレードタウンについて知ってもらおうと、二〇一六年一月に『フェアトレードタウン名古屋　誕生』というリーフレットを発行しました。同時に展示用のパネルも製作し、イベント会場や様々な市の施設で展示しています。

また、観光文化交流局ナゴヤ魅力向上室は、フェアトレードを街のアピールポイントと捉えて、市内のフェアトレード産品取扱店舗と観光名所を収録した「フェアトレードタウンなごや観光魅力マップ」（タペストリータイプ）を製作しました。マップ情報の調査はＦＴＮＮが行っています。マップは市のホームページからもダウンロードできます。

フェアトレードが学校の給食に！■

　フェアトレードタウンに認定された今ならできるかもしれないと思い、小学校給食へのフェアトレード食材の導入を市の教育委員会に相談してみました。委員会では、「限られた給食費の中ではむずかしいかもしれないが、かけあってみましょう」と前向きに受けとめてくださり、次年度に向けて動いてくださいました。私たちは委員会の方とともに、給食を担当する名古屋市教育スポーツ協会の学校給食課を訪問して、フェアトレード認証のゴマの利用をお願いしました。無茶振りではと心配したのですが、担当者の方は「少し高くても、フェアトレード認証されたものなので意義がある。フェアトレードタウンになったのだから、予算のやりくりも含め前向きに対応したい」と言ってくださいました。通常の「ゴマ」とは別に「フェアトレード認証ゴマ」という新たな食品項目を立てるとのことでした。

　その後、学校給食用物資委員会の審査を経て正式に導入が決まり、二〇一六年五月一三日、市内の全小学校の給食（一二万食）に、フェアトレード認証の白ゴマ（ニカラグア産）を使用した「ちりめんじゃこのつくだ煮」が出されました。導入は翌一七年も続き、一八年も予定されています。

　給食の後には先生から、フェアトレードによって生産者の人たちの収入が安定し、その子どもたちも学校に通えるようになったという話が生徒たちに伝えられました。**全国初のフェアトレード給食**の様子は新聞やテレビのニュースでも取り上げられました。また、「給食だより」や献立表を通じて家庭

途上国支援 味わって学ぶ

名古屋の小学校 フェアトレード給食

フェアトレード製品の白ごまを使ったちりめんじゃこのつくだ煮を食べる児童ら＝守山区の二城小で

途上国の生産品を適正価格で購入する「フェアトレード」の仕組みを学ぼうと、千種、名東、守山の３区の小学校の児童が13日、中南米ニカラグア産のフェアトレードの白ごまが入った給食を味わった。（市川泰之）

名古屋市教委は本年度、「世界フェアトレード月間」の五月に合わせて市内の全小学校を対象に、給食にフェアトレードの食材を取り入れる取り組みを始めた。市内十六区を五ブロックに分け、第一弾のこの日から順次、計十二万食を提供する。

二城小（守山区鳥神町）の五年二組の教室では、ニカラグア産の白ごまが入ったちりめんじゃこのつくだ煮を係の児童が自ら盛りつけて配膳。そのまま食べたり、ご飯にかけたりして味わった。

白ごまは、食品メーカー九鬼産業（三重県四日市市）の商品で、ニカラグアの農協傘下の農家が生産した。市によると、これまで給食で使っていた白ごまより五倍ほど高い百㌘約三百円だが、ほかのメニューと調整し、毎月三千八百円の給食費は値上げしない。

給食の後は栄養教諭による解説があり、フェアトレードによって途上国の生産者の収入が安定して生活向上につながることなどを学んだ。いずれも五年の[redacted]は「香ばしくておいしかった。食べることで支援につながればうれしい」、[redacted]は「日ごろからフェアトレードの商品を気にかけるようにしたい」、[redacted]は「今日学んだことを家族と共有したい」と話した。

市は昨年九月、全国で二番目の「フェアトレードタウン」に認定され、取り組みが活発になっている。

「フェアトレード給食」を報じる新聞記事
（『中日新聞』2016年5月14日）

にも伝わり、家族ぐるみでフェアトレードについて知る機会ともなりました。

さらに私たちは、地元の食品スーパーへも働きかけました。「フェアトレードの白ゴマが給食で使われることになったので、給食を通して知った子どもや親御さんがきっと買いにくると思います。ぜひ取り扱ってください」とお願いしたのです。その願いがかなって、市内のスーパーの店頭にフェアトレードの白ゴマが並ぶようになりました。ここまでやったのは、給食をきっかけにフェアトレードについて学ぶだけでなく、実際にフェアトレード産品を購入するという行動に結びつけることで、はじめて生産者の収入が増え、貧困から抜けだすことにつながることが大事だと思うからです。教育の現場、産品を扱う企業、買い物をする消費者、産品を作る生産者が、フェアトレードによって街の中で結びつく――これも「フェアトレードタウンだからこそできること」の一つだと感じています。こうして行政や教育関係者、企業のみなさんが、「子どもたちの安心・安全が大事なのは名古屋も途上国も同じ」という私たちの思いに応えてくれたことに、心を打たれました。

市役所内に広がる推進の輪

名古屋市では、担当窓口である環境局から各部局へと、フェアトレード推進の動きが広がっています。フェアトレードタウンに認定され、フェアトレードが市の公式の活動となったことで、名古屋市の職員の皆さんがそれぞれの部署で、それぞれにできることを始めているのです。それはとても心強いことです。

FTNN代表兼タレントの私は、二〇一七年一月に市の観光文化交流特命大使に任命されて、フェアトレードタウンであることを街の魅力として発信し続けています。途上国の生産地と名古屋の伝統とをコラボさせた「フェアトレードなごやみやげ」を開発し、名古屋城や東山動物園、テレビ塔などの観光名所で販売するなどして、観光とフェアトレードをつなげるべく努めています。

毎年一二月に開催される日本最大級の環境展示会「エコプロ展」では、私が理事を務める日本エシカル推進協議会が「エシカル・エリア」を設けています。この場に、市の環境活動推進課とFTNNが協力して、二〇一六年から「フェアトレードタウンなごや」というブースを出展しています。そこに観光文化交流局は「フェアトレードタウンなごや観光魅力マップ」を飾り、市民経済局消費流通課は消費者市民教育ビデオ「消費者の芽」（消費者目線でフェアトレードやエシカルの必要性を解説するビデオ）を流すなど、「オール名古屋」体制で、三日間にわたって市のフェアトレードタウンとしての取り組みをアピールしています。

毎年九月に久屋大通公園で開催されるイベント「環境デーなごや」では、フェアトレードタウンになった二〇一六年からエリアを広げ、「秋のフェアトレードタウンまつり」と題したイベントが始まりました。これで五月の「世界フェアトレード・デー」、九月の「フェアトレードタウンまつり」、一〇月の名古屋まつりでの「エシカル・デー」と、年に三つの大型普及イベントが繰り広げられるようになりました。

さらなる飛躍：名古屋市でフェアトレードタウン国際会議を！

各イベントのトークステージでは、これまでも様々な活動が提案され、それが現実のものとなってきましたが、二〇一六年九月の「フェアトレードタウンまつり」では、市会議員から「フェアトレードタウン国際会議を名古屋で開催できないだろうか！」という提案があり、市長が「やろう！」と応じたことで、国際会議開催構想が動き始めました。大きな目標を得て嬉しく思うと同時に、期待と責務の大きさに小さな市民団体としては不安だらけですが、名古屋にフェアトレードをさらに広げ、深めるためにも、夢は大きく持ちたいと思います。会議を誘致し実現するまでには時間がかかりそうですが、ＦＴＮＮと、アドバイザー各位や連携して支えてくださる大学・学校、企業、フェアトレード・国際協力・まちづくり・環境等の分野の市民団体、そして行政各局が力を合わせて、国際会議の誘致成功に向けて走り出しています。

元気な中学生・高校生のフェアトレード活動

名古屋では大学生はもちろん、高校生の活躍がめざましく、内外から高い評価を得ています。愛知県立愛知商業高校ユネスコクラブ（「若い力2」）、県立南陽高校Ｎａｎｙｏ Ｃｏｍｐａｎｙ部（「同1」）、名古屋国際中学校・高校、名古屋市立工芸高校など、フェアトレード産品の開発やイベントの企画、地域での取り組みなどが高校単位で盛んに行われています。

そんな中、学校の枠を超えて生徒たちだけで組織する、逞しく頼もしい高校生の団体が二〇一三年末に生まれ、大活躍しています。国際ボランティア団体の「どえりゃあｗｉｎｇｓ」です。市内の二〇以上の高校から生徒たちが集まり、フェアトレード活動をしています。中学生も参加しています。ＦＴＮＮは一四年八月に、冊子『地球とのフェアトレード』を製作し、名古屋が目指すフェアトレードタウン像をわかりやすく解説したガイドブックとして市内の中学校に配布しました。それが中学生たちの活動のきっかけの一つになったのではと思います。「どえりゃあｗｉｎｇｓ」は、一五年には愛知県日進市のフェアトレード＆オーガニックコーヒー豆専門販売店 Aoyagi Coffee Factory とフェアトレードコーヒーを共同開発して、市内のカフェや雑貨店で販売し始めました。そのほかにフェアトレードの布を使ったペンケースも制作しています。そうした活動が認められて、一六年末には第二〇回ボランティア・スピリット賞（コミュニティ賞）を受賞しました。

アクティブな若いママさんたちのフェアトレードサークル誕生

小さいお子さんを持つ若いママたちが、子どもたちの未来のためにも社会の役に立ちたいと、フェアトレード活動に積極的に参加しています。フェアトレード・ママサークル「ぽかぽか」です。きっかけは、名古屋市の子育て支援センター「七五八キッズステーション」で開催された私の講演会でした。私の話を聞いて、子どもたちの未来のために、世界の子どもたちのために、そして自分自身のために何か社会に役立ちたい、行動したい！　と、スイッチが入ったのです。フェアトレード産品を取り扱うお店で買い物をし、撮った写真をインスタグラムで紹介するなど、子連れでもできる情報発信活動、自分たちが楽しんで取り組める活動をしています。彼女たちの活動はまた、認定の更新に必要な店舗調査にも役立っています。誰よりも社会を変えたいと願い、フェアトレードがそれを叶えると考えているのは、もしかしたらこうした若いお母さん世代なのかもしれません。

「ビッグテント・アプローチ」で「誰も蚊帳の外にしない」フェアトレード活動を！

日本のフェアトレードタウン運動は、様々なタイプのフェアトレードを広く包み込む「ビッグテント・アプローチ」型（「序」二八頁参照）です。私たち名古屋の「ビッグテント」も、途上国との取引（狭義のフェアトレード）だけでなく、国内や地元との取引、自然環境との取引も含め、広い意味でのフェアでサステナブルな取引の実現を目指しています。先にも紹介した「地球とのフェアトレード」です。こうした名古屋の「ビッグテント・アプローチ」をわかりやすく伝え、フェアトレードの裾野を

フェアトレード名古屋ネットワークが策定中の
「名古屋の新たな商品基準」

エシカル消費基準	人，社会，環境，地域に配慮していること
フェアトレード基準	弱い立場におかれた生産者の生活改善と自立を目指す「公正な取引」を通して生産・販売されていること
商品価値（品質）基準	主な原材料の種類や生産地，商品の機能や効用，正規の工程，検査の実施等を満たすことが明示されていること

広げるために、私たちは独自の基準作りを進めています。

私たちの「ビッグテント」は、フェアトレードを中心に据えながらも、環境、地域、そして商品の質への配慮も重視するものです。現在策定中の「新たな商品基準」には、エシカル消費基準、フェアトレード基準、商品価値（品質）基準の三つを設けています。このうち、エシカル消費基準を構成する四つの配慮は次のとおりです。

①人への配慮：障がい者や高齢者、生活困窮者などへの配慮

②社会への配慮：公益活動、フェアトレード、多様な価値観、動物福祉などへの寄与

③環境への配慮：環境ラベル、３Ｒ活動（ゴミの量を減らすリデュース Reduce、繰り返し使うリユース Reuse、資源を再利用するリサイクル Recycle）、生物多様性などの考慮

④地域への配慮：地域の問題解決、地産地消、過疎地域の活性化、被災地の復旧・復興への配慮

これらの基準は、私たちＦＴＮＮが認証するのではなく、生産者が基準に合った商品であることを自ら保証し、次へ活かすためのもので、自己採点方式を採り、よりよい商品づくりに向けた目安を示します。右の

内容をベースに、さらに基準を少しずつ改善、向上させていきたいと考えています。また、以上の基準に合った商品を増やすために、ネット上に「フェアトレードタウン商店街」のページを作成中です。

最後の言葉に代えて――

私たちの暮らしは、この地球上ですべてつながっています。

食べ物を口にするとき、洋服を着るとき、買い物をするとき、身の回りのモノがどこから来て、誰がつくったものなのか、一人一人が「知り」「選ぶ」ことで、地球上に生きる多様な命が、ともに輝けると信じています。穏やかな未来を育むための選択肢として、フェアトレードを。

そして、「気がつけば街じゅうがフェアトレード！」、そんな名古屋の街づくりに、フェアトレードタウン運動がお役に立てたら、と思っています。

上：「世界フェアトレード・デーなごや 2014」にて，イベントに参加した高校生に囲まれて（前列中央が筆者）
下：エチオピアを訪問中の筆者（2010 年）

若い力 I

世界と地域をつなぐ高校生

愛知県立南陽高等学校 Nanyo Company部

愛知県立南陽高等学校教諭　柘植政志・三田千英子

愛知県立南陽高等学校がある地域は、昔は蟹江町と名古屋市にまたがる海部郡南陽町でしたが、一九五五年に二つの市町に分割されました。ですが、旧南陽町の多くの人が今も通勤・通学で近鉄蟹江駅を利用したり、蟹江町の商店街で買い物したり、親戚同士が両町間を行き来したりしています。こうした背景から、南陽高校は所在地こそ名古屋市ですが、蟹江町にまたがる活動を行うようになりました。

Nanyo Company部について

きっかけは、二〇一〇年に蟹江町の一番街商店街が企画した「ALOHA de 一番街」というイベントに、当校の生徒たちが参加したことでした。子ども向けに出したゲームのブースが非常に好評で、蟹江町の商工会から「町の特産品のイチジクを使って町のお土産となる商品を作ってほしい」と要望されました。これに生徒たちも意気込んで、地域に根ざした取り組みを継続的に進めて地域活性化に貢献しようと「Nanyo Company部」という同好会を立ち上げたのです。「カンパニー」という名前には、「高校生が売りものになるモノを作る会社」と「仲間」という、二つの意味が込められています。お土産づくりは結局商品化には至りませんでしたが、それ以来、地域のイベントへの参加や、商品開発を通した地域貢献活動を続けています。

部ができて間もない二〇一〇年暮れ、教員の知人から、バングラデシュの孤児院の子たちにクリスマスプレゼントを贈る企画への協力を求められました。そこで、地域貢献にもなるよう、一番街商店街にある「まちの駅」でプレゼントを買いたいと考え、その資金を得るために、部でバングラデシュ製のフェアトレードの雑貨や食品を販売することにしました。

一番街商店街の朝市で行った販売では、ただ売るだけでなく、生産された国の状況を事前に学習して、それぞれの産品に込められた思いを買い手の人たちに伝えました。そうして売って得たお金で、地元産のキーホルダーやヘアアクセサリーなどを商店街で買い、自分たちが手作りしたプレゼント（うちわ、フェルトのマスコット、ミサンガ）と一緒に贈りました。

高校生レストラン「1Day（一日）シェフ」

その後も地域でフェアトレード産品の販売を続けましたが、もっとフェアトレードを広め、地域に貢献するにはどうすればよいか、みんなでアイデアを出し合いました。その結果、「フェアトレード」と「地産地消」をキーワードに、フェアトレードの食材と地元の食材を使った料理を作ることに決めました。

こうして、二〇一一年一〇月に蟹江町の「まちなか交流センター」で開催したのが「1《ワン》Day《デイ》シェフ」でした。

その日提供したのは、ネパール産のフェアトレードのスパイスを使ったカレーと、エクアドル産のフェアトレードコーヒーを使ったゼリー、地元野菜のサラダ、それに福神漬（愛知県産のれんこんから生徒が手作り）のランチセットです。来場に感謝するメッセージカードも添えて提供しました。カレーやサラダに使う野菜とお米は、蟹江町や近隣の愛西市の農家が栽培したものを使わせていただきました。当日は限定二〇食が完売し、来店した地域の方からは「見た目も良くておいしかった」、「メッセージカードが嬉しかった」などの声をいただきました。フェアトレードと地元産の食材を使うことで、国際理解と地域理解を両立できたと思います。

上：蟹江町一番街商店街の朝市でフェアトレード産品を販売
下：「1 Day シェフ」で提供したフェアトレード＆地産地消のランチ

百貨店での販売

二〇一二年には、以前から協力関係にあった地元の食品会社から、ゴールデンウィークに販売するお弁当の共同開発を持ちかけられました。そこで「四兄弟おいなりさん弁当」を考案し、四月末から五月下旬まで名古屋駅のタカシマヤで販売しました。

これを機にタカシマヤからは、夏休みに一週間限定のブース出店を依頼されました。私たちはテーマを「地元」と「フェアトレード」とし、「Ｊｉｍｏｔｏｍｏ～愛を知っている県は世界とつながる～」をキャッチフレーズに、地元企業と協力しながら商品開発に取り組みました。作ったのは、フェアトレードのカレーパウダーと地元の野菜を使った「おもちゃばこカレー」、フェアトレードのマスコバド糖を使った郷土料理の「鬼まんじゅうボール」と「かに丸くん最中」、地元野菜や地元企業にこだわった「色－ＲＯオセロ弁当」、「おにぎり姉妹 in もりぐちーず」などです。出店は八月初めの一週間でしたが、地元の新聞やテレビなどに取り上げられ、好評のうちにほぼ完売することができました。

カーボン・オフセットの活用

この頃から、企業からのお誘いもあって環境にも視野を広げようと、カーボン・オフセットに取り組みはじめました。私たちは、独自に開発・販売してきた「おもちゃばこカレー」をカーボン・オフセット弁当として出すことにして、二〇一二年末に中部カーボン・オフセット推進ネットワーク主催の「ちゅうぶカーボン・オフセットＥＸＰＯ」に参加しました。

南陽町で収穫されるお米とフェアトレードのカレーを使った「おもちゃばこカレー」は、一つ作ると一キログラムの温室効果ガスが出ます。そこで、この一キロ分をオフセットするために、岐阜県の「木曽三川水源造成公社間伐促進プロジェクト」というＪ－クレジット（環境省主導のカーボン・オフセット事業）を購入しました。それは、南陽町で取れるお米が木曽川の水で作られているからです。上流の森が守られることで木曽川の水がきれいになり、そこから引いた宮田用水の水もきれいになって、その水で作られる南陽町のお米もおいしくなると思うのです。そのお米を「おもちゃばこカレー」に使い、上流の間伐促進でオフセットすれば、回りまわってお米がまたおいしくなる、という好循環が生まれます。

地元と世界、そして環境を結びつけたこの企画によって、地域の人にカーボン・オフセットを知ってもらうこともでき、フェアトレードと環境を通した地域活性化ができたのではないかと思います。

その後も、様々なイベントでフェアトレードとカーボン・オフセットを融合させました。二〇一三年二月には「フェアトレードカフェ～1DAYカーボン・オフセット～」というイベントを開催しました。ワンプレートにフェアトレードの食材を使い、プレートの製造で生じる二酸化炭素をオフセットしたのです。また、同年六月の「JRさわやかウォーキング」では、「おもちゃばこカレー」の製造で出る二酸化炭素をオフセットするだけでなく、購入者がイベント参加のために使った交通機関が排出する二酸化炭素を帳消しにするクレジットを購入しました。

上：百貨店での販売の様子
下：カーボン・オフセット弁当
「おもちゃばこカレー」

和菓子・洋菓子づくりを通した地元企業・市民へのフェアトレード普及

私たちが開発した「鬼まんじゅうボール」や「かに丸くん最中」などの和菓子商品は、デパートで販売した後も地域のイベントや自校の文化祭で販売を続けています。地元の和菓子屋さんには、黒糖はフェアトレードのマスコバド糖を使うようお願いし、買ってくれた消費者にもフェアトレードを知ってもらえるよう、商品説明も付けています。

二〇一四年には、フェアトレード産品を扱っている業者の方から、フェアトレードの食材を使った商品開発の依頼があって、フェアトレードのカカオニブを使った洋菓子を作ることにしました。開発にあたっては、生産者やカカオニブに込められた生産者の思いについて、「名古屋をフェアトレード・タウンにしよう会」代表の土井ゆきこさんから講義を受けました。製品は、手に取って食べやすく、フェアトレードを身近に感じてもらえるよう工夫しました。そうやって地元の洋菓子屋さんと共同開

カカオニブを使用した洋菓子

発（生徒は企画立案とラベル創作）したのが、「ボンボン・ニブ・チョコレート（BonBon Nib Chocolate）」、「デュー・カカオ・ラング・ド・シャ（Due Cacao langue de chat）」などの五商品です。

これらの洋菓子もカーボン・オフセットと組み合わせました。カカオニブの「ニブ」という文字を漢数字の「二二」にたとえて、日本の家庭が一人あたり年二・二トンの二酸化炭素を排出していることを知ってもらうとともに、一個あたり二・二円をカーボン・オフセットに使わせてもらいました。

フェアトレードタウン認定とその後

Ｎａｎｙｏ Ｃｏｍｐａｎｙ部は、二〇一三年にフェアトレード名古屋ネットワークの賛助会員になり、一五年に名古屋市がフェアトレードタウンに認定されたことで、取り組みを一層充実させていく必要を感じています。様々なイベントへの出店を通したフェアトレード産品の販売や、発表を通したフェアトレードの普及啓発、新たな商品開発に、今まで以上に力を入れています。その一つが「ココ・キーホルダー」の開発です。

私たちが住む名古屋市の藤前干潟とフィリピンの環礁（いずれもラムサール条約登録地）が、渡り鳥（シギやチドリ）でつながっていることを知ったのがきっかけでした。渡り鳥の絶滅を防ぎ、その休息地を守る製品、現地と直接つながるフェアトレード製品を作りたい――そんな思いから生まれたのが、フィリピンの環礁オランゴ島の人たちと協働で開発した、ココナツの殻でできたキーホルダーです。まず私たちが地元のイベントや商店街でアンケート調査をして製品案を決め、フィリピンで試作してもらいました。そのクオリティが商品化にほど遠かったため、一度は断念しましたが、よりシンプルな造りにすれば実現可能ではと考え直して、やりとりを重ねました。デザインの原案は部員が考え、市内の専門学校生と共同で完成させました。製品は現地の女性の在宅労働者の組合「ＰＡＴＡＭＡＢＡ」の人たちに作ってもらいました。

このキーホルダーもカーボン・オフセットと組み合わせ、さらに購入額の一部（三円）がフィリピンのマングローブの植林活動に寄付される仕組みにしました。このほかにも、名古屋市がフェアトレードタウンであることを広く知ってもらうために、製品に貼るラベルは市のマスコットキャラクター「はち丸くん」にしました。

こうした取り組みでＮａｎｙｏ　Ｃｏｍｐａｎｙ部は、カーボン・オフセット推進ネットワーク（ＣＯ‐Ｎｅｔ）主催のカーボン・オフセット大賞で「優秀賞」（二〇一四年）と「特別賞」（一六年）、イオンワンパーセントクラブ主催のエコワングランプリで「文部科学大臣賞」（一五年）、県主催の愛知環境賞で「中日新聞社賞」（一七年）などを受賞しています。

ココ・キーホルダー

地域と生徒の変化

地元では、私たちがフェアトレード産品の販売を継続しているため、「Ｎａｎｙｏ　Ｃｏｍｐａｎｙ部＝フェアトレード」というイメージが定着しているようです。以前は「フェアトレードって何？」と聞く人が多くいましたが、今では「今日もフェアトレードの販売だね」に変わってきています。また、一緒に商品開発してきた業者さんの中には、フェアトレードの食材は「扱いやすく、非常においしい」と気に入ってくださる方や、「これまで使っていた黒糖をフェアトレードの砂糖に切り替えた」という方もいらっしゃいます。

一方、Ｎａｎｙｏ　Ｃｏｍｐａｎｙ部の生徒たちには、入部の前後にアンケート調査をしています。入部前はフェアトレードや地元のことを知らず、世界のことにも興味がないと答える生徒が多いのですが、入部後は「知っている」「興味がある」という回答がぐっと増えます。また、入部前は活動が地域や世界とつながっている感じがしないと答えていた生徒たちが、入部後は全員が「地域や世界とのつながりを感じる」と回答するなど、大きな変化を見ることができます。

記述式の感想からも変化が読み取れます。主な感想は次のとおりです。

●フェアトレードはただ高いだけだと思っていたけれど、この部に入って生産者の思いや手作りと聞くとただ高いだけではなく、その値段をつけるだけの価値があると考え方が変わった。

●今までは、世界の貧困問題にあまり興味を持っていなかったけれど、フェアトレードをすることで少しでも世界の貧困問題が少なくなってほしいという思いが芽生えた。

●始める前は、毎日をただなんとなく過ごしていました。Nanyo Company部に入ってからは、人との関わりや、時間などを大切にするようになり、さまざまなことを学び、視野がものすごく広がりました。身近な地域のため、未知な世界のため、知らない人と協力して地域の皆を笑顔にすることが、最高に楽しくて、それと同じくらい難しかった。

●たくさんフェアトレードに触れてきて（中略）感じたことは、現地の方も幸せにしたいということです。私はパティシエを目指していますが、将来、どんな形でもいいので、フェアトレード産品を使って世界ごと幸せにしたいと思うようになりました。大げさかもしれませんがそれが私の夢です。

●これまではフェアトレードについて深く知りませんでしたが、フェアトレードについて学び、活用することで、フェアトレードが与える影響を知り、私達に何ができるかということを考えるようになりました。日本だけでなく、世界の人とつながることができることがやりがいになっています。

普段の活動にも変化が生まれています。フィリピンが台風に襲われたり（一二〇一三年）、ネパールが大地震に見舞われたり（一五年）した時は、生徒たちが自ら現地のフェアトレード産品を販売して売上をすべて現地に寄付したいと提案しました。このように、フェアトレード活動は生徒たちを大きく成長させています。

若い力
2

世界に羽ばたくミツバチプロジェクト

愛知県立愛知商業高等学校ユネスコクラブ

愛知県立愛知商業高校ユネスコクラブ顧問　梶原英彦

ミツバチプロジェクトとESD

愛知県立愛知商業高等学校は、名古屋城から徳川園まで、江戸時代以降の名古屋の歩みを伝える、歴史遺産に満ちた「文化のみち」と呼ばれる地域（名古屋市東区徳川）に位置しています。生徒たちが誇りと愛着を持つこの地域の活性化に貢献するため、マーケティング研究の一環として二〇一一年に「なごや文化のみち　ミツバチプロジェクト」を立ち上げ、校舎の屋上でミツバチを飼い始めました。

環境の変化に敏感なミツバチを育てることで、現代社会が抱える環境や生物多様性の問題に目を向けてほしいとの思いもありました。活動が評価され、二〇一三年にはユネスコスクールへの加盟が承認されました（これを機に、翌一四年に現在のクラブ名を付けました）。それ以来、持続可能な開発のための教育（ESD）に力を入れ、環境、経済、社会といった多面的な視点から問題に取り組んで、バランスのとれた持続可能な社会作りに貢献することを目指しています。

ハチミツの商品化：環境と社会の視点から

マーケティングクラブから出発した生徒たちは、養蜂で採れたハチミツを地域の新たなブランドにして、ミツバチと共生するまちづくりを進めようと考えました。採れたハチミツは「徳川はちみつ®」と命名して商標登録もしました。徳川はちみつは、尾張徳川家ゆかりの徳川園（愛知商業高校のミツバチが蜜を集めに行く場所でもあります）のレストランやカフェで使われるようになりました。その徳川園では、小学生や園児を対象にミツバチの生態観察や徳川はちみつの試食をしてもらう「みつばち教室」も開いています。

アイデア豊富な「ハニーガールズ」（部員は全員女子です）

は、ハチミツを生かした名物づくりに日々取り組んでいます。

老舗和菓子メーカーとは、徳川はちみつを使い、若い世代にも受け入れられる生ういろう「はにぃ〜もういろう」を、障がい者授産施設とは、徳川はちみつ入りのクリームを詰めた東区ご当地パン「笑顔のはちみつコルネ（愛称：はちこる）」を共同開発しました。

東日本大震災：自分たちにできることは？

二〇一三年に手作りアイスクリーム工房と共同開発した「希望のはちみつりんご」は、徳川はちみつと岩手県陸前高田市の米崎《よねさき》りんごとを使った二つのまちのご当地アイスで、被災地応援の復興アイスでもあります。東日本大震災から二年たって、自分たちにできることは何かを生徒たちが考えた結果、被災地の名産品作りをお手伝いして元気になってもらおう、と始めたものです。

「希望のはちみつりんご」は、一個につき八円が陸前高田の小中学校復興基金に寄付される仕組みで、生徒の思いがこもったこの復興アイスは、名古屋、陸前高田、東京で八万個以上が売れています。最近では、地元デパートや全国コンビニチェーンのお中元・お歳暮商品に採り入れられたほか、名古屋といわて花巻空港を結ぶフジドリームエアラインズの機内サービスにも採用されました。また、陸前高田の全小学校の給食や、市のふるさと納税の返礼品としても使われています。

二〇一四年夏には初めて陸前高田を訪れる機会を得て、仮設住宅に住む皆さんに「希望のはちみつりんご」を食べていただきました。皆さんからは「米崎りんごを使ってくれてありがとう」、「名古屋から私たちのためにありがとう」といった感謝の言葉をいただきました。地元の高校生とも交流して、一緒にアイスの販売もしました。その中で、「距離は遠くても、心は近くにあると感じる」という言葉をいただきました。生徒たちの思いが伝わっていることに喜びを覚えると同時に、「希望のはちみつりんご」が生んだ絆をこれからもずっと大切にしていきたいと思いました。

その夏、全国の商業高校生がプロデュースする「食」の商品コンテスト「商業高校フードグランプリ二〇一四」に出場したところ、生徒たちが開発した「希望のはちみつりんご」は、参加四五校中で最高の「大賞」と、来場者の投票で選ぶ「来場者賞」をダブル受賞することができました。

「観光甲子園」に挑戦

二〇一三年夏には、高校生が地域をアピールする観光プランを立てて日本一を競う「観光甲子園」にエントリーしました。部員全員が女子だけに、掲げたテーマは「文化のみちを舞台にした女子力の向上」。若い女性をターゲットに、歴史ある「文化のみち」の観光を通して、キレイでセンスがいいだけでなく、文化やたしなみも兼ね備えた大人の女性になってもらおうというものです。若い人たちが訪れることで地域に活気が生まれることも狙っています。

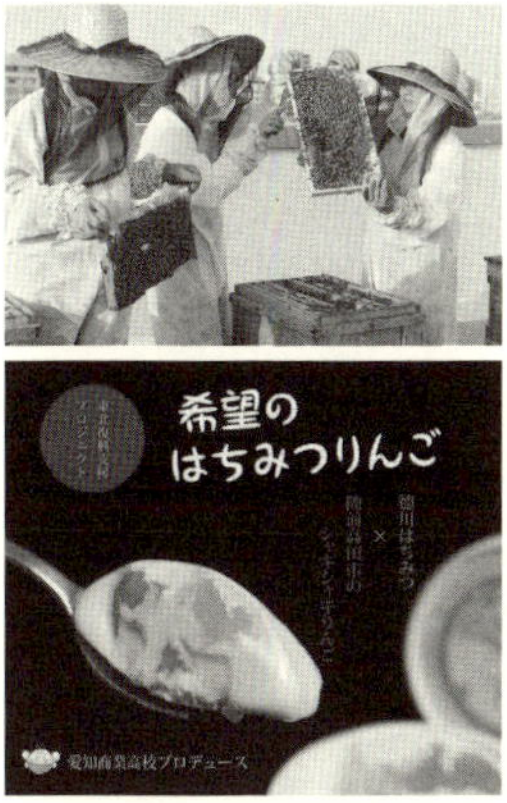

上：校舎屋上で養蜂を始める
下；「希望のはちみつりんご」の
PRイメージ
（陸前高田市ホームページより）

プランの中には、訪れた人が楽しく遊んで買い物をするための地域通貨「はにかむコイン」も盛り込みました。奥ゆかしく「はにかむ」女性になろうという意味と、蜂の巣（英語でハニーコム）をかけたもので、蜂の巣の孔と同じ正六角形をしています。

初めての観光甲子園への挑戦でしたが、「名古屋近代化の歩みを象徴する『文化のみち』を生かしながら女子力を磨いていこうという新しい視点のアイデア」との評価を得て、最高賞のグランプリ（観光庁長官賞）を受賞しました。このプランに（株）JTB中部が関心を示し、「〝文化美人〟へのみちを歩こうツアー」という日帰りツアーが実現しました。このツアーは、趣向を変えて毎年実施されています。

そしてフェアトレードへ

二〇一四年に入って、活動の新たな展開を生徒たちと話し合った結果、視野をグローバルに広げようと、フェアトレードについてのワークショップ（「名古屋をフェアトレード・タウンにしょう会」主催）に参加しました。その中で、貧しさのために学校にも行けずに働いている子どもたちがいることを知るとともに、フェアトレードが問題解決の一つの方法であることを学びました。

　自分たちに何ができるかを考えたとき、消費者が問題を身近に捉え、解決に向けて行動するきっかけを作るには、復興応援アイスで得たノウハウを活かそう、ということになりました。そこで、前にお世話になった手作りアイスクリーム工房の協力を得て、徳川はちみつとガーナ産のフェアトレードのカカオを使ったアイス作りを始めました。新作アイスの名前は「幸せのはちみつカカオ」。世界中の人が幸せに暮らせる未来のために、という願いを込めました。

上：「幸せのはちみつカカオ」のPRイメージ
下：パッケージデザインを掲げる部員たち

　ミツバチは、食用植物の三分の一の受粉を仲立ちすることで私たちの食生活を支えてくれています。そのミツバチが農薬や環境悪化のために減少している今、ハチミツを通して環境問題に関心を持ってもらうことができます。一方のガーナ産のカカオは、おいしいチョコレートの原料を私たちのために作ってくれていながら、学校にも行けずカカオ農園で働かされている子どもたちがいることを考えさせてくれます。フェアトレードは、児童労働をなくそうとするだけでなく、農薬や化学肥料に頼らない有機農法を推奨することで環境にも配慮しています。この二つの地域資源を組み合わせることで、環境問題と貧困問題について考えるきっかけになるのではないか、と生徒たちは考えたのです。

　パッケージのデザインは、ミツバチが幸せを運んでくれるというイメージから天使の羽をあしらい、背景に地球を配することで名古屋から世界へ発信したいという思いを表現しました。パッケージの色はガーナと日本の国旗の色を使い、海外の方にも思いが伝わるよう英語の表記も加えました。また、地元でフェアトレードタウン運動を推進しているフェアトレード名古屋ネットワークのマークも使いました。こうして、一つひとつについて何度も話し合いを重ねて、生徒たちの思いが詰まったアイスが完成しました。

　そして二〇一四年一一月、ESDユネスコ世界会議が名古屋で開催された時のことです。生徒たちが開発したアイスクリームが、日本政府主催の歓迎レセプションパーティーの公式デザートに採用され、世界各国の閣僚の方々に食べていただくことができました。会議と並行して開催されたイベントでも、日本ユネスコ協会連盟と一緒にブースを出して販売することができました。

上：2014 年 11 月，ESD ユネスコ世界会議でブース出展・販売を実施
下：ユネスコクラブのメンバー

　翌一五年には、ESD活動の推進に大きく貢献したことが評価されて、愛知県主催の『二〇一五愛知環境賞』で「優秀賞」を受賞したほか、ソーシャルプロダクツ・アワードで高校初の受賞（奨励賞）を果たしました。

Think Globally, Act Locally

　フェアトレードのアイスの開発は、「Think Globally, Act Locally」、つまり「地球規模で考え、地域で行動する」という考え方に立ったものでした。屋上でミツバチを飼いはじめてから六年、この一つの生き物を中心に、名古屋都心の自然環境保全、地域交流、地域ブランドづくり・商品開発、被災地支援、そしてフェアトレードと、活動の幅を広げてくることができました。地域の大学や企業、NPOとの連携・協働も広げ、深めることができました。

　こうした活動を通して生徒たちは、「授業だけでは体験できない実践経験を通して、地域の良さに気づき、環境に対する意識も高めることができた」、「地域の方々との交流を通して、自分たちも地域の一員であると知り、感謝する気持ちを育むことができた」、「広く社会を見つめる目を養えるとともに、自己肯定感を得ることができた」など、普段の授業ではとても味わうことのできない貴重な体験をすることができました。

これからも、発展途上国の子どもたちや被災者の方たちが置かれた状況を心にとめ、地域の方々への感謝の気持ちを忘れずに、「ミツバチつながり」を大切にして、地球規模で考えながら地域に根ざした活動を展開していきたいと考えています。

ユネスコクラブ 受賞歴

【2013（平成25）年度】
第5回観光甲子園「グランプリ（観光庁長官賞）」
ハイスクール起業家コンテスト「優秀賞」

【2014（平成26）年度】
商業高校フードグランプリ2014「大賞」及び「来場者賞」
第9回愛知県高等学校生徒商業研究発表大会「最優秀賞」
第8回東海地区高等学校生徒商業研究発表大会「最優秀賞」
第22回全国高等学校生徒商業研究発表大会「優良賞」

【2015（平成27）年度】
2015愛知環境賞「優秀賞」
ソーシャルプロダクツ・アワード2015「奨励賞」
商業高校フードグランプリ2015「大賞」及び「来場者賞」
第10回愛知県高等学校生徒商業研究発表大会「最優秀賞」
第9回東海地区高等学校生徒商業研究発表大会「最優秀賞」
第23回全国高等学校生徒商業研究発表大会「優良賞」
まちづくり広場・東海2015パネル投票「日本建築学会東海支部都市計画委員会賞」
第3回グッドライフ・アワード「実行委員会特別賞「環境と地域づくり」特別賞」

【2016（平成28）年度】
第11回愛知県高等学校生徒商業研究発表大会「最優秀賞」
第10回東海地区高等学校生徒商業研究発表大会「最優秀賞」
第24回全国高等学校生徒商業研究発表大会「優良賞」
商業高校フードグランプリ2016「伊藤忠食品社長賞」
NIC Global Youth Award 2016「グランプリ」

【2017（平成29）年度】
第12回愛知県高等学校生徒商業研究発表大会「最優秀賞」
第11回東海地区高等学校生徒商業研究発表大会「最優秀賞」
第25回全国高等学校生徒商業研究発表大会「優良賞」
第2回持続可能な都市・名古屋への高校生・大学生からの提案「最優秀賞」

ユネスコクラブ主催 フェアトレード関連イベント

- 「銭湯×女子高生×フェアトレード　～地域に広げる！エシカルライフスタイル～」@平田温泉
- 「名古屋城・春の陣～フェアトレードのバナナペーパーを使用した折り紙建築のワークショップ～」@名古屋城
- 「フェアトレードって何だろう？見つけよう！～おいしいチョコレートのヒミツ～」（小・中学生対象イベント）@名古屋市科学館
- 「世界一美しいアフリカのバラで伝える，母への感謝～フェアトレードローズを使用したブーケ作り教室～」@坪井花苑
- 「親子de楽しむエシカルクッキング～地産地消の食材を使用したタルト作り～」(料理教室）@ヘルシングあい
- 「文化美人へのみちを歩こうツアー～文化のみちを巡る，自分磨きの旅～」（エシカルをテーマとした観光ツアー／株式会社JTB中部との共同企画）
- 「エシカル文化祭～エシカルな未来について考えよう～」（高校生・大学生対象イベント）@名古屋国際センター

4
逗子市

世界とつながる平和なまちづくり

逗子のフェアトレードタウン運動

逗子フェアトレードタウンの会 事務局長　磯野昌子

1 運動の始まり

神奈川県逗子市は、二〇一六年七月一六日に全国で三番目のフェアトレードタウンに認定されました。三浦半島のつけ根に位置し、広い太平洋の海原に臨む逗子湾と豊かな自然が残る池子の森をもつ、人口五万八〇〇〇人の町です。私がこの町に引っ越してきたのは、長女が一歳を迎えた二〇〇四年。海と山に囲まれた自然豊かな地で子育てをしたいとの思いからでした。

逗子でフェアトレードタウン運動が始まるきっかけとなったのは、後述する二〇一一年五月の世界フェアトレード・デーに開催されたイベントでしたが、同年三月に起きた東日本大震災と福島での原発事故は、私にこの地に住み続けるべきかを問いかけさせました。私の曾祖父母は関東大震災で、逗子湾の津波にのまれて亡くなっています。津波の恐怖と闘いながらこの地で子どもたちを守れるのか、地産地消で安全な食べ物は手に入るのかと悩み迷った末に、やはりこの町にずっと暮らしていきたい、だからこそこの地をもっと魅力ある町にしたいと、心から思うようになりました。そうした町づくりへの思いが、フェアトレードタウン運動へとつながっていきました。

逗子まちなかアカデミーと最初のイベント

運動のきっかけとなった二〇一一年のイベントは「逗子まちなかアカデミー」が主催したものです。まちなかアカデミーは、「まち全体を大学のキャンパスに見立て、市内のいたる所で市民による文化・芸術・学習活動が行われることをめざす」活動で、逗子市と市民団体との協働で始まりました。

それまで開発教育という、世界の貧困問題を経済社会構造から捉え直し、持続可能で公正な開発のために自分自身の生活のあり方を考える教育活動に長年携わってきた私は、その活動仲間であり、当時の逗子市市民協働コーディネーターであった木下理仁《よしひと》さんに誘われて、まちなかアカデミーの事業の企画運営に携わることになりました。

第一回目のモデル事業を担当した私は、世界フェアトレード・デーである五月の第二土曜日に、開発教育とつながるフェアトレードをテーマにしたイベントを企画しました。さらに、まちなかアカデミーが逗子市民を講師とする方針を採っていたことから、市内在住のフェアトレード研究者である長坂寿久《としひさ》さんに講師をお願いしました。この時、私は長坂さんを通して初めてフェアトレードタウンの取り組みを知り、強く関心を持つようになりました。

二〇一一年五月一四日のイベントは二部構成で行われました。第一部は、市の中心に位置する亀岡《かめがおか》八幡宮の境内で毎年開催されている「コミュニティパーク」という市民主催の祭事で、フェアトレードに関するクイズを行ったり、フェアトレード産品を扱う店舗の方々にフェアトレードに関わるようになったきっかけなどを話してもらったりしました。

第二部は、市内唯一の映画館である「シネマアミーゴ」に場所を移して、長坂さんによる講演会「逗子をフェアトレードタウンに！」を行いました。参加者は行政関係者も含めて二〇名余りでしたが、講演後には、ほとんどの参加者が初めて耳にするフェアトレードタウンについて大きな関心を示していました。

イベント終了後、長坂さん、木下さん、私の三人は、祝杯を交わしながら、逗子をフェアトレードタウンにしようとの決意を固めていました。どのような活動も三人集まれば動き始めると言いますが、今回の三人が**研究者**、**行政職員**、**主婦**という組み合わせだったことは、市民運動を展開する上で絶好のバランスでした。研究者が運動の理念を支え、行政職員が市民と行政をつなぎ、主婦が地域活動の担い手となるからです。特に「市民協働コーディネーター（市民と行政をつなぐ専門職員）」が逗子市にいて、最初から行政が市民といっしょに動いたことが、逗子の運動の特徴だと思います。

上：認定１周年記念イベント＠逗子海岸（2017年７月）
下：亀岡八幡宮で開かれた逗子まちなかアカデミー（2011年５月14日）

2 これまでの活動

「逗子フェアトレードタウン勉強会」の発足

イベントから三か月後の二〇一一年八月、イベントの参加者に呼びかけ、六人で会合を持ちました。そして、逗子のフェアトレードタウン化を検討するには、まずは自分たち自身がフェアトレードやフェアトレードタウンについてもっとよく知る必要があると考え、「逗子フェアトレードタウン勉強会」を発足させました。その後、月一回会合をもち、メンバーそれぞれが友人を連れてくることで、一人二人と人数が増えていきました。

その年の一二月には、東京の国際協力NGO「シャプラニール＝市民による海外協力の会」から、ネパールとバングラデシュのフェアトレード石鹸の生産者が神奈川県で研修するので、逗子で受け入れてもらえないかという打診がありました。そこで私たちは、駅近の新設ビルを会場に、生産者のお話を聞く会とフェアトレード産品の展示即売会を開きました。勉強会が主催する初めてのイベントでしたが、延べ一〇〇名程が集まりました。その企画や運営のプロセスを通して学びも深まり、仲間が増えていくのを実感したことから、会の活動はこれ以降イベント開催が中心になっていきました。

また、生産者を勉強会メンバーの家にホームステイで受け入れたことで、深い交流をすることができました。この経験から、**地域の人たちが直接生産者と出会い**、**フェアトレード産品にこめられたストーリーを知ること**が、フェアトレードをより深く理解するために重要だと実感しました。その後もシャプラニールが招いた生産者の来日に合わせて、逗子での講演会を企画したり、現地駐在員の帰国報告会を受け入れたりして、できるだけ現地の方々のお話を聞く機会をつくるよう心がけています。

初期（二〇一一二年）の活動とその後の展開

二〇一一年は隔月で勉強会を開きました。長坂さんによるフェアトレードタウン入門講座や、会のメンバーからカナダと英国のフェアトレード事情について聞く会、隣の横須賀市で国際課長をしていた松本義弘さんから横須賀市のフェアトレードの取り組みについて聞く会、などを開きました。

翌年以降も、熊本や名古屋、札幌など、国内のフェアトレードタウン運動の先進事例に学んだり、「長坂ゼミ」と称して、主に経済学者の宇沢弘文氏の著作（『社会的共通資本』岩波新書、二〇〇〇年など）から、フェアトレード運動が目指す経済システムについて考える読書会を開いたりしています。逗子のフェアトレードタウン運動は、このように長坂さんが理論的な支柱になっていることが基盤を強固なものにしています。

二〇一二年の五月と一一月には、亀岡八幡宮でのコミュニティパークに出店し、フェアトレードコーヒーのドリップ販売とNGOの手工芸品の委託販売をしました。年二回開催されるコミュニティパークは、他の店舗とネットワークを作り、市民にフェアトレードを知ってもらう絶好の機会となるため、その後も毎年参加し、出店のほか、野外ステージでのファッションショーなどを行っています。

九月には、逗子市の社会教育事業である「ずし楽習塾」に市民企画として応募した連続講座を開催しました。「3・11後のライフスタイルを考える」と題して、トランジション葉山、グリーンピース・ジャパン、福島有機農業ネットワークといった市民団体に協力を呼びかけ、エネルギーの自立や安全な食と農の問題など、主に環境の視点から地域づくりを考えました。参加者は各回一五名前後と多くはありませんでしたが、環境系の市民団体とつながることができたことは、私たちの活動に深みを持たせてくれました。また、連続講座は新たな仲間づくりのために効果的であることを実感し、一五年には半年かけて計九回の「フェアトレードタウン連続講座」をまちなかアカデミーとの共催で開講しました。現在、連続講座の修了生が会のメンバーとなって活発に活動しています

一〇月にはシネマアミーゴでフェアトレード映画祭を開催しました。『モンサントの不自然な食べもの』（マリー＝モニク・ロバン監督、二〇〇八年）など、食や日常生活の裏に隠された世界の貧困や環境破壊の現状を描き、警笛を鳴らす映画を数点選んで上映しました。映画の前後には、ゲストのトークショーや、映画評論家でもある長坂さんによる解説と参加者による感想の共有の時間などを設けました。映画は私たちに世界の現実を伝えるだけでなく、感情に訴え行動を変える最も有効な手段でもあって、逗子のフェアトレードタウン運動に欠かせないものとなっています。

一一月にはファッションショー単独のイベントを開催しました。音響、照明、舞台の設営、ランウエイの作り方、プログラムの企画などすべてが手探りで、最も苦労したのはモデル集めでした。公募しても集まらず、メンバーの家族や子どもたちの同級生、そのお母さんたちにお願いして回りました。モデルと衣装とのマッチングや歩き方などは、貸衣装を提供してくれたフェアトレード専門ブランド

のピープルツリーに指導してもらいました。当日は嵐で電車が止まるほどでしたが、約五〇名の客席が埋まり、地域の親子が集まる温かみのあるイベントとなりました。ファッションショーのノウハウも蓄積され、それからは毎年、コミュニティパークのステージやイベントプログラムの一つとして開催しています。

おしゃれにフェアトレード・ファッションショー（2012年11月，逗子文化プラザさざなみホールにて）

運動の見直し

このように数々のイベントを精力的にこなしつつも、それらに追われることで、**次第にタウン運動の全体像や方向性が見えなくなっていきました**。特に、勉強会の発足当初から中心的なメンバーとして活動してきた自然食品店の経営者Aさんが、運動への疑問から離れていったことで、私たちは運動を大きく見直す必要に迫られました。

Aさんが感じた疑問とは、タウン運動がフェアトレードの普及を優先するあまり、「質」が二の次になっているのではないかというものでした。具体的には、私たちがイベントで無料配布した某企業提供のチョコレートは、フェアトレード認証製品ではあるものの、カカオ以外の原材料は十分にフェアトレードとは言えないので自分の店では扱っておらず、自分が扱っていないものを配布する立場には立てない、というのです。また、逗子で食の安全とそれを支える有機農業者などの小規模事業者を長年支持してきたAさんにとっては、普及を優先する運動に関わり続けることは難しいとのことでした。

Aさんの問題提起を受けて、私たちはあらためて逗子でフェアトレードタウン運動をする意味は何か、どのようにタウン運動を展開していったらよいのか、を問い直すためのワークショップを行いました。一人一人がこの活動を通して何をしたいのか、私たちが目指している地域像とはどのようなものなのか、幾度も話し合いを重ねました。その結果、私たちのタウン運動は、**必ずしもフェアトレードタウンの認定を得るために行うのではない**こと、最終的に目指すのは**逗子が「世界とつながる、人にも環境にも優しいまち」になること**で、タウン認定はそのためのプロセスにすぎないことを確認しました。

また、ヨーロッパのフェアトレードタウン運動では、フェアトレードの認証を受けたラベル製品の普及が中心となってきましたが、逗子は小さな地方都市であるからこそ、ラベル製品よりも、どこで誰がどのように作ったのかが見えやすい製品や、個人で頑張っている小規模の事業者や団体、特に地元の組織を優先して応援しようという方針を採ることにしました。

そして、私自身は開発教育としてこの運動を行っているのだとより深く意識するようになりました。つまり、目指しているのはフェアトレード産品があふれる町よりも、この町に住んでいる人たちが、自分の生活を支えている世界の人々に思いを馳せながら買い物をしたり、不要なモノを買わないという選択ができたりすることで、私たちの運動はそのための環境づくりなのだということです。

「逗子珈琲」の開発

逗子のフェアトレードタウン運動のもう一つのユニークな点としては、「逗子珈琲」の開発が挙げられます。これは、各地で大学生のフェアトレードサークルが取り組んできた「まちチョコ」にヒントを得て、逗子独自の「**まちコーヒー**」を作れないかというメンバーの提案から始まりました。具体的なモノを通して地域の人たちにフェアトレードを知ってもらい、地域の業者にも関わってもらうことで、地域経済の活性化に貢献することを目標にしました。

そこでまず、二〇一四年九月の祝日に豆選びのイベントを行いました。豆選びには、産地で生豆の買いつけの際に行われるカッピング手法（コーヒー豆の味や香りを調べる方法）を用いました。私たちは、ペルー産、東ティモール産、タンザニア産と、各大陸から一種類ずつフェアトレードのコーヒー豆を用意して参加者にカッピングしてもらい、最も気に入った豆を一つ選んでもらいました。投票結果は、東ティモール産とペルー産の獲得票数が同数一位となり、話し合いの結果、メンバーが以前にスタッフをしていた国際協力／フェアトレード団体「パルシック」が扱っている東ティモール豆であれば、生産者情報が得やすく、スタディーツアーで生産者を訪問することもできる等の理由で、東ティモール産の豆に決めました。

「逗子珈琲」という名称は、逗子の特産品となるように、できるだけシンプルで印象に残りやすいという理由で決めました。パッケージ・シールのデザインは市内のデザイナーに依頼しました。

逗子珈琲の開発で最も苦労したのは焙煎業者の選定でした。私たちが豆を持ち込んで焙煎だけお願いする方法では、業者自身が味や品質に責任を持てず売り物にできない、という理由で断られてしまいました。そこで、最終的には豆を持ち込まずに、焙煎業者自身にフェアトレード豆を調達してもらうことにしました。現在は、東ティモール産の豆を五〇％以上使うことを原則としながら、味に個性を出すのに最適なアフリカ産（ルワンダ等）のフェアトレード豆とブレンドしています。このブレンドは、渋みと華やかな酸味の調和する絶妙な味を醸し出しています。

「逗子チョコ」の開発

逗子オリジナルのフェアトレード産品として、まずコーヒーを開発しましたが、子どもなどコーヒーを飲めない人もいることから、「まちチョコ」にも取り組むことにしました。また、人口六万人弱の逗子市がフェアトレードタウンに認定されるには、フェアトレード産品を二品目以上扱っている店が六店舗以上必要なので（基準の詳細は「序」二〇頁参照）、コーヒーとチョコレートの二品目を用意して市内の店に置いてもらえれば、認定につながるのではないかと考えました。

私たちは、他の地域のまちチョコを参考に、市内の子どもたちの絵をあしらった包装紙で市販のフェアトレードチョコレートを包むことにしました。ちょうど二〇一四年が逗子市制六〇周年で、その記念事業の一つとして市内の小学生を対象にした「逗子の未来　絵画コンテスト」が行われることを知り、その応募作品を使わせてもらえないかと考えました。

そこで、この記念事業の担当課である学校教育課を訪問し、絵を使わせてくれるようお願いしまし

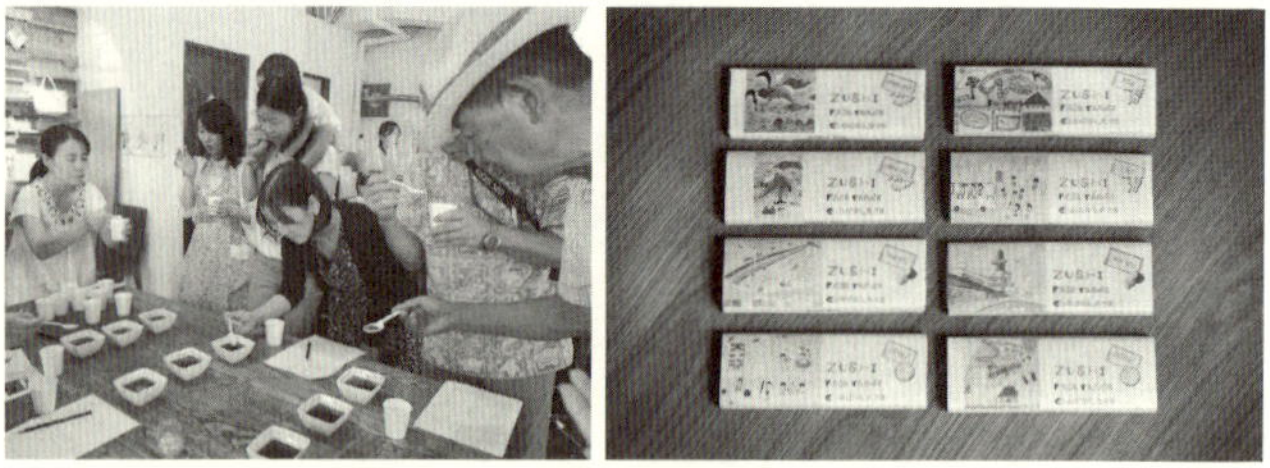

左：カッピング・イベントの様子（2014年9月）
右：完成した「ずしの未来チョコ」

たが、そこからが予想外に大変でした。絵を使わせてもらうには、まず小学校の校長から許可をとり、校長は絵を描いた子どものクラス担任から許可をとり、担任は子どもの保護者から個人情報である電話番号を私たちの会に伝えてよいかという許可をとらなくてはなりませんでした。それらを経てようやく私たちが各家庭に電話して、フェアトレードやフェアトレードタウンの説明をしながら絵の使用許可をとる、という一連の作業が必要でした。

　コンテストには夏休み明けまでに約八〇点の応募作品が集まりました。私たちは、市内の各小学校から必ず一点以上入れるよう心がけ、チョコの味に合わせて八点の絵を選びました。使用許可が得られた絵は写真に撮ってデータ化し、パッケージデザインに加工して包装紙に印刷し、「ずしの未来チョコ」として販売しました。絵を描いた子の家族が大量に購入してくれたり、その子の同級生たちが買ってくれたりと反響があり、最終的には五〇〇〇個以上を売り上げることができました。

　二〇一六年は、「逗子ステキ発見！　フォトコンテスト」の応募作品から、逗子の景観写真八点を選んでシールを作り、チョコレートの包装紙の上に貼りつけて新たな「逗子チョコ」を作成しました。一七年は、社会福祉課の協力を得て、市内の知的障がい者施設を通して包装紙に使用する絵を公募し、市役所一階ホールで原画展と投票を行いました。その結果、選ばれた八点の作品をもとに包装紙を作り、さらに福祉作業所に包装紙を巻く作業を依頼しました。こうしてウェルフェア（福祉）とフェアトレードをかけ合わせた「ウェルフェアトレード」のチョコレートを作成しました。

「国際文化フォーラム in 逗子」の開催

二〇一四年度にもっとも力を入れたのは、市制六〇周年記念事業の一環として開催した国際文化フォーラムでした。これは、市民企画として私たちの会が提案したもので、一二件の応募企画の中から採択された二件に入ることができ、市との協働で開催しました。

二〇一五年一月のフォーラム当日は、市民交流センター、文化ホール、小学校家庭科室の三つの会場を使って様々なプログラムを行い、逗子市の中心部がフェアトレード一色となりました。

市民交流センターでは、かながわ開発教育センターとWE21ジャパンの協力による開発教育のワークショップ、逗子市長を交えての「フェアトレードを通したまちづくり」と題したトークイベント、国際協力NGO「ACE《エース》」のスタッフによる児童労働に関する講演会、アフリカのアクセサリー作り等の手作り工房、DVD『もっと！ フェアトレード』（アジア太平洋資料センター製作）の映画上映、「もう一つのチョコレート展」と題したパネル展示などを行いました。

文化ホールでは、ピープルツリーとエシカル企業パタゴニアのコラボによるエシカル・ファッショ

カカオ豆から作るチョコレートのワークショップ@国際文化フォーラム（2015年1月）

ンショー、児童合唱、民族ダンスなどのステージ・プログラムと、フェアトレード・マルシェ（市）を開催しました。そして、小学校の家庭科室では、国際協力NGO「APLA《あぷら》」によるカカオ豆から作るチョコレートのワークショップを行いました。その様子は新聞で報道され、対外的に初めて私たちの活動が大きく取り上げられました。また、ステージ・プログラムの様子は地元ケーブルテレビでも放送されました。

　こうして「国際文化フォーラムin逗子」は、逗子で初の総合的なフェアトレードの祭典となりました。当日は冬の寒さの厳しい日だったにもかかわらず三〇〇人以上の参加があり、六〇〇人のボランティアスタッフのうち半数が高校生だったことも、フォーラムを大いに盛り上げてくれました。

　多くの高校生が集まったのは、共催団体のかながわ開発教育センターのメンバーに高校教員が多く、各校のボランティアサークルなどに呼びかけてくれたからでした。それまで市主催のイベントに高校生がボランティアとして参加する姿はあまり見られなかったとのことで、若いボランティアがいきいきと活動する姿は、参加者や市の担当者からも高く評価されました。

　このイベントを市民協働課とともに半年かけて創り上げたことで、市と私たちの会との信頼関係が深まりました。市長をはじめ市職員の間ではフェアトレードタウン化への意欲が高まり、市との協働をいっそう前進させることになりました。国際文化フォーラムはこれ以後、市側からの要請もあって、市主催の恒例イベントとして、規模や内容を変えながらも毎年開催されています。

3 タウン運動の広がりと認定までの過程――六つの基準に照らして

以上が私たちの運動の概要ですが、次にフェアトレードタウンに認定されるためにどのような活動をしてきたか、日本のフェアトレードタウン六基準（「序」二〇頁参照）に沿ってご紹介したいと思います。

基準1：推進母体の形成

二〇一一年八月にスタートした「逗子フェアトレードタウン勉強会」は、翌年四月には会の中に「フェアトレードタウン推進委員会設立準備会」を結成しました。そして規約の準備などを進めましたが、イベントの開催に追われ、さらに先ほど述べたように必ずしもフェアトレードタウン認定を目標としないことを確認したことで、推進委員会の設立そのものは見送っていました。

しかし、逗子市制六〇周年記念事業に応募するにあたって、市民団体としての基盤を固めるべく、推進委員会の設立準備を再開しました。そして国際文化フォーラムを終えて市民の反応と市側の意欲に手応えを感じた私たちは、規約や会員制度を整えて二〇一五年三月一四日、フェアトレードタウンの実現を目標に掲げた「逗子フェアトレードタウンの会」（以下「タウンの会」）を発足させました。

基準2：運動の展開と市民の啓発

私たちの会は、既述のとおり、設立当初から市民啓発のためのイベントを数多く開催してきました。特に「国際文化フォーラム」や「フェアトレード映画祭」、年二回の「逗子コミュニティパーク」への出店などを通して、市民がフェアトレードに接する機会を提供しています。それが実ってか、二〇一五年六月に日本フェアトレード・フォーラムが実施したフェアトレード認知度調査でも、逗子市は熊本市と並んで三九・八％という全国で最も高い認知度を示しました。フェアトレードタウン認定後には調査していませんが、全戸配布の市の広報誌をはじめ、湘南ビーチFMなどの地元ラジオやジェイコムなどのケーブルテレビ、タウンニュース等、各種の地元メディアに取り上げられたことで、市民のフェアトレードの認知度は確実に上がっていると思います。

それでも、フェアトレードが開発途上国の支援になることは分かるけれど、なぜ市が推進する必要があるのか、フェアトレードタウンにはどういう意味があるのか、といった疑問の声もあり、十分に理解されているとは言えません。また、国際文化フォーラムの参加者も半数が市外からで、逗子市民の参加が伸びていないのが実情です。今後は、単にフェアトレードを知ってもらうというだけでなく、地域で推進していくことへの理解が深まるような運動の展開を考えていきたいです。

基準3：地域社会への浸透

フェアトレードタウン認定の際に最も苦戦した基準は、この「地域社会への浸透」でした。フェアトレード産品を提供する店舗はあっても、地域の企業や団体、学校等でフェアトレード産品を組織的に利用しているところは非常に少なく、まずは個人的に面識のある組織に利用のお願いをして回りました。メンバーが利用する美容院や地元ラジオ局、知人の会社など各方面へ働きかけましたが、初めのうちは、個人的には利用できても組織として利用するのはコスト面で難しいとの返事でした。

　民間の組織では、まずロータリークラブが、定例会のゲストスピーカーに長坂さんを招いてフェアトレードの話を聞く機会を設けたり、メンバー企業の休憩室にフェアトレードコーヒーを置いたり、手洗い所にフェアトレードの石鹸を置いたりしてくれました。また、福祉クラブ生協では、自らが扱っているフェアトレード紅茶を休憩所で利用するようになりました。

　今後は、これらの組織に継続してフェアトレード産品を利用してくれるようにフォローしていく必要があります。

基準4：他分野の市民運動との連携と地域活性化への貢献

　まちづくりの分野では、タウンの会の生みの親にあたる「逗子まちなかアカデミー」とのつながりが強く、世界とつながるまちづくりの担い手の育成を目指して「フェアトレードタウン連続講座」や「国際文化フォーラム」を共催しています。また、逗子在住の外国人が集う「多文化交流クラブ」とも多文化共生の分野で連携し、国際文化フォーラムでは「多文化共生と防災」というテーマでトークイベントを行いました。このようにタウンの会の取り組みは、フェアトレードの普及を目指すだけでなく、地域の国際化や多文化共生のまちづくりに貢献していると言えます。

防災の分野では、毎年三月一一日に行われている「防災ひろば」、「六万人のキャンドルナイト」に出展参加することで、震災復興支援の市民グループと連携しています。タウンの会では、「国内フェアトレード」として東日本大震災の被災地で作られた復興支援グッズを販売したり、フェアトレードシティ熊本（本書1参照）への支援として、熊本の震災で壊滅したフェアトレードショップの産品を代行販売したり、募金活動を行ったりしています。

環境分野では、前述の通りトランジション葉山と連携して講座を開いたり、「ゼロウェイスト運動」（ゴミや資源の浪費をゼロに近づける運動）と連携してイベントでリユース食器を使ったりしています。さらに、アートの分野で活動している「逗子クリエイターズ」という若手アーティストたちのグループに「逗子珈琲」のパッケージデザインをお願いしたり、このグループが中心となって企画したフォトコンテストの写真を「逗子チョコ」に使ったりといった連携を通して、逗子の新しい文化づくりの一端を担っています。

福祉分野では、タウン認定後、福祉事業所が市役所内で運営する店舗で、障がい者が袋詰めしたフェアトレードコーヒーを販売するようになりました。前述した二〇一七年の「逗子チョコ」も、市内の障がい者施設との協力によって作られました。このような「ウェルフェアトレード」の品を増やすことで、今後は障がい者や高齢者の雇用の創出にも貢献していきたいと考えています。

基準5：フェアトレード産品の幅広い提供

逗子市の人口は約五万八〇〇〇人なので、認定の条件は六店舗で達成できます。フェアトレードタウン運動を開始した当初から、市内にはフェアトレード産品を二品目以上扱う店が五つありました（認定後の現在は私たちが把握しているだけで一六店舗に上ります）。

ただし、もう一つの認定条件である「フェアトレード専門店があること」というのが最大の課題でした。ある時、先述の逗子クリエイターズのメンバーだった写真家の花田英子さんが、オーガニック専門店の起業を考えていることが分かりました。そこで、花田さんと私と共同で、二〇一五年三月にフェアトレードショップ兼オーガニックカフェ「@ＭＡＲＥ（アマーレ）」を開業しました。

アマーレとは、イタリア語の海（mare）と愛する（amare）を掛け合わせた言葉で、逗子を象徴する逗子海岸沿いにあり、愛で世界と地域をつなぐことをモットーとしています。人々が集う場としてカフェを併設し、逗子珈琲をハンドドリップで提供しています。その他、オーガニック食材を使ったランチ、各種ドリンク、フェアトレード雑貨を販売しています。また、店内で逗子珈琲の袋詰めを行ったり、タウンの会のミーティングを行ったり、訪問者を受け入れたりと、タウンの会の活動拠点ともなっています。

市民運動とビジネスとの両立こそがフェアトレードの真価を問われるところですが、店の家賃を払いながら、卸しの掛け率が高いフェアトレード産品を扱う専門店を経営するのは非常に難しいと実感しています。フェアトレード専門ショップの継続的運営のためには、公的な支援を含めて店舗を支え

フェアトレード専門店
@MARE 店内にて（右が筆者）

ていく仕組みが必要と考えます。

基準6：自治体によるフェアトレードの支持と普及

私たちが認定を目指す決意をしたのは二〇一五年春でしたが、認定の最大の難関と言われる「市議会での支持決議と首長の支持表明」を得るために、議員への直接的な働きかけを始めたのはその一年後でした。タウンの会の内部では、「市民のフェアトレードに対する認知度や理解が不十分な現状では、仮に基準を満たすことができたとしても認定を受けるのは時期尚早だ」という意見が半数を占めていました。また、目標が実現してしまったら運動が停滞してしまうのではないかといった危惧もあって、丁寧に時間をかけて認定を得る準備をしていく予定でした。

ところが、二〇一六年二月の第二回「国際文化フォーラム」に熊本市の明石祥子さん（本書1執筆者）と横須賀市の松本義弘さんをお招きして、逗子市のフェアトレードタウン化を議論するパネルディスカッションを行った際、パネリストの平井竜一逗子市長が、フェアトレードタウンの意義についての自らの考えやフェアトレードタウン化への意志を力強く語ったことで、機運が一気に高まりました。

そこで、二〇一六年六月の市議会で支持決議を得ることを目標にして、三月の会期中に市議一八名が所属する七つの会派をそれぞれ訪問し、フェアトレードタウンの意義について説明しました。この時に私たちが学んだことは、議員へのアプローチは、必ずしもフェアトレードへの理解のある議員から接触するのではなく、場合によっては議会内の対立構造を把握した上で**最も政治力のある会派を優先し、味方につける**必要があるということでした。

多くの市議は「フェアトレードを否定する理由はない」、「市の予算を使わないならいいのでは」と受け入れてくれましたが、中には「フェアトレードという言葉を初めて聞いた」、「まだ市民の認知度が低い」、「福祉など他の課題も山積している中でフェアトレードだけを優先できない」といった意見もありました。そうした意見に対しては、全国の認知度調査の結果を示して逗子市は全国的にもフェアトレードの認知度が高いことや、認定に市の予算化は必須でないことを説明し、「日本で三番目のフェアトレードタウン」を目指しませんか、と呼びかけていきました。

「日本で三番目」、「関東で初」という言葉が功を奏したのか、議員の側から、それなら六月の議会と言わず、開会中の三月の会期内に提案したらどうか、との意見が出てきました。そしてついに、ある市議の方が「とりまとめ役」を買って出てくださり、私たちが想定していたよりも早い二〇一六年三月二二日に、フェアトレードを支持する決議が全会一致で採択されたのです。この決議を受けて、四月一五日の逗子市制記念日に、首長によるフェアトレード支持表明にあたる「逗子市フェアトレードタウン宣言」が平井市長によって出されました。

市はまた、率先してフェアトレード産品を取り入れてくれました。市長室では来客に出すコーヒーや紅茶がフェアトレードのものに変わりました。担当課の市民協働課は、自身が主催するイベントでフェアトレードの飲み物を提供したり、市職員の厚生斡旋品リストにフェアトレード産品を取り入れたりしました。市議会の二つの会派室でもフェアトレードのコーヒーが飲まれるようになりました。

こうして六基準をすべて満たしたことから、私たちは二〇一六年四月に日本フェアトレード・フォーラムに認定を申請し、現地調査を経て、七月一六日に認定を受けることができました。

4 逗子の地域課題と今後の展望

国際平和と市民自治のまちづくり

逗子には長年「池子《いけご》問題」という、在日米軍の住宅や運動場のある「池子住宅地区」をめぐる問題があります。旧日本軍の弾薬庫として使われていた土地で、戦後米軍の管理下に置かれました。池子住宅地区は広大で、市の面積の約一五％も占めています。神奈川県と横浜市、逗子市は返還を要請してきましたが実現せず、一九八〇年代にはさらなる米軍住宅建設計画が持ち上がりました。以来、住宅建設の是非をめぐって一〇年以上にわたり、市を二分するような大論争が巻きおこりました。

そのため、返還運動に関わった世代の中には、「市民運動とは距離を置きたい」という気持ちの方もいます。一方で、平井市長が「中高生時代に返還運動を目の当たりにしたことで、社会とのつながりや自治を意識するようになった。池子は政治家を志すきっかけだった」と語るように、池子問題を機に地域課題に深く関わるようになった市民もいます。第二回国際文化フォーラムのパネルディスカッション「世界とつながる多文化のまちづくり」に登壇した平井市長は、次のように発言しています。

逗子市として、世界との関係、平和との関わりという意味では、池子の米軍住宅の問題がある。市として全面返還を目指しているが、そのためには世界が平和になり、米軍のプレゼンスの減少が必要である。我々が平和に生きるということは、大きな根っこには世界の中での経済格差、貧困の問題が常にあり、これを根本的に解決しなければ、我々の生存、平和そのものも脅かされる。その取り組みのひとつのテーマとしてフェアトレードがある。また、地方創生総合戦略におけるシビックプライド、市民が誇りに思うまちづくりの一つの要素としてフェアトレードタウンの取り組みが意味を持っている。逗子の歴史的背景と目指すビジョン、方向性を共有し、できることを無理なく、市民と行政がそれぞれの特性を互いに生かしながら、世界とつながることによる豊かさを共有し広げていけたらいいと考える。

逗子市のフェアトレードタウンの基本理念は、ここで述べられている「**平和**」と「**市民によるまちづくり**」の二つだと言えます。これは「逗子市フェアトレードタウン宣言」にも表明されています。

近年の地域課題としては、海岸での音楽や飲酒を禁じた日本一厳しいと言われる海岸条例が二〇一五年に敷かれましたが、この条例をめぐっては、静かな海岸を求める住民と、海の家をはじめとする観光ビジネス関係者との間で対立が生じました。そこで何度も対話集会が開かれ、利害が対立する関係者の主張を市民協働コーディネーターが引き出しながら、対話を積み重ねて結論を出していきました。

このように、逗子には自分たちの地域の問題を行政に委ねるのではなく、市民自らが対話を重ねなから決めていく「**市民自治**」の伝統があります。基地問題のように国際的な要素を含む課題であっても、市民自身が考え行動していくことを重要視しています。そのために、市民協働コーディネーターという専門職員を市が雇用し、市民同士、そして市と行政とが十分に対話することを可能にしています。現在の市民協働コーディネーターである東浩司さんが「**逗子の名物は市民活動だ**」と話しているように、今日の逗子では、環境や子育てのグループなど、豊かなまちづくりをめざす様々な市民活動が活発です。私たちのフェアトレードタウン運動もそうした市民活動の一つです。

二〇一五～三八年度の逗子市新総合計画は、「世界とつながり、平和に貢献するまち」という将来像を掲げています。私たちは、これを具現化するのがフェアトレードタウンであると考えています。自分たちの町だけが豊かになるのではなく、私たちの暮らしを支えている世界の人々に思いを馳せ、共に豊かで平和な社会を築けるよう、私たち自身が戦争や貧困や環境破壊を引き起こさないような暮らしへと改めていくことこそが、「世界とつながり、平和に貢献するまち」を創るのだと思います。

今後の展望

認定後には、図書館がフェアトレード関連の本を積極的に購入し、期間限定の特設コーナーを設けました。指定管理者制度によって運営されている市民交流センターでは、館内の至るところにフェアトレードタウンの説明が掲示され、市営プールでは、従来のスポーツブランド品ではなく、フィリピン製のフェアトレードのプールバッグ（捨てられたジュースパックをリサイクルして作ったもの）を

逗子市フェアトレードタウン宣言

逗子市は，都市宣言である「青い海と みどり豊かな 平和都市」という，いつまでも変わることのない理想像に基づいて，まちづくりを進めています。

平成27年度から24年間のまちづくりの指針を示した逗子市総合計画では，政策の柱の一つである「新しい地域の姿を示す市民主権のまち」において，地域社会，さらには世界の一員として主体的に行動する市民主権のまちをつくることを謳っています。

そして，その中で，「世界とつながり，平和に貢献するまち」を掲げ，「逗子から世界に向けて，世界の恒久平和や調和ある発展についてメッセージを発し，貢献するまちをめざします」と表明しています。

フェアトレードは，適正な価格で取引することを通じて，開発途上国の農家や小規模生産者，女性など，立場の弱い人々の自立を支援する国際協力であり，それは同時に，人権の尊重に資する平和活動でもあります。

逗子市は，このフェアトレードの理念に共鳴し，市民や事業者とともに，その普及を通じて，世界の平和と発展に貢献するため，フェアトレードタウンをめざすことを，ここに宣言します。

2016年4月15日

逗子市長　平井竜一

推奨するようになりました。逗子市観光協会は、逗子土産として逗子珈琲を販売し、観光イベントでも積極的にフェアトレードを打ち出しています。さらに、名古屋市にならって学校給食にフェアトレードの食材を取り入れてもらい（本書3参照）、食育としてフェアトレードを扱ってくれるよう管理栄養士に働きかけているところです。

加えて二〇一七年は、ふるさと納税の返礼品をタウンの会から出品しています。逗子市がふるさと納税の制度を導入したのはフェアトレードタウン認定と同じ二〇一六年度で、当初から寄附金の使途の一つに「新しい地域の姿を示す市民主権のまちづくりのための事業」という項目があり、その中で「フェアトレードを応援！」を選択できるようになっています。今後はさらに、市内の店舗が返礼品としてフェアトレード産品を出品してくれることを期待しています。

現在の最大の課題は、フェアトレードタウンには認定されたものの、市民の認知度やフェアトレードへの理解がいまだ十分とは言えないことです。二〇一六年度から市との協働事業として「フェアトレード啓発事業」を実施していますが、その中で最も力を入れているのが「フェアトレード・ユース・プログラム（ＦＴＹＰ）」と名づけた、高校生と大学生を対象とする教育プログラムです。神奈川県の中でも高齢化率の高い逗子で、今後のまちづくりの主体となる若者に、フェアトレードの視点から地域活動を行って欲しいという目標のもと、約半年間のアクション・ラーニング・プログラムを実施しています。

参加者の募集は市の広報誌やラジオ、市内各高校への案内配布、知人への口コミなどを通じて行い、初年度は一〇名の応募がありました。うち九名が高校生で、大学生は一名でした。逗子には大学がないことが、若者に市民活動に参加してもらう上で大きなネックとなっていますが、一方で、近年では高校の教科書にフェアトレードが取り上げられていることなどから、高校生の間での認知度が上がっています。二〇一七年度は一八名の参加者のうち、一四名が高校生でした。

ＦＴＹＰでは、フェアトレードへの理解を深めるための講義やワークショップを行うほか、市内外のイベントに参加して出店ボランティアを体験したり、テーマ別のグループごとに自主活動を進めたりしています。一期生は、同年代の若者にフェアトレードをもっと知ってもらいたいとの思いから、ＳＮＳによるアンケートやインタビュー調査などを実施して、一二月の国際文化フォーラムで発表し、市長への提言を行いました。一期生はプログラム修了後も、自主グループ「ＡＳＨＡ」を立ち上げて自分たちの活動を発信しています。

二〇一七年度の市民協働事業でも教育分野に力を入れていて、ＦＴＹＰ第二期のほか、市内の小中学校の教員や市の職員を対象にした研修事業を行っています。また、市内外に広くフェアトレードやフェアトレードタウン運動を知ってもらうためのリーフレットを作成しています。今後も単にフェアトレードという言葉を知っているだけでなく、フェアトレードの意義を理解し、「世界とつながり、平和に貢献するまち」を創るための賛同者、実践者を増やしていきたいと思います。

また、二〇二〇年のオリンピックでは、ヨットなどのマリンスポーツが湘南地域で開催されることが決定しているため、市の国際交流基本計画の検討会が始まります。そのような場に市民として参加することを通して、オリンピックでフェアトレード産品が利用されるよう、可能な限り「フェアトレード調達」の実施を働きかけていきたいと考えています。さらに、そうした機会を利用して、湘南地域や三浦半島、神奈川県など、広域エリアでのフェアトレードタウン運動を展開していきたいです。

5
浜松市

多文化共生の上に咲いた花

浜松市のフェアトレードタウン運動

はままつフェアトレードタウン・ネットワーク理事／静岡文化芸術大学教授　下澤　嶽

浜松市の厳しいフェアトレード事情

浜松市は、二〇〇五年の合併によって人口が六〇万人から八〇万人に増加し、政令指定都市となりました。ホンダ、ヤマハ、スズキなど有名な大手メーカーの数々が生まれ、新幹線がとまる産業の街として知られています。片方で、この地域では多くの野菜、穀物、畜産物が生産され、天竜杉を豊富に抱えた山間部、豊かな水産資源をもたらす浜名湖・遠州灘、といった自然環境にも恵まれた地域です。台風がよく直撃することを除けば、温暖で住みやすい場所と言われています。

二〇一〇年四月、私は二五年近く続けた首都圏での国際協力NGOの仕事に区切りをつけ、浜松市の静岡文化芸術大学に着任しました。担当科目はNPO・NGO論、国際協力論と、これまでの経験を十分活かせるもので、学生たちにどうやって私の経験を伝えられるのか、胸をふくらませていました。

しかし、学生や地域の関係団体と触れ合ううち、浜松市の地域活動の空気と私の首都圏での経験の間にズレを感じるようになりました。例えば寄付の集まりなどは非常に厳しい実態がありました。どうも私の経験は大都市でこそ活用可能なもので、国際協力に関心を持つ人の絶対数が少ない地方都市では必ずしも通用しないのではないかと考えるようになっていったのです。そこで、まずは静岡県内の国際協力ＮＧＯやフェアトレードの実態調査を始めました。二〇一一年のことでした。

ネットや新聞から見つけた県内のＮＧＯやフェアトレード団体にアンケートを送り、その中から活動が活発な団体を訪問して話を聞きました。その結果分かったのは、静岡のＮＧＯの多くは規模が小さく、設立者個人の頑張りで持ちこたえていて、経営不安定な状態にあるということでした。

フェアトレードに関わるショップは、ネット上で推定した数が四九店舗で、うちアンケートに返事があったのは一九店舗でした。フェアトレードの専門店は浜松市の「Ｓｏｕｔｈ Ｗｉｎｄ」、隣の磐田市の「ＰＯＣＯ」、掛川市の「Ｖｉｌｌａｇｅ」、静岡市の「Ｔｅｅｂｏｍ」と、県全体で四店舗だけでした。そのほかは、オーガニック食品の販売店や、カフェ、レストランなどの片隅にフェアトレード産品を数種類置いているだけでした。その上、どの店の経営も非常に不安定そうでした。訪問面談の際に「フェアトレードショップは二年続けばよい方」、「明日にでも辞めたいと思いながら続けてきた」という厳しいコメントもあり、ショップオーナーの必死の頑張りだけで続けている実態を知りました。

「りとるあーす」が生まれる

何かできないかと考えていたところ、公益財団法人の浜松国際交流協会（ＨＩＣＥ、以下ハイスと略称）がフェアトレード運動をはぐくもうとしていることを知りました。二〇〇九年七月には、ここで働く松岡真理恵さんと、浜松市唯一のフェアトレードショップ「Ｓｏｕｔｈ Ｗｉｎｄ」の経営者後藤幸一郎さんたちを中心に、「第一回フェアトレード・フェスタ」が開催されていました。そこで私は、ハイスの松岡さんに「ぜひ学生と一緒に第二回目をやりませんか?」と声をかけました。一〇年の冬のことです。

松岡さんは後藤さんと相談して、関心のある市民とともに「第二回フェアトレード・フェスタ実行委員会」の設立を呼びかけ、高校の先生、会社員、ハイスのボランティアなど五、六名の若者が集まりました。私もハイスで隔週開かれる会議に参加しつつ、学生に声をかけ始めました。反応はよく、すぐに五、六名の学生が集まりました。学生と打ち合わせを続けるうち、グループの名前をつけようということになり、一人の学生が「りとるあーす、はどう?」と提案しました。「小さな地球だからみんなで助けあうという気持ちでがんばりたい」というのが理由で、全会一致で決まりました。

第２回フェアトレード・フェスタ（2011年５月29日）で頑張った最初の学生たち（手前中央が筆者）

そして、第二回フェアトレード・フェスタ開催日の二〇一一年五月二九日を迎えました。当日「りとるあーす」の学生たちは、手工芸品を販売するかたわら、併設したカフェでフェアトレードコーヒー、紅茶、クッキーなどを提供しました。もう片方では、フェアトレード講座、フェアトレードビーズによるストラップ作りなどを催し、大雨の中でしたが、一〇〇名近い方々が足を運んでくれました。複数のメディアにも紹介され、実行委員も手応えを感じるイベントになりました。

しかし、ほどなくしてつらい出来事がありました。第二回フェアトレード・フェスタが何とか終わり、翌年の準備をしていこうという矢先、突然Ｓｏｕｔｈ Ｗｉｎｄの閉店を後藤さんから知らされたのです。後藤さんは「何とか続けたいが、店舗を借りての営業は難しい」と苦しい表情でした。浜松駅から歩いて五分ほどのところにあるＳｏｕｔｈ Ｗｉｎｄは、取り扱う品の九割近くがフェアトレード産品という理想的なフェアトレード専門ショップで、浜松市のフェアトレード運動にとっては灯台のような存在でした。閉店に伴って後藤さんが転職し、フェアトレード・フェスタも自然消滅となってしまいました。

「りとるあーす」の成長と地域の連携

二回目のフェスタを機に生まれた「りとるあーす」のメンバーの中には、活動の継続を希望する学生が少なからずいました。そこで学生たちと話し合い、二〇一一年一一月の大学の学園祭「碧風祭《へきふうさい》」でフェアトレードカフェ、手工芸品体験コーナー、クッキー販売などを試みることにしました。それだけでなく、静岡市在住のネパール人をゲストに招いて「ネパールを知る集い」も開催することにしました。当日は多くの人がカフェやイベントに来てくれました。この企画に参加した一〇人超のメンバーの多くが学園祭後も「りとるあーす」に残りました。大学にもサークル申請をして認められ、学生サークルらしくなっていきました。

二〇一二年四月の新学期には、「りとるあーす」に二〇名近い新入生が加盟しました。学生たちは、私があれこれ言わなくても主体的にどんどん動きだすようなっていきました。私も適宜、おもしろそうな情報を学生たちとシェアしました。五月は、関心のある学生といっしょに東京のフェアトレード団体を見学しに行きました。七月には名古屋の「中部フェアトレード学生ネットワーク328《みつば》」(現在は後出FTSNの中部支部)の会議に学生数名が参加し、九月にはフェアトレード学生ネットワーク(FTSN)のサミット(全国集会)へ四名の学生が参加しました。

また、静岡県立大学にあるフェアトレードサークル「カクタス」とも勉強会を開くなど、ネットワークが広がっていきました。二〇一二年一一月の碧風祭ではカフェを出店。フェアトレードコーヒーとピタパンサンドを販売し、たくさんの人が訪れて、学生たちが発するフェアトレードのメッセージに触れていきました。

「バレンタイン・チョコ」の企画

メンバーも増え、やる気が高まった学生たちが学園祭後に新たに取り組んだのが「バレンタイン・チョコ計画」でした。「バレンタインにはフェアトレードのチョコレートを!」と学内の学生たちに呼びかけ、それを「りとるあーす」が販売するという計画です。

難関は、大学当局から構内での販売許可をとることでした。というのも、私がその一年前に学内でフェアトレード産品を期間限定で販売する許可を大学当局から得ようとしたところ、「学内での販売や収益活動は困る」と断られたからでした。

同じ失敗はしたくありません。私は学生と一緒に大学の理事に直談判することにしました。フェアトレードの意義を学生が熱く訴えかけました。その想いが通じたのか、理事はすぐ関係部署に電話を入れ、販売許可を得ることができました。また、その頃は、児童労働問題に取り組む国際協力ＮＧＯ「ＡＣＥ《エース》」による『バレンタイン一揆』というドキュメンタリー映画ができたばかりでした。日本の女子学生がガーナのカカオ農園を訪問してフェアトレード活動に目覚めるという内容で、国内の地方都市で自主上映するグループを探していました。わずかな費用での上映を許可してもらい、映画上映とフェアトレードチョコの販売という企画ができ上がりました。

学生たちはフェアトレードのチョコを仕入れ、二〇一三年一月下旬に三日間限定で販売しました。上映会には七〇名ほどの学生が参加し、時期的にもよかったのか、少し値の高いチョコレートも完売できました。こうしたバレンタインの企画は、今でも「りとるあーす」の恒例企画として続いています。

フェアトレードマップとオリジナル・クッキーづくり

「りとるあーす」は、先述の磐田市のフェアトレードショップＰＯＣＯとの関係を徐々に深めてい

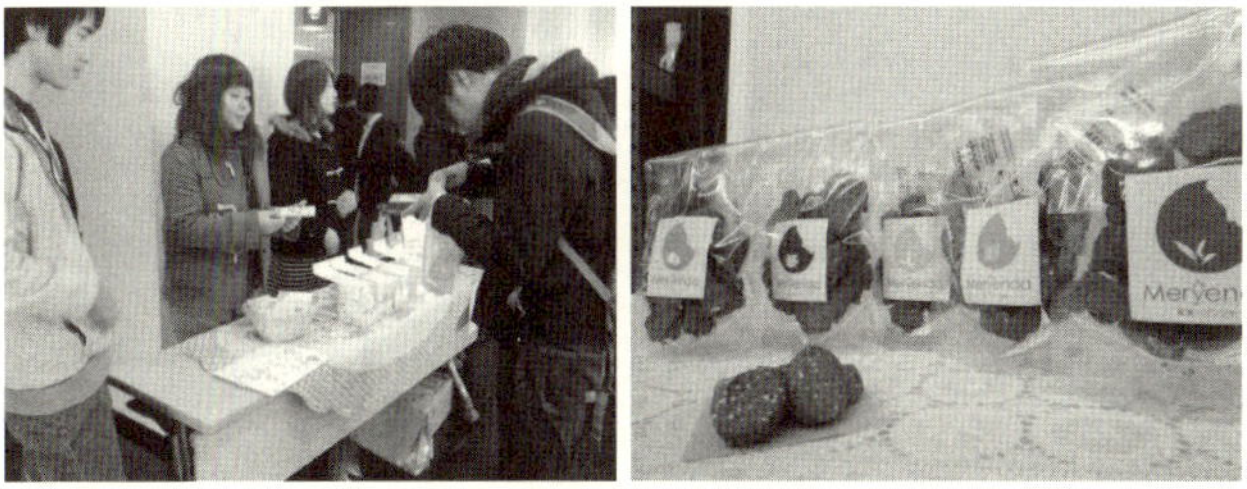

左：バレンタインシーズンにフェアトレードチョコを販売（2013年1月）
右：Meryenda クッキー

きました。フェアトレード専門店が一つでも近くにあると、学生の活動の幅が広がることをしみじみと感じました。ＰＯＣＯの店長の大石真央さんは当時、県内のフェアトレードショップでつくる「フェアトレード・コミュニティ・しずおか」の代表も兼ねていて、この会が企画したオリジナル・フェアトレードクッキーのラベルのデザインとネーミングに協力してくれないかと、お誘いを受けました。

このクッキーは、原材料にフェアトレードの砂糖とオリーブオイルを使用しています。さらに、アレルギーの元になる卵・乳製品を使わず、静岡県産の生姜、国産の洗双糖《せんそうとう》（化学精製をしない砂糖）や菜種《なたね》油など、安心で安全な原材料にこだわったクッキーです。地元の福祉作業所で作っていて、障がいをもつ方たちの仕事作りにもなります。学生が話し合って決めた商品名は「Ｍｅｒｙｅｎｄａ（メリエンダ）」。フィリピン語で「おやつ、軽食」を意味します。学生たちはデザイン学部生とも連携して包装とラベルを案出し、二〇一三年五月五日に静岡市で開催されたイベント「フェアトレードマーケット＠しずおか」でデビュー販売を果たしました。また、それにあわせて、学生たちが静岡県のフェアトレードマップを制作し、配布しました。フェアトレードの材料を使ったオリジナル製品の誕生に関わることができて、学生たちが感動した一瞬でした。このクッキーは今も県内の数軒の店で販売されています。

地域との連携を深める

地域のフェアトレード団体とのつながりを生かして、「りとるあーす」は多様な活動を発展させていきました。フェアトレードショップ見学会、学園祭での販売や企画、バレンタイン・チョコ販売、学習会などは次第に定例化していきました。地域の人たちにも名前が知られるようになり、地域の市民団体や行政からも出店の招待を受けるようになりました。

そうした中、ＰＯＣＯの大石さんが二〇一四年一月に店を閉じて、新しい展開を模索しはじめました。そこへ、浜松市文化振興財団が管理するコミュニティ施設「クリエート浜松」のロビーのカフェ・スペースから業者が撤退するという情報が入りました。詳しく聞いてみると毎日営業しなくてもよく、家賃も営業日に応じて考慮してくれるとのことでした。すぐに大石さんのことを思い出して橋渡しをしたところ、土日のランチの前後だけの営業という無理のない条件でＯＫとなりました。大石さんはこのカフェを「とまり木」と名づけ、内装やメニューなどのデザインをデザイン学部生のメンバーが手伝いました。一五年四月に開店したカフェでは、学生がボランティアで業務をサポートしています。週二日とはいえ、市内にフェアトレードのコーヒーが飲めるカフェが一つ増えました。今でもこのカフェは大石さんの頑張りで続いています。

新たな展開――「タベボラ」の誕生

二〇一五年七月には、学生たちの活動として特筆に値するイベント「食べるボランティア＝タベボラ」が開催されました。料理好きな学生のサークル「ＳＵＡＣキッチン」と「りとるあーす」の合同イベントです。学内の展示会場を使い、地元で採れた材料で作ったサンドイッチとフェアトレードコーヒーをお昼時間に販売するというカフェ企画でした。価格が手頃だったこともありますが、「食べるボランティア」という響きが多くの学生や教職員の心に響いたようで、三日間で三〇〇人近い人が来てくれました。また、デザイン学部生が作成した、フェアトレード理解のための展示物がおしゃれで、非常に評判がよかったです。このタベボラは毎年続いています。

それだけではありません。タベボラを実施した学生有志が「タベボラ」というグループを結成し、浜松駅周辺の活性化を目的とする「浜松まちなかにぎわい協議会」と連携して、駅前バスターミナルの地下に「タベボラカフェ」を出す交渉を始めたのです。学生の熱心な姿とフェアトレードという新しい運動に協議会も共感し、二〇一五年末、バスターミナルの地下通路に週二回（火・日の一七時～二一時）、フェアトレードのコーヒーや軽食を提供するタベボラカフェが登場しました。デザイン学部生がコンクリートパネルをうまく組み合わせて作った屋台風カフェは評判になり、多くのメディアにも紹介されました。一六年三月までの期間限定の企画でしたが、好評につき、現在も学生たちによって続けられています。

左：カフェ「とまり木」を手伝う学生たち
右：タベボラカフェ1号店の様子

二号店も誕生しました。浜松市東区にあるボーリング場の隣にある会社事務所の一角に、社長の応援も受けてタベボラ二号店を二〇一六年一一月にオープンしたのです。こうして、「りとるあーす」だけでなく、「タベボラ」という学生によるフェアトレードカフェも徐々に知られていくようになりました。

市もフェアトレードに関心を寄せる

　二〇一四年には、浜松市のフェアトレード活動を押し上げる一つの大きな動きがありました。同年一〇月、市の呼びかけで「浜松市消費者教育推進地域協議会」が結成されたのです。これは、一二年末に施行された消費者教育推進法を受けたもので、消費のあり方を見直すことで社会・環境に与える負の影響を最小限にし、持続的な社会づくりに貢献することを狙いとしています。先駆的な消費者活動のひとつであるフェアトレードについても市は強い関心を寄せていて、フェアトレードの研究・普及活動を続けていた私にも協議会委員への就任の打診があったのです。

　市はまた、フェアトレードの周知を図ろうと、二〇一四年一二月に大人向けの冊子『選んでみませんか？ フェアトレード』（一二頁）と、児童・生徒向けの冊子『ぼくたち・私たちの消費行動が世界を変える！ フェアトレード』（一二頁）を制作し、広く市民に配布していきました。これらの冊子には「りとるあーす」も紹介されています。浜松市でこつこつと活動を積み重ねてきた私たちにとって、市の積極的な動きはとてもありがたいものでした。これがきっかけとなって、冊子を作った浜松市市民生活課の「くらしのセンター」の方々と、フェアトレード推進に向けた連携・協働について話し合うことが多くなっていきました。こうした動きが、フェアトレードタウン実現に向かう下地の一つになったと思います。

街のラベル産品を調べよう

私はあまり大型流通店に行かない方ですが、それでも大型店でフェアトレードラベル産品を時々見かけるようになりました。そんな折、私のゼミ生が「浜松市のフェアトレード」というテーマで、市内にあるラベル産品を調べる卒業論文に取り組みました。その学生の研究を通して、大型流通店やカフェにフェアトレード産品がかなり出回っていることが分かりました。二〇一四年の秋のことでした。

私もこの研究に触発されて、二〇一五年に市内の大型スーパーや大型カフェ、レストランなどを丁寧に調査してみました。すると、私が想像した以上にラベル産品が出回っていたのです。一五年末の時点で一〇七の店舗にフェアトレード産品が置かれていて、その中でラベルを貼らない産品を扱っている店は四八店舗（しかも、そのうち大手のチェーン店でない店やレストラン、つまり市民運動的なショップやカフェはわずか一三店舗）でした。残る五九店舗はラベル産品を扱う店で、知らない間にフェアトレードラベルのついた大手企業のコーヒー、チョコレート、ワインが飛躍的に増加していたのでした。

私は、調査結果をできるだけ広く、分かりやすく人々に知らせ、市民が気軽にフェアトレード産品を買えるようにしたいと思い、これらの情報をマップの形にして配布することにしました。印刷費用は浜松市が出してくれることになり、約二万枚のマップを配布することができました。

フェアトレードタウンに認定されるには、二品目以上のフェアトレード産品を販売・提供する店が人口一万人につき一店舗以上あることが条件で、人口約八〇万の浜松市なら八〇店舗以上が必要です（基準の詳細は「序」二〇頁参照）。この調査で明らかになった店舗数であれば、フェアトレードタウンの認定を受けるのも夢ではないと考えるようになりました。

イオンモール浜松志都呂との連携

確か二〇一五年二月のことだったと思います。前述の市内のフェアトレードラベル産品の調査を始めようとしている時でした。ラベル産品の開発・販売に早くから取り組んでいたイオンに聞き取りができないかと、イオンモール浜松志都呂《しとろ》に電話したところ、快諾してくれました。当日は東京本社かららわざわざフェアトレード担当者の方が来て、イオンの取り組みの全容と基本的な考え方を聞かせてもらうことができました。フェアトレードラベルがついていなくとも、すべての商品についてフェアトレードの想いを持って臨みたいとのことでした。

その熱い語りに触発されて、「今、浜松市ではフェアトレードの動きが活発になっています。ぜひ私たちと何か一緒にやりませんか？」、「市内のフェアトレードグループのために売り場を少し貸していただいて、浜松のフェアトレード産品を紹介させてもらえないでしょうか？」と訴えかけると、「わかりました。考えてみましょう」と、微笑《ほほえ》みながら答えてくれました。

数か月後、イオンモール浜松志都呂のイベントスペースを無料で二日間貸してくれるという返事がきました。「やった!!」と心の中で思いました。これまでのフェアトレードのイベントは、関心のある人が集って相互交流するスタイルのものが中心でした。しかし、イオンに買い物にくる方の多くはそういった人ではありません。フェアトレード産品にまだ出会ったことのない人がたくさんやってきます。そうした人たちがフェアトレードと出会うことの意義がとても大きいと思ったからです。

「ハロー！　はままつフェアトレードDAY 二〇一六」の開催

私はイオンモールへの出店計画をきっかけに、フェアトレード関係団体や市民のネットワークを作れないだろうかと考えました。そこで浜松国際交流協会（ハイス）に相談したところ、私の提案に賛意を示し、イオンで行うイベントの共催団体になってくれました。さらにスタッフを二人もつけてくれることになりました。

二〇一五年四月、関心のありそうな人たちに声をかけて、ハイスの会議室でフェアトレードイベントの実行委員会を立ち上げました。集まった一〇名くらいのうち、ショップの方はおそらく二、三名で、あとは教員、学生、会社員、団体職員などメンバーは多彩でした。のちに「はままつフェアトレードタウン・ネットワーク」の代表となった株式会社「豆乃木」（フェアトレード&オーガニックコーヒーの卸・販売業）の杉山世子《せいこ》さんもおられました。

実行委員会は当初、「とりあえずイベントを一回成功させよう」という気持ちだったと思います。ですが、会議を重ねるにつれて「何のためにやるのか」、「自分たちの最終目的は何か」、「イベントが終わったらどうするのか」が議論されるようになりました。ある日、私が「日本では熊本市や名古屋市がフェアトレードタウンに認定されています。いつか浜松市もそうなるといいなと思います」と言ったところ、他のメンバーも関心を示し、話が盛り上がりました。そして、当時ちょうどフェアトレードタウンを実現させたばかりの名古屋市から、フェアトレード名古屋ネットワーク代表の原田さとみさん（本書3執筆者）を招いて勉強してみようということになりました。

二〇一五年の暑い八月のある日、原田さんはやってきてくれました。笑顔でこれまでの経験や実績をとめどなくお話しくださりました。元気の出る話ばかりで、みな興奮気味でした。最後に原田さんが、「浜松も絶対できますよ。浜松をフェアトレードタウンにしましょうよ！」と言ってくれました。この時、実行委員の人たちの顔を見て、みんなの気持ちが一つになったように思いました。「フェアトレードタウンを目指すために、このイベントを成功させよう！」と。

二〇一五年一〇月に私たちは会の名称を「はままつフェアトレードタウン・ネットワーク」としま

した。そして、翌二月にイオンで開催する「ハロー！ はままつフェアトレードDAY 二〇一六」を、フェアトレードタウン認定に向けた第一歩とすることに決めました。二月の週末二日間に実施したこのイベントでは、一二のフェアトレード団体が出したブースに多くのお客さん（推定四〇〇～五〇〇人）が立ち寄り、売り上げもそこそこでした。私が制作し浜松市が発行した「はままつフェアトレードマップ」も、この日配布が始まりました。活気に満ちた二日間はあっという間に終わりました。

市議会と市長への働きかけ

イベントが終わると、タウンの認定に必要なことを始めなければなりませんでした。ですが、私は少し悩んでいました。認定基準の一つである「市議会での支持決議と市長による支持表明」を得るにはどうしたらいいか、市議や市長に働きかけたこともなく、分からなかったからです。熊本市（本書1）や名古屋市（本書3）のアプローチを聞くと、それぞれ違いました。また、どちらの市も熱心な市長や市議がいたことが成功につながる大きな要因だったと聞いていました。市議会を説得するのが先か、それとも市長が先か、どういったメリットを伝えれば市議は納得するのか、アプローチするのは保守系が先か革新系が先か、などなど、考えれば考えるほど分からなくなってしまいました。

こうした悩みの相談に乗ってくれたのが、市民生活課「くらしのセンター」のスタッフの方々でした。議会や市長への働きかけを得意としていたわけではないと思いますが、市長の関心領域や各会派の議員の特徴など、ある程度経験的に知っていました。スタッフの方々と市議会アプローチのシミュレーションをしていくうちに、市議会決議や市長による支持表明を得るまでの道のりが固まっていきました。

浜松市には四六人の市議がいました。そのうち、まずは議員数が一九人と一番多い保守主流派の中でも、経験値のある女性議員に相談する。その議員に党内部の感触を探ってもらい、感触が良ければ保守主流派を対象に勉強会を行う。その次は、九人の議員を抱える革新主流派に持ちかけ、理解が得られれば勉強会を実施する。それで市議の六割がカバーできます。残りの会派や無所属の議員には、超党派の女性議員の集まりなどで徐々に知らせていく。市長には市議会内の賛同がほぼ固まったところで相談に行き、理解と協力を打診する。そういう案でした。今考えてみれば、すっきりした正攻法だったと思います。有効だったのは、**調整能力の高い女性議員から始めていくこと**でした。

こうして二〇一六年九月にS議員にアプローチを始めました。議員になって初年度という方でしたが、年齢や社会経験からいって調整能力を十分お持ちだと、「くらしのセンター」のスタッフが太鼓判を押してくれました。私たちはS議員と逐一相談しながら、一つひとつ課題をつぶすように、フェアトレードタウンの必要性や意義を他の市議に伝えていきました。

市議からは「フェアトレードはどこかうさんくさい」とか、「途上国になぜ浜松市が関わる必要があるのか?」といった懐疑的な意見が出て調整は難航するだろう、おそらく二、三年はかかるだろう、と思っていました。ところがS議員から、「内部で了解が取れました。来週勉強会できますか?」、「他の会派からもOKが出ています。今度いつ来れますか?」といった連絡が次々と来るのに驚きを隠せませんでした。会派ごとの勉強会でフェアトレードタウンの話をした時も、議員の多くは肯定的で、懐疑的な意見はほとんど出ませんでした。

一一月になると、S議員と浜松市のスタッフが「そろそろ市長のところに行きましょう」と電話してきました。トントン拍子にことが進むので内心私はあわてましたが、一二月に市長に挨拶に行きました。そして、フェアトレードタウンになることの意義を伝えると、市長も前向きに検討したいと言ってくださり、ほっとしました。たった三か月で一通りの働きかけを終えるという予想もしなかった展開に、「申請書を早く用意しないと」、「店舗数は本当に十分だろうか?」など、次のことを心配するようになりました。

その後も調整は順調に進み、市議会では翌二〇一七年六月一四日に、全会派連名で提案された「フェアトレードの理念に関する決議」が満場一致で議決されました。これを受けて、六月二八日の定例記者会見で浜松市長が「フェアトレード浜松宣言」を謳いあげ、支持を表明したことで、最難関の基準を突破しました。市長の宣言があった日、はままつフェアトレードタウン・ネットワークのメンバーは、イメージカラーのピンクの服を来て、フェアトレードコーヒーで乾杯し、達成を祝いました。

すべての基準を満たしたことで、私たちは二〇一七年七月に日本フェアトレード・フォーラムに認定の申請を行いました。同フォーラムの認定委員会が九月に現地調査を行って基準を満たしたと認定し、理事会が認定を承認したことで、一一月に浜松市は日本で四番目のフェアトレードタウンとなりました。

市長のフェアトレード宣言後，ピンクの服を着てバンザーイ！

なぜうまくいったのか

私も信じられないのが、なぜ市議会と市長の支持がうまく得られたのかです。フェアトレードタウン運動関係者からも毎回驚かれます。運もよかったと思いますが、以下の二点が重要だったと思っています。

一つは、市の担当部署である市民生活課「くらしのセンター」のスタッフが精力的、効果的に動いてくれたことです。議員や市長との調整や説明に毎回立ち会ってくれたことが非常に大きかったと思います。そのおかげで、議員や市長も安心感をもって私たちの提言を聞いてくれたと思っています。

もう一つは、途上国問題への関心・理解の高さで、「何で浜松市と途上国とが関係あるのか」、「地元の産業も大変なのに」といった「地域優先」的な発言が比較的少なかったことです。市内の大型流通店やスーパーでフェアトレードラベル産品が販売されていることも後押しになったかもしれませんが、浜松市は外国人労働者が多く、**先駆的に多文化共生の政策を進めてきた**せいか、多くの議員が「**地域社会も途上国との適正な関係が大切**」といった認識が浸透していたのだと感じました。

日本初のフェアトレード大学を目指す

フェアトレードタウンのことを調べはじめてすぐ、**フェアトレード大学**というものもあることを知りました。二〇〇三年にイギリスで始まり、同国にはすでに一七〇以上のフェアトレード大学が存在するそうです。日本でも一四年に独自の認定基準ができたものの、実際に申請した大学はまだないということでした。

認定基準を確認すると、私の勤める大学にとって一つ難しそうな条件がありました。「学内でのフェアトレード産品の日常的な販売」です（基準の詳細は「序」二〇頁参照）。静岡文化芸術大学は食堂と売店の運営を民間会社に任せていて、利益になりにくいフェアトレード産品を扱うよう求めるのは難しいと思えました。他大学の売店でフェアトレード産品を扱っているケースは、私の知る限りどこも大学生活協同組合（生協）でした。

そこへ、私の大学で生協を設立するという情報が飛び込んできました。委託先の民間会社が、利益率が悪いということで早期撤退を申し出、代わりに生協を設立することを大学内部で検討しはじめたのです。こうして二〇一五年一二月に生協が設立され、翌年四月から業務を開始しました。

生協の初代理事長に選出された私は、「りとるあーす」の共同代表三名に「自分たちの大学をフェアトレード大学にしないか」と相談しました。意を得た彼らは着々と準備してくれました。そして、生協の学生理事たちのアイデアで、学生たちが研究活動で開発した産品をアピールできるフリーコーナーが設けられることになりました。「りとるあーす」の学生たちは、さっそく七月にフェアトレードコーナーを作りました。産品は地元のフェアトレードショップから卸してもらえるよう、学生が交渉しました。その後、生協ではフェアトレード産品がいつも棚に並ぶようになり、現在も続いています。

同時に、学生たちは大学当局が使用するコーヒーや紅茶をフェアトレードに替えるよう要請し、それも実現しました。こうして実績が少しずつ生まれてきたので、私は大学執行部の一人に「日本初のフェアトレード大学を目指す」ために、申請の準備をしたいと相談しました。水面下の調整が進み、大学の正式な活動として位置づけてもらい、本格的な準備に入りました。ただ、申請にあたっての最大の難関はフェアトレード憲章の策定でした。

フェアトレード大学の憲章作り

日本のフェアトレード大学認定基準は、フェアトレード大学憲章を策定し、理事長ないし学長が同憲章へのコミットを公に表明することを求めています。

憲章の策定を教員だけでなく、学生、職員と一緒に行うために、学友会、生協、フェアトレードサークルの学生四名、教員二名、職員一名の合計七名で構成する「フェアトレード推進準備会」を二〇一七年四月に結成しました。実際の憲章作りは、「りとるあーす」と「タベボラ」の学生代表二名が草案を作成し、最後は学長と学生二名（私は見守り役）で文章の推敲を重ねました。憲章の最終ドラフトを大学の意思決定機関である大学運営会議に諮ると、「開発途上国という表現は対等な表現ではない」、「地産地消などの文言を入れるべきではないか」など、いくつも指摘がありました。推敲の最終作業と決定は学長に委ねられることになりましたが、学長は、この推敲作業に学生二名と私も招いてくれ、私たちの意見を聞きながら、一行一行、憲章文を確定してくれました。

学長による憲章へのコミットの公式表明は二〇一七年七月一三日に行われました。まず、憲章の策定に関わった学生二名と学長が講義室の檀上でその経緯と内容を説明し、会場にいた学生や職員から質問や感想が寄せられました。最後に学長は、「静岡文化芸術大学フェアトレード憲章の発表に寄せて」を読み上げ、フェアトレード運動の重要性を訴えるとともに、フェアトレード憲章の制定は「二〇〇〇年開学以来の、**ユニヴァーサルデザインや多文化共生を軸とする地域文化振興活動の積み重ね**の上にある」と強調しました。

こうして認定基準をすべて満たしたことから、私たちは二〇一七年九月に日本フェアトレード・フォーラムに認定の申請を行いました。そして、同フォーラムの現地調査と審査を経て、二〇一八年二月に晴れて**日本初のフェアトレード大学**に認定されたのです。

新たなスタートライン

フェアトレードタウン、フェアトレード大学の認定に向けた作業はもっと長い時間と忍耐が必要と覚悟していましたが、いくつかのチャンスが重なり、短期間に基準を満たすことができました。また、さほど懐疑的な反応や妨害に遭うこともなく合意を得られたことに、時代の変化を感じました。

確かに、いくつかの偶然と運があったのかもしれませんが、二つの認定にまでたどりつけたのは、**学生の活発な活動が長きにわたってあったこと**が一番大きな理由だったと思います。

運動の中で、「フェアトレードタウンになると何かいいことがありますか?」と多くの方から聞かれ

静岡文化芸術大学フェアトレード憲章

多文化共生を謳う浜松市では，外国にルーツを持つたくさんの人々が暮らし，共生のための取組みがなされている。しかし他方で，世界で深刻化している貧困や格差の問題を私たちが痛切に感じつづけることは容易ではない。

フェアトレードとは，いわゆる開発途上国の農家や手工業者など，立場の弱い小規模生産者の自立と生活改善のため，公正な価格で取引きを行なう取組みである。日常の買い物を通してその取組みに参加できることから，近年「身近な国際協力」として，私たちの大学はもとより，浜松市でも多くの取組みが見られるようになった。また，フェアトレードの理念は，地産地消や障がい者があつかう商品購入の取組みとも通じるものである。

私たちがフェアトレードの理念に深く共感し，全ての人々の平等を訴えつづけることは，私たち自身の未来を育むことでもある。しかしまだ，フェアトレードの認知度は低い。そのうえ，フェアトレード商品は値段が高く手を伸ばしにくいと感じる人も多い。私たちは，フェアトレードがより広く理解され，「あたりまえ」になる社会を目指し，学内で，また地域社会で一層の活動を続ける。

私たちは，フェアトレードの理念を推進する。そして，フェアトレードの理念が根付くことを願う。

2017 年 6 月 15 日

日本初のフェアトレード大学誕生！

ました。私は、こう答えることにしています。「フェアトレード活動が一部の熱狂的な人たちのものではなく、広く社会にとって必要なものだと認知されることです。まずは人々のフェアトレードに対する疑問や不安が取り除かれると思ってください。フェアトレードタウンになることで、フェアトレードに関わる市民グループが積極的に語りかけ、仲間を増やしていく。そういうスタートラインに立つということです」と。

そうなのです。市民によるフェアトレード活動は、まだ八〇万人の人々の心に沁み込むほど、大きく成長しているわけではありません。今回の認定が一つの新しいスタートだと思っています。

一つの希望と二つの課題

フェアトレードタウン、フェアトレード大学の両方の認定を得た今、一つの希望と二つの課題を感じています。

一つの希望とは、フェアトレード活動に対する**若い人たちの関心が高い**ことです。

最近は、フェアトレードが教科書などで紹介されているせいもあると思いますが、これまでの過剰消費、過剰廃棄の生活に疑問をもつ若者が、日々の消費スタイルを見直して、何かを変えていくことに敏感になっています。そういった意味で、この活動は若い世代にこれからも広がっていく可能性を持っています。これらの運動が、自分の消費行動だけでなく、それらを提供する小売店、生産する企業、そして地球社会全体を変える可能性を秘めています。

それとは逆に、今感じている課題の一つ目は、**フェアトレードラベル**のことです。ラベルは消費者に判断材料を提示しますが、生産者からのメッセージを十分伝えていないという課題があります。イギリスのコンビニや大型スーパーにはラベル産品がズラリと並んでいますが、どういった理由で、誰が、どう生産したのかは、まったく分かりません。店員の人もどれがフェアトレード産品なのか知らないことが多いのです。日本の大型店でも同じことが言えます。

逆にフェアトレードの専門店に行くと、ポスターやチラシがたくさん置いてあったり、生産者の写真が添えられていたりと、生産地とのつながりを感じるものがたくさんあります。店員の方からフェアトレードについて深く知ることができ、生産者とつながった場という実感をしっかり持てます。

どちらがいい悪いということではなく、ラベル産品を扱う店は、産品の背景にある事実を消費者に伝える「メッセージ力」が求められていると思います。フェアトレードについて店員の知識を深め、産品紹介のポップを掲げるなど、これからもっとメッセージを伝えていってほしいと思います。

一方で、市民によるフェアトレード運動や専門店は、これまでどおり生産者からのメッセージを伝え続け、片方で安定した経営基盤を生み出していく努力が求められていると思います。生まれては消えていく数々のフェアトレードショップとそのオーナーの顔が今も浮かびます。利益の追求が目的ではないとしても、生涯続けていけるビジネスとしての成長が望まれます。

課題の二つ目は、**地産地消とフェアトレードの関係づくり**です。フェアトレードは途上国の生産者とつながり、その関係を公正にしていく活動です。でも地域にあふれる商品の中で、フェアトレード産品の占める割合はわずかです。日々の消費の中で、「社会的」「環境的」に公正なものであるかを見抜くための情報や学びが求められています。「消費が変われば生産も変わる」というフェアトレードの理念に基づいて、地元生産者の方々とも密な関係を築き、地域内の生産や流通をゆっくり公正なものに変えていくことはできないでしょうか。どこの地方でも、グローバル経済の影響で地域経済はいろいろな意味で疲弊しています。特に第一次産業の衰退には深刻なものがあります。私は、人間が生活する上で大切な「食料」の地産地消が重要な課題で、それはフェアトレードとも相性がいいと思っています。安心で安全な食べものを自分の住む地域から手に入れることは、自然で持続的なライフスタイルだと思います。フェアトレードの生産者を励ましてきたように、地域で良心的な（エシカルな）食料、食品をつくっている人たちを励ましていく運動が必要ではないでしょうか。

消費と生産の好循環の街 浜松に

グローバルな社会変化は、私たちの暮らしに一定の豊かさをもたらしました。熱帯地域でしか生産できないコーヒーやバナナなどがどこでも気軽に買えたり、多少の余裕があれば海外旅行に行ったりできるのは、その恩恵の一つだと思います。しかし、その中心には「安いことが一番大事」といった、市場原理にすべてをまかせる仕組みがあります。地域で木材や食料が豊富に採れるのに、わざわざ海外から輸入するのは、そういった市場原理があるからです。そういう社会では、お金を持っている人は多くの選択肢や多様なチャンスが得られる一方で、貧しく選択肢の少ない人たちが犠牲になる状況が生まれます。

地球環境に与える負荷も問題です。利益を追求するあまり、同じ作物を大量に作るための農薬や、運搬時間が長くても品質を落とさず、新鮮に見せるための添加物や薬品が使われるようになり、食の安心・安全も空気・土壌・水質も脅かされています。

また、生産現場の海外移転で地域の雇用は徐々に減少し、貯蓄の多くも大都市に集中して、地域は疲弊していると言われます。山林は手入れもされず放置されたまま荒廃し、浜松市でも深刻な課題になっています。グローバルな市場経済は、豊かさを生み出しながら、同時に私たちの地域社会から自律的な力をゆっくりと奪い、大きな経済構造が生み出す商品しか選べない、巨大経済依存型の社会へと変えているように思います。

地域でできるものは地域で作り、地域の中で消費しよう。地域で作れないものは別の地域から手に入れよう。ただしその場合は公正な産品を選ぼう。そうしたことが地域の産業、特に農業や食品産業を活性化させるとともに、地球の裏側の生産者にも優しい社会がつくられる一歩となるのではないでしょうか。**消費と生産の好循環**が他の生産地域の**自律性**を回復し、ゆくゆくは自分の住む地域社会の**自律性**も取り戻すことに結果的につながるのだと思います。そして、こうした消費者の倫理的な消費意識を強くする最大のカギは、生産者のことをよく知り、生産者と交流することにあると思います。生産者を同じ人として尊重することこそ、倫理的消費の最大の原理だと思います。消費と生産の好循環が日々生まれる街、浜松がそういった街になるといいなと思います。

6
札幌市

フェアトレードタウン札幌を目指して

フェアトレード北海道　代表　萱野智篤

運動の始まり：二〇〇八年六月大通公園にて

札幌のフェアトレードタウンを目指す運動の始まりは、二〇〇八年六月の「フェアトレードフェスタinさっぽろ（略称フェアフェス）」でした。ゲストとして、東京のフェアトレード団体「ぐらするーつ」の鈴木隆二さんと国際協力NGO「シャプラニール＝市民による海外協力の会」の小松豊明さんをゲストに迎え、フェアフェス実行委員長の千徳《せんとく》あす香さんを交えて、札幌でフェアトレードをさらに広げ、より多くの人たちにとって身近なものにするにはどうしたらよいかを話しあいました。

その中で、フェアトレードタウンという取り組みがあって、世界にはすでに相当数のフェアトレードタウンがあり、日本でもそれに取り組んでいる町があることが紹介されました。その話に触発されて、「札幌もフェアトレードタウンを目指そう」という運動がステージ上で芽を吹いたのです。前年に続いて市内の大通公園でのフェアフェスを成功させた私たちは、フェアトレードの普及活動を、年一回の「お祭り」で終わらせずに継続して取り組もうと、具体的な目標を探していたのです。

2008年6月，札幌市大通公園内で開催されたフェアトレードフェスタの様子

北海道のフェアトレード：フェアフェスの歩み

北海道でのフェアトレードの歴史を辿ると、一九八〇年代末に、砂糖危機で窮乏したフィリピン・ネグロス島の農民との連帯貿易を始めた「日本ネグロス・キャンペーン委員会北海道」の活動がありました。さらに九一年、札幌市白石区に環境友好雑貨屋「これからや」が開店しました。北海道で初めてフェアトレード産品を常時取り扱い、フェアトレードの意義を広く一般消費者に伝える店が誕生したのです。この年にはまた、現在岩見沢市と札幌市に店を持つ「マヤコーヒー」が、グアテマラの先住民族のコーヒー生産者と連携する活動を始めました。一九九一年という年は、日本の主だったフェアトレード団体が活動を始めてまだ間もない頃で、両店は全国的に見ても草分け的存在と言えるでしょう。

それ以来、「これからや」とそこに集まる人々、そしてフェアトレードの理念と原則に共鳴する人々の輪が少しずつ広がって、二〇〇三年から「さっぽろフェアトレードフェスタ」を始めました。現在の「フェアトレードフェスタinさっぽろ」の前身です。〇六年までは、廃校となった学校の校舎やイベントホールなどを借りて、屋内で一日のみの開催でした。この間に、「これからや」に続いて、フェアトレードを看板に掲げる「みんたる」や「アースカバー」といったフェアトレードショップが市内に開店し、ショップを通じてフェアトレードと触れあう人々がさらに増えていきました。〇七年には、東チモールのコーヒー生産者と連携した「ほっかいどうピーストレード」が発足しました。これらフェアトレードのイベントとショップ、団体を通じて作られた人々の結びつきが、〇七年、大通公園でのフェアフェスの野外開催を可能にしたのです。

それは一見すると不思議な光景でした。日中の九時から五時までは医療、教育、福祉といった様々な職場で働く人々が、仕事を終えると実行委員会に駆けつけてきました。国際協力、子育て、演劇をはじめとする多種多様な分野で活動するＮＰＯ・ＮＧＯの人々もいました。また、この頃、札幌市やその周辺の複数の大学でも、フェアトレードに関心を持つ学生たちが、それぞれのキャンパスでフェアトレードの普及に取り組み始めていました。フェアトレードという共通項がなければ出会うことがなかったであろう、年齢も、職業も、背景も異なる人々が、フェアトレードを通じて出会い、新しい絆を築き始めたのです。フェアフェスは、その開始当初から、そして今もなお、多様な市民が集う、参加型のフェアトレードのお祭りなのです。

これらの人々を結びつけていたもの。それは、大通公園を札幌、そして北海道のフェアトレードをアピールする檜舞台として、フェアトレードの輪を広げたいという想いです。そして、モノを通じてヒトとヒトの間に生み出される、不公正で時に非人間的な関係を、多くの人たちが力をあわせて、そのモノの取引の仕方を変えたり、顔の見える関係を作り出したりすることで、少しでも人間的な関係に近づけてゆきたいという共通の想いでした。

フェアフェスの準備は、寒さが緩み、雪解けが進んで、長かった冬の終わりを感じる三月ごろから

上：フェアフェス 2009 で行われた「語り部ワークショップ」
下：同 2017 で行われた「フェアトレード紙芝居」

始まります、そして、梅、桜、つつじ、クロッカス、水仙、チューリップといった様々な花が一斉に開花する五月、本州よりも遅い春の訪れとともに、準備は最後の追い込みに入ります。梅雨のない北の大地に太陽が照りつけ、突然気温が三〇度近くにまで上がる初夏の六月末、待ちに待ったフェアフェスの本番です。が、ようやく終えた祭りの余韻を味わう間もなく、残務整理と反省を七月に済ませると、フェアフェスに関わった人々は、それぞれの日常に戻っていきます。このように、フェアフェスを除けば、フェアトレードに関わる活動は各団体が個別に行う活動に限られ、先を見据えて札幌や北海道のフェアトレードを育ててゆく母体がありませんでした。

フェアトレード北海道の立ち上げ

二〇〇八年のフェアフェスで「フェアトレードタウンを目指そう」という目標を立てた私たちは、まず、フェアトレードタウンとは一体どのような仕組みで、どのような意義をもつものなのかを学ぶため、勉強会を始めました。この年の一一月には、拓殖大学の長坂寿久《としひさ》先生を招いた講演会を開催しました。講演会には市議も一名参加し、道議一名からもメッセージが寄せられました。翌〇九年のフエアフェスには、長坂先生、フェアトレードタウン運動を〇三年から始めていた熊本市の明石祥子さん（本書1執筆者）、東京の「ウィメンズショップ・パッチワーク」の長谷川輝美さん、神戸の「アジア女性プロジェクト（AWEP）」の森木和実さん、フェアトレード学生ネットワーク（FTSN）九州の沼倉有紗さんもゲストにお呼びしました。テントの中での語り場や炎天下のステージでフェアトレードが熱く語られ、多くの市民にフェアトレードの意義とフェアトレードタウン運動について伝えることができました。九月にはフェアトレードラベル・ジャパンの中島佳織さんにお願いして勉強会を開き、フェアトレードタウン運動についての意見交換ができました。

そしてこの二〇〇九年一〇月、フェアトレードを広める活動をフェアフェスに限らず継続的に進め、札幌をフェアトレードタウンにすることを具体的な目標に掲げた「フェアトレード北海道」を、ようやく発足させることができました。そこに集まったのは、それまでフェアフェスの企画・運営に関わった人、あるいは、フェアフェスや勉強会・講演会等のイベントを通じてフェアトレードに興味と関心を持った人など様々でした。

運動の広がり（6基準に照らして）

■基準1　推進組織の設立と支持層の拡大――「フェアトレードタウンさっぽろ戦略会議」の発足

フェアトレード北海道は、二〇〇九年の発足後、規約の制定等を進めました、現在はさらに組織としての基盤を拡大・充実するために会員制度を取り入れ、会費を集めて財政基盤を固めることを目指しています。フェアフェスが市民参加型のイベントとして定着しつつあるように、フェアトレード北海道も、フェアトレードの精神に共鳴する様々な市民・団体が幅広く参加できる組織として地域に定着し、道内の生産者と直結した有機無農薬野菜の普及に関わる団体や、障がい者福祉に関わる団体、フリースクール、労働組合などともネットワークしながら、フェアトレードを一層広め、フェアトレードタウンを実現することを目指しています。

フェアトレード北海道は、国連で採択された持続可能な開発目標（ＳＤＧｓ）の実現にフェアトレードが貢献できることから、二〇一七年八月、ＲＣＥ道央圏（国連大学に認定された「持続可能な地球」を目指す地域拠点）の構成メンバーとなりました。さらに九月には、道や市の行政関係者や、環境保全、消費者教育に関わる組織、フェアトレードに力を入れる企業関係者など、より幅の広いマルチステークホルダーを包摂して発足した新団体「**フェアトレードタウンさっぽろ戦略会議**」のメンバーとなったことで、フェアトレードタウン実現へのさらに強力な基盤と支持層を得ました。

■基準２　運動の展開と市民の啓発——フェアフェスの開催

札幌のフェアトレード運動の一大イベントで、最も多くの市民が参加するのが、すでにご紹介したフェアフェス＝「フェアトレードフェスタ in さっぽろ」です。二〇〇七年から大通公園で六月下旬の土曜・日曜の二日間開催していて、約一万人の来場者があります。出展者は、フェアトレードショップやフェアトレードに関わる学生団体だけでなく、有機無農薬の野菜を売る店舗や、フェアトレードの素材を使った食事を提供するレストランやカフェ、不登校の子どもたちを支援するフリースクールや障がい者支援団体、世界の児童労働禁止を訴える労働組合、そして先住民族アイヌの団体など、多様な団体が参加しています。大通公園の会場はこの二日間、こうした団体の出展ブースや飲食ブース、そしてワークショップやステージでのパフォーマンスで大いに賑わいます。

フェアフェスは、毎年札幌市や北海道から後援を得ていて、札幌市長からも毎回応援のメッセージが寄せられています。また、フェアフェス以外の様々なフェアトレード関連のイベントにも札幌市の後援をいただくことが多く、これらの機会を通じて、行政の中でもフェアトレードが徐々に認知されてきていると思います。

フェアフェスの会場には、全国各地で途上国の生産者と直接連携してフェアトレードを行っている団体の産品や活動を紹介する独立したブースを設けていて、ここが全国に広がる草の根レベルのフェアトレードを紹介する場となっています。これら全国各地の団体とのネットワークは、これからも大切にしてゆきたいと思っています。

札幌のフェアフェスは、大通公園が会場となって以来、道外からの多くの助っ人によって支えられています。最初から手弁当で駆けつけてくれたぐらするーつの鈴木さん、シャプラニールの小松さんのほか、スマトラ島沖地震の津波被災者たちの民芸品づくりを応援する「ツナミクラフト」(東京)の東山高志さんや、ネパールの生産者を支援する「ヒマラヤンマテリアル」(埼玉)の遠藤昭一さんは、「常連」として参加・協力いただいています。このようにフェアフェスは、全国からフェアトレード活動をする人が集まり、交流を深める場にもなっています。

二〇一一年のフェアフェスでは、フェアトレードタウン・ジャパン（日本フェアトレードフォーラムの前身）の協力を得て、本書の編者でもある渡辺龍也先生、熊本の明石さん、「名古屋をフェアトレード・タウンにしよう会」の土井ゆきこさん（本書2執筆者）に登壇していただき、「札幌をフェアトレードタウンにしよう！」と題したシンポジウムを行うことができました。

フェアフェスに集まる出展団体のフェアトレード産品に魅せられて、自分の店でも扱うようになった例があります。また一般の方で、フェアフェスを通じて初めてフェアトレードを知り、産品に触れ、その意義を知るようになった人も毎年数多くいます。こうした点から見ても、フェアフェスが市民や行政の啓発に果たしている役割には極めて大きなものがあると言えます。

二〇一五年からは、大通公園を含めた市内の主な公園施設を管理する公益財団法人札幌市公園緑化協会が、フェアトレード北海道とともにフェアフェスを共催しています。同年七月には、札幌市消費者センターと協力して、フェアトレードパネル展を二週間にわたって市のコミュニティ施設で開催しました。そこに置かれた感想ノートには、こんな一文がありました。「フェアトレードの商品ってパートの自分には少し高い、でも自分だけが豊かになるのではなく生産者にも豊かさが届くよう、街でみかけたら買ってみよう、おこづかいためて…と思いました。企画してくれてありがとうございます。」

二〇一六年の世界フェアトレード・デーには、発足間もない市民団体「さっぽろ市民シネマ」と協力して、ファストファッションの実態を暴いた前年公開の映画『ザ・トゥルー・コスト』の上映会を催し、三〇〇名を超える人が集まりました。このイベントでは、思い出の詰まった服をすてきな服へとリメイクする市内在住のアーティスト、ハニーミカさんや、道内で生産された亜麻の繊維から手織りで布を作っている工房亜麻音《あまね》さん、長沼町で綿花の有機栽培に取り組むナガヌマｋｉｎｇｙｏさんたちが参加して、とても楽しいイベントになりました。

■フリーペーパー『ザ・フェアビジョン』の発刊

広報にも力を入れています。フェアフェスは開催のたびに新聞・ＴＶ・ラジオ等のマスメディアに取り上げられています。また、ブログ、ツイッター、フェイスブックなど、インターネットメディア全盛の時代ですが、手にとって読め、形として後に残る紙媒体の情報発信力は、依然として大きいと思います。

そこで私たちは、まだフェアトレードに接する機会を持たない人たちがフェアトレードを知って関心を深めるきっかけとなることを願って、フリーペーパー『ザ・フェアビジョン』を二〇〇九年一一月に創刊しました。以来ほぼ毎月、札幌・北海道のフェアトレード情報を満載して印刷・発行しています。Ａ４判八ページで、発行部数は一五〇〇部。一四の団体・店舗が毎号広告を掲載する形で「サポーター」として発行を支援してくれています。配布には、札幌市内に六一か所、その他道内に一一か所、協力してくれるお店・団体があります。それはフェアトレードに関わるお店や団体だけでなく、国際協力機構（ＪＩＣＡ）札幌や、レストラン、カフェ、美容院、鍼灸院、画廊、寺院など様々です。

『ザ・フェアビジョン』表紙

また、ぐらする一つさんには、自社のニュースレターと一緒に全国の取引先に配布していただいています。

記事の内容は、サポーターのお店・団体の月々のイベント情報や地図のほか、イベントの報告、エッセイなど盛りだくさんです。取材・編集から印刷・発送まで自分たちで行う、まさに手作りのフリーペーパーです。二〇一四年には、フェアトレード北海道から『ザ・フェアビジョン』編集局が独立し、フェアトレードに限らずフェアな社会づくりに関わる人々やその活動を紹介する、多彩な記事が掲載されるようになりました。

■基準3　地域社会への浸透――地元の企業、団体、大学への広がり

前述した『ザ・フェアビジョン』のサポーター団体・店舗は、札幌にフェアトレードを浸透させる上での中核的な存在です。また、配布に協力してくれている店舗・団体は、札幌市のみならず、全道にフェアトレードが浸透してゆく水脈となっています。

当初一〇団体からスタートしたサポーターは今一四団体、また当初は二〇か所あまりにすぎなかった配布場所も現在は七〇を超えました。この間、フェアトレードの水脈を着実に広げ伸ばしてゆく上で、『ザ・フェアビジョン』が果たした役割には非常に大きなものがあると思います。地元の商店や企

業だけでなく、多様な市民団体、大学などの研究教育機関を含め、フリーペーパーの配布を通じて市民にフェアトレードを普及するための強力なネットワークができつつあります。この広範な水脈を通じて、フェアトレードに関わるイベント情報が市民に届き、その中からイベントに参加したり、イベントの実行委員となって活動する人たちが出てきていることは、とてもうれしく、また心強いことです。特に学生をはじめ、地域社会の将来を担うことになる若者たちの意識にフェアトレードが浸透し、定着してゆく意義は大きいと思います。

■基準4 地域活性化への貢献――地産地消との融合

「私には夢がある」は、かつてアメリカ合衆国で公民権運動を推進したキング牧師の言葉ですが、それにあやかって言えば、「私たちには夢がある――北海道産の原料とフェアトレードのカカオ豆を使って、北海道産のフェアトレードチョコレートを作るという夢が」。つまり、**地産地消とフェアトレードの融合**という夢です。

この夢が最初に語られたのは、二〇〇九年九月、ＦＬＪの中島さんを招いての勉強会終了後の懇親会の席でした。日本で流通しているフェアトレードチョコレートのほとんどが、ヨーロッパで製造された輸入ものです。しかし、北海道には品質の良い乳製品があります。フェアトレードのカカオ豆を輸入し、北海道産の牛乳と組みあわせて、オリジナルのフェアトレードチョコレートを作ることはできないか？　自前でカカオ豆を輸入するのに必要なコストは？　製造方法は？……等々、様々な意見が飛び交う中で、一人「僕は自分で作ってみようと思います」と静かに語った人がいました。輸入業務にも精通する市内のチョコレート工房「カカオラボ・ホッカイドウ」の鈴木ヤスオさんでした。

それから一年経った秋、鈴木さんは自分で輸入したフェアトレードのカカオ豆と、北海道産の粉ミルクを使って作ったミルクチョコレートの試作品を持って来ました。試食してみると、ふくよかなカカオの香りと、北海道産ミルクのまろやかさが見事に融合した、新しいチョコレートの味わいでした。

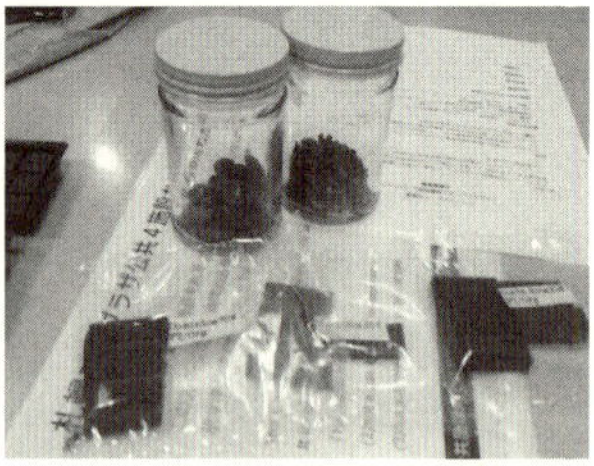
鈴木さんのチョコ試作品第１号

バレンタインデー目前の二〇一一年二月初め、私たちは鈴木さんを講師として、「カカオ豆から手作りするフェアトレードチョコレート」というワークショップを開催しました。長時間にわたるワークショップにもかかわらず、小学生から大学生、社会人まで、定員いっぱいの二四名が参加しました。参加者たちは、こちらで用意したラジオペンチ、乳鉢・乳棒などを使って、四時間近くにわたって初めて原料のカカオ豆からのチョコレート作りを体験しました。ミニ講座では、フェアトレードの意義、特にカカオ豆のフェアトレードが世界の児童労働撲滅に寄与する意義があることを学びました。参加者全員には、鈴木さん手作りの道産フェアトレードチョコレートがお土産として贈られました。参加者の中には『北海道新聞』小学生新聞の記者がいて、彼ら小学生たちの取材によってこのワークショップは広く報道されました。

鈴木ヤスオさんは東京経済大学の卒業生で、フェアフェスで鈴木さんに出会った同大学の渡辺龍也先生（本書の編者）のゼミは、「まちチョコ」活動（チョコを通して大学の地元にフェアトレードを普及する活動）に鈴木さんのフェアトレード×地産地消のチョコを採用しました。これもフェアトレードが取り持つ縁と言えるでしょう。

■基準5　地域の店（商業施設）によるフェアトレード産品の幅広い提供

日本のフェアトレードタウン認定基準ができる前の二〇〇八年一〇月、私たちはフェアトレード産品を取り扱っている店の調査を行いました。その時点では、札幌市内に五二店舗、札幌市を除く道内に三七店舗ありました。また、生産者と独自のつながりを持ってフェアトレード産品を取り扱っている団体は五団体ありました。

二〇一一年と一三年、一五年には、大学でフェアトレードを学ぶ学生たちが、実習課題の一つとして札幌市内外のフェアトレード産品取扱店・団体を調べ上げ、リストを作りました。それによると、市内でフェアトレード産品を扱っている店舗・団体は、二〇一一年に一一二だったのが、一三年には一五四、一五年には一八八に増えていました。ただし、一品目しか扱っていない店舗は、日本の基準では〇・五店として計算されるため（基準の詳細は「序」二〇頁参照）、基準に照らした店舗数は二〇一一年が七八、一三年が一〇五、一五年が一三三となります。人口一九六万人の札幌市が認定されるのに必要な一九六店舗にはまだ遠い道のりがあるように見えますが、この五年間で取扱店舗の実数が一一二から一八八へと一・五倍近くに増えていますし、現在進行中の二〇一七年調査では、調査対象店舗数が三〇〇を超え、札幌が基準5を満たすのに必要な一九六店舗を超えるのは確実と思われます。

この増加は、主としてフェアトレードラベル産品を取り入れ始めたスーパーなどのチェーン店や、「協同」「公正」といった理念をフェアトレードと共有する市民生活協同組合の店舗が増えたことによります。それに加え、市内の複数の大学生協、個人商店やレストラン、カフェがフェアトレード産品を扱い始めたことは、注目すべき変化だと思います。数からいえば小さくとも、これらの変化は、日頃身近に買い物をする場にフェアトレード産品が増え、一人ひとりの消費者にフェアトレード産品の物語を直接伝えることのできる場所が徐々に広がっているという点で、それが持つ意味はきわめて大きいと思います。

■基準6　自治体によるフェアトレードの支持と普及

フェアトレード北海道は、二〇一一年四月と一五年四月の統一地方選挙にあわせて、フェアトレード学生ネットワーク（ＦＴＳＮ）北海道などとともに「北海道フェアトレード推進会議」という組織を立ち上げ、市長選候補者と市議選候補者を対象に、フェアトレードに関する政見調査を行いました。調査結果のデータは有権者の判断材料の一つになるよう、推進会議のブログ（http://ftresearch.blog39.fc2.com/）で公開しました。質問項目は、渡辺先生が〇八年九月の衆議院選挙で行った調査を参考にしつつ、新しい質問項目も加えました。

以下に、回答のあった札幌市長・市議の候補者が、フェアトレードやフェアトレードタウンについてどのような理解と関心を持っていたかを紹介したいと思います。

二〇一一年の調査では、市長候補者二名のうち一名（回答率五〇％）、市議候補者九一名のうち三三名（同三六・三％）から回答を得ました。一五年は、市長候補者は五名全員（同一〇〇％）、市議候補者は九四名のうち三五名（同三七・二％）が回答しました。質問項目は次の七項目で、そのうち二項目がフェアトレードタウンについてでした。

1　フェアトレードについて知っているか
2　これまでフェアトレードに関心があったか
3　フェアトレードへのこれまでの関わり方（複数選択可、下位項目の「具体的な関わり方」も複数選択可）
4　フェアトレードタウンについて知っているか
5　フェアトレードタウンが掲げる目標の中で、どれに関心があるか（複数回答可）
6政策にフェアトレードの理念（公正な社会・経済の実現）を反映させる意思があるか
7　その他、フェアトレードについての考えなど（自由記述）

市議候補者の回答■

まず、二〇一五年調査における市議候補者の回答を見てみましょう（括弧内は二〇一一年の数値）。1の認知度は、「フェアトレードという言葉を聞いたことがあるだけでなく、内容についてもある程度は知っている」が七一％（六四％）と最も多く、これに「内容についても詳し

市議候補者への政見調査（2015年）

設問	回答	回答数 （ ）内2011年	割合（%） （ ）内2011年
1）フェアトレードの認知度	①聞いたことがない	1（4）	3%（12%）
	②言葉を聞いたことはあるが，その内容までは知らない	4（5）	11%（15%）
	③内容についてもある程度は知っている	25（21）	71%（64%）
	④内容について詳しく知っている	5（3）	14%（9%）
2）フェアトレードへの関心度	①まったく関心がなかった	0（4）	0%（12%）
	②少しは関心があった	17（13）	49%（39%）
	③かなり関心があった	14（11）	40%（33%）
	④非常に関心があった	2（2）	6%（6%）
	⑤回答なし	2（3）	6%（9%）
3）フェアトレードとの関わり	①まったく関わったことがない	6（8）	17%（24%）
	②少しは関わったことがある	15（11）	43%（33%）
	③何度か関わったことがある	13（10）	37%（30%）
	④頻繁に関わってきた	1（1）	3%（3%）
	⑤回答なし	0（3）	0%（9%）
3'）どのように関わったことがあるか	a.フェアトレード産品の購入	27（21）	77%（64%）
	b.イベントやセミナーなどへの参加	9（19）	26%（58%）
	c.フェアトレード団体の会員	0（1）	0%（3%）
	d.その他（　　　　　　　　）	0（1）	0%（3%）
4）フェアトレードタウンの認知度	①聞いたことがない	6（7）	17%（21%）
	②言葉を聞いたことはあるが，その内容までは知らない	13（15）	37%（45%）
	③内容についてもある程度は知っている	15（10）	43%（30%）
	④内容について詳しく知っている	1（1）	3%（3%）
	⑤回答なし	0（0）	0%（0%）
5）フェアトレードタウンの目標への関心	①世界の貧困問題の解決	25（18）	71%（55%）
	②途上国の生産者との公正な関係の実現	23（24）	66%（73%）
	③健全な労働条件の確保・児童労働の禁止	29（24）	83%（73%）
	④適正な価格設定と社会開発による人としての暮らしの分かち合い	18（16）	51%（48%）
	⑤地域社会の問題解決と地域経済・社会の活性化への寄与	17（15）	49%（45%）
	⑥倫理的な消費行動による「支えあう買い物」の普及	11（7）	31%（21%）
	⑦回答なし	1（3）	3%（9%）
6）これからの政策への反映	①反映させる考えはない	0（0）	0%（0%）
	②少しは反映させたい	5（5）	14%（15%）
	③かなり反映させたい	16（20）	46%（61%）
	④全面的に反映させたい	13（6）	37%（18%）
	⑤回答なし	1（2）	3%（6%）

注：2015年は回答35人，11年は回答33人

く知っている」の一四％（九％）を加えると八六％（七三％）にのぼりました。なお、一二年三月に行われたフェアトレードタウン・ジャパン（ＦＴＦＪ）の調査では、札幌市民のフェアトレード認知率は二九・一％でした（全国平均二五・七％）。

次に、2の関心度を見ると、「少しは関心があった」が最も多く四九％（三九％）、次いで「かなり関心があった」が四〇％（三三％）、「非常に関心があった」が六％（六％）で、合わせると九四％（七九％）でした。二〇一一年と一五年を比較すると、市議候補者のフェアトレードへの認知度と関心は、この四年間で確実に高まっていることが分かります。

3「フェアトレードとの関わり」については、「少しは関わったことがある」が四三％（三三％）、「何度か関わったことがある」が三七％（三〇％）、「頻繁に関わってきた」が三％（三％）で、合わせると八三％（六七％）でした。具体的な関わり方ではフェアトレード産品の購入が七七％（六四％）と最多で、次いでイベントやセミナーへの参加が二六％（五八％）でした。このように、フェアトレードとの関わりが増えてはいるものの、深さ的には多くの候補者がフェアトレード産品の購入にとどまっています。

フェアトレードタウンへの関心■　一方、フェアトレードタウンの認知度は、最も多かったのが「内容についてもある程度は知っている」の四三％（三〇％）、次いで「言葉を聞いたことはあるが、内容までは知らない」の三七％（四五％）で、「聞いたことがない」は一七％（二一％）でした。フェアトレードタウンについても、この四年間で認知度が向上したことが分かります。

フェアトレードタウンの掲げる目標への関心については、六つの選択肢から選んでもらったところ（複数回答可）、一位「健全な労働条件の確保・児童労働の禁止」八三％、二位「世界の貧困問題の解決」七一％、三位「途上国の生産者との公正な関係の実現」六六％でした。一一年は、一位に「途上国の生産者との公正な関係の実現」と「健全な労働条件の確保・児童労働の禁止」が七三％で並び、次いで「世界の貧困問題の解決」五五％等となっていました。自由記述の内容を併せると、四年の間に子どもの貧困や児童労働に対する関心が高まったことが読み取れます。

6「政策にフェアトレードの理念を反映させる意思があるか」に対する回答は、大きな希望の持てるものでした。最も多かったのは「かなり反映させたい」で四六％（六一％）、次いで「全面的に反映させたい」が三七％（一八％）、「少しは反映させたい」が一四％（一五％）で、合わせて九七％（九四％）にのぼりました。とりわけ「全面的に反映させたい」が四年間で二〇ポイント近く上昇したのが注目されます。また、一一年の段階でもそうでしたが、「反映させる考えはない」という回答はありませんでした。このようにフェアトレードタウンの認知度が向上し、政策への反映の意思が積極化した背景には、一五年の調査で「日本のフェアトレードタウン運動への理解と共感が進んだこともあったと考えられます。フェアトレードやフェアトレードタウン運動への理解と共感が進んだこともあったと考えられます。

続いて、候補者の政党・会派別の回答率を見てみましょう。回答率は政党・会派によって大きな開きがあります。二〇一五年の調査では、一位が社会民主党で一〇〇％、二位が共産党の八三％、三位が生活クラブ生協を基盤とする市民ネットワーク北海道の八〇％で、以下、四位民主党四五％、五位無所属四二％、六位公明党三〇％、七位自民党八％でした。

市議候補者の自由記述欄に寄せられた考え■　最後の自由記述欄に記入された各候補者の文章を読むと、その関心の高さと方向性が垣間見えます。そしてそこには、私たちが今後運動を進めるうえで考慮すべき重要な疑問やコメントも含まれています。そのいくつかを抜粋してご紹介します（候補者名は伏せ、党・会派名と年度のみ記します。また、強調は筆者によるものです）。

【市民ネットワーク北海道、二〇一一年】現在のＷＴＯ（世界貿易機関）体制、大企業に種子が独占される中、フェアトレードの取り組みが広がって行くことは重要であると考えます。**一方〝公正な取引〟とわざわざ銘打つことで、そう呼ばないものがあたかもすべて〝不公正取引〟かのように受け止められたり、多国籍企業や大手流通業者がフェアトレードを商品差別化の戦略として謳うこともあります**。真のフェアトレードを確立するためには、南の可能性の芽を育み、南と北の生産者・消費者の相互交流を深め、生産現場の訪問、環境保全や生産状況を確認することや、生産者が国内輸入後のトレーサビリティを確認することも必要です。そのためには、相互理解できる関係性づくり、共生の理念のもと、フェアトレードが発展してゆくことが望まれます。

【民主党、二〇一一年】フェアトレードタウンは、認証型フェアトレードを推進するための手段として行われている活動と聞いています。認証型フェアトレードでは、大手スーパーやコンビニ、スターバックス、タリーズなどのコーヒーショップで、フェアトレードラベルの付いたコーヒーや紅茶などが販売され、よく目にしています。しかし、私が理解しているフェアトレードは、生産者を支援団体が資金的にも技術的にも直接支援し、作られた商品を直接買い取り、日本など先進国で販売する形の提携型フェアトレードのことをいうものと思っており、その意味から全く別物と考えます。**認証型フェアトレードの問題**は、本当にフェアトレード本来の目的である途上国の貧しい人たちの暮らしを支えることになっているのか、農園主が労働者を適切な雇用条件で雇用していなかったり、「プレミアム」と呼ばれる、本来、労働者の生活向上のために使われる目的で、商品価格に上乗せして支払われるお金が、労働者のために全く使われず、労働者たちはその存在すら知らないこともあると聞いており、本当の意味のフェアトレードなのか問題もあると考えています。

この二人のように、すでにかなりフェアトレードを勉強していて、認証型と提携型の対立といった、現在の世界のフェアトレードが抱える課題についてもかなりの問題意識を持ってフェアトレードタウン運動を見つめている候補者がいることが分かります。なお、最初に調査を行った二〇一一年三月末当時は、認定組織のフェアトレードタウン・ジャパンはまだ設立準備中で、日本独自の認定基準も策定されていなかったため、日本のフェアトレードタウン運動が提携型ないし連帯型のフェアトレードを包含するものであることが市議候補者には伝わっていませんでした。とはいえ、フェアトレードタウン運動を推進する団体は、もっと積極的に日本の運動の独自性を訴えて、これらの疑問に答えてゆくことが必要だと思います。

自由記述の紹介を続けます。二〇一五年の調査では、多くの候補者が児童労働や子どもの貧困の問題とフェアトレードの関係に関心を寄せています。

【民主党、二〇一五年】今、日本の社会は子どもの貧困が大きな問題となっています、と同時に世界においても、次代を担う子どもたちに対する貧困対策は喫緊の課題です。こうした問題に立ち向かおうとするフェアトレードの活動理念を一層広めていくことは、世界の子どもたちの貧困解消を図る上で言わずもがな重要であり、自身も少しでもそうした活動を応援できればと思っています。

二〇一五年の回答の多くに見られる、こうした子どもの貧困への強い関心は、ここ四年の間に国内外で格差が一層拡大し、中でも世代を超えた貧困の連鎖に注目が集まるようになったこと、そして、その解決策の一つとしてフェアトレードに関心が向けられていることを示しています。中には、自身の学生時代の学びや災害復興支援活動の経験、あるいは海外でのフェアトレード活動の見聞から、今後のフェアトレード活動に対して次のような貴重な提言をしてくれた候補者もいます。

【無所属、二〇一五年】どのような環境であれ豊かな暮らしをしていくためには、適切な労働環境の確保は非常に重要なことであると認識しております。フェアトレードの取り組みは、商品の購入やイベント参加を通して接点を持たせていただいておりました。今回をきっかけに、より一層理解を深めることに努めていきたいと思っております。私自身が岩手県陸前高田市で二年半おこなっていた復興支援活動で制作した「瓦 Re: KEY HOLDER」（筆者注：震災瓦礫を素材に地元福祉作業所で作られているキーホルダー）も東北の雇用創出を目的としたものでした。このとき意識したことは、しっかりとしたお金の使い方をリーフレット等に明示し、購入していただいたみなさんに、真に復興の手助けとなることを伝えていくことでした。「フェアトレード」とは規模や理念、概要は全く違う取り組みではありますが、本当に労働者の環境改善につながっているのか等、制度を商品購入者、賛同者が注視していくような動きも同時に重要なことと考えております。また、そういった意識を商品購入者がもっていくような広い動きになっていくことを望みます。

【民主党、二〇一五年】ＴＰＰ（環太平洋パートナーシップ協定）をはじめとして、国家間の経済の仕組みは議論されているが、フェアトレード運動は生産者、生活者（その土地で生きる人々）の経済がどのように変化し、今どのような状況にあるかを伝えてくれる大切な役割も果たしています。ドイツでは環境問題とリンクして定着している様子も見てきました。今後の運動の広がりを期待しています。

今回の調査に回答してくれた三五名の候補者のうち、当選したのは合計二〇名（民主八、共産七、公明党三、自民党一、無所属一）です。定数六八の市議会の中でこれら二〇名の市議（議会全体の二九％）は、札幌をフェアトレードタウンにしていく上でのキーパーソンになるでしょう。

市長候補者の回答■　二〇一五年の市長選には新人五名が立候補し、全員が回答してくれました。それを見ると、フェアトレードについて「初めて聞く」が二名、「内容についてもある程度知っている」が二名、「内容についても詳しく知っている」が一名でした。フェアトレードへの関心では、程度に差はあれ「関心がある」が三名、「全くない」が一名、無回答が一名でした。フェアトレードタウンについても、「内容をある程度は知っている」が三名、「聞いたことがない」が一名、無回答が一名でした。「フェアトレードの理念の政策への反映」では、「反映させたい」が四名、無回答が一名でした。フェアトレードに協力的だった前職の後継候補と目された候補（秋元克広氏）は、次のような回答を寄せてくれました。この候補が当選したことは、フェアトレードタウン運動にとって朗報と言えます。

私は、子どもの将来が、生まれ育った環境で左右されることのないよう、また、貧困が世代を超えて連鎖することのないよう、子どもの貧困対策を進めていくことは、大変重要だと考えております。その考えは、国境を越えても同様であり、発展途上国の生産者の自立を促し、現代世界に広がる貧困問題を解決しようとするフェアトレード活動の理念とも重なるものと思っております。是非とも、フェアトレード活動を一層深化させ、その理念を広めていただくことを期待するとともに、私もその活動を応援することを通じて、世界の子どもたちの貧困解消に貢献し、国際理解の増進にもつなげていきたいと考えています。

二〇一七年一二月の市議会代表質問では、市議からの「フェアトレードタウンの認定を目指して、官民協力の下、官民挙げてフェアトレードの取り組みを推進していくべきと考えますが、市長のお考えをお伺いいたします」という質問に対して、秋元市長は「フェアトレードの推進は国際社会の発展と平和に寄与するものであり、自治体においても国際協力の観点から取り組む課題の一つとして認識しております。今後、こうしたフェアトレードの活動に取り組む市民や団体と連携をしながら、普及啓発などの取り組みを強化してまいりたいと考えております」と答えました。フェアトレードタウン実現への機運は、ますます高まりつつあります。

グローカルな札幌と北海道を目指して

そもそもフェアトレードタウン運動とは、一体何なのでしょう？　その始まりにさかのぼることによって、運動の意義を再確認し、札幌ならびに北海道でフェアトレードタウンを実現することの意義を考えてみたいと思います。

フェアトレードタウン運動は、イギリスの小さな町で、地域にフェアトレードの輪を広げようとするグループが様々な試行錯誤を経て、ついに地元の多くの人々の同意を取り付け、二〇〇〇年のタウンミーティングで、フェアトレードタウンを自主宣言したことに始まります（詳しくは本書二六〇頁以下「運動の起源と現在」を参照）。その特徴は、あくまでもローカルなコミュニティにおける草の根レベルの発意、すなわちローカル・イニシアチブによって始まったことにあると言えます。

こうした運動の始まりを振り返ると、フェアトレードタウン運動とは、フェアトレード運動全体の中でも、**ローカルなコミュニティ（自治体）と途上国の生産者コミュニティ**が、フェアトレードを通じて「**顔の見える関係**」を作り出し、お互いに人間らしい生活、そして「**共生**」をグローバルなレベルで実現することに、最終的な意義があるのではないでしょうか。

経済がグローバル化され、安さと効率をめぐる競争に勝ち抜くことがグローバルスタンダードとされていくのに抗して、フェアトレードは、適正な価格設定、健全な労働条件の確保、児童労働の禁止といった独自のビジネスルールを適用することによって、生産者と消費者の間に公正な関係、人間らしい暮らしを分かちあえる関係を創りだそうとしています。

フェアトレードタウン＝グローカルな冒険

フェアトレードタウンとは、自治体というローカルなレベルでこのフェアトレードの原則にコミットし、国境を越えて生産者のローカルコミュニティと結びつき、競争に代わる共生という新たなグローバルスタンダードを発信する存在であると思います。言いかえると、フェアトレードタウンとは、ローカルな立場から、現在のグローバルスタンダードに変わる、新たなグローバルスタンダードを提示する、**グローカルな冒険**の一つと言えるでしょう。

フェアトレード北海道の一つの夢である、地産地消とフェアトレードを融合したフェアトレードチョコレート作りも、新しいグローバルスタンダードでもって札幌と北海道をカカオ豆の生産地と結びつけようとする試みです。チョコレートに限らず、すでに生産者と深い絆を結んでいる「マヤコーヒー」や、東チモールのマウベシ珈琲を支援する「ほっかいどうピーストレード」の活動は、その先行例と言えるでしょう。フェアトレードによって、国境を越えてローカルコミュニティ同士が結びつくことは、さらにその次のレベルの結びつきを可能にするのではないかと思います。

フェアトレードによって、札幌と北海道が世界の他のローカルコミュニティと顔の見える関係を築くことは、それらのローカルコミュニティが持つニーズや希望、そして札幌と北海道が持つ多様な資源・技術を結びつける可能性に気づかせてくれます。

これまでは主に先進国の都市間の文化面での交流に限られている姉妹都市間交流も、フェアトレードをきっかけにして、発展途上国のコミュニティと結びつき、より発展的な姉妹都市（コミュニティ）間交流の形に変えていくことができるのではないでしょうか。札幌や北海道にはそれだけの大きなポテンシャルがあると思います。

札幌と北海道のポテンシャル

日本が近代国家として発展する過程で、北の辺境にある北海道は、ある時はエネルギーの供給地に、ある時は食料の供給基地に位置づけられてきました。いわゆる**内国植民地**です。空知《そらち》中央炭田地域にある夕張、美唄《びばい》、三笠、芦別《あしべつ》、赤平《あかびら》、歌志内《うたしない》といったまちは、国のエネルギー政策に翻弄され、一九七〇年代以降多くの人々が故郷を離れました。かつて賑わいを見せていたまちは、自然に帰って消滅するか、限界集落を抱えた過疎のまちとなるか、というギリギリの状況に置かれています。

そうした中で、まちチョコ事業を通じて、フェアトレードを活かしたまちづくりを進めている陸別町は、一筋の光明を注いでくれています（本書「まちチョコ編」参照）。

日本の食料基地としての北海道も今のところ健在です。日本全体の食料自給率がカロリーベースで四〇％を切っているのに対して、北海道の食料自給率は二〇〇％、農林水産業は、現在も、そして将来も、日本の食料自給を支えるうえできわめて重要です。

歴史を遡ってみれば、アイヌモシリ（人間の住む静かな大地）北海道は、近代国家の形成以前から長らく北方交易の中心地でした。そして、その豊かな自然は、アイヌ民族の、自然と共生して生きる知恵と持続可能なライフスタイルによって守られてきました。そして、この地に暮らしてきた人々の間には、多様な背景を持つ人々と共生してきた豊かな文化が息づいています。そこには、私たちが学ぶべき多くのことがあります。

ヒト・モノ・カネが国境を越えて激しく移動しグローバル化が進む現代において、**北海道が持つ潜在的価値**は極めて大きいと思います。一九〇万人超の人口を擁する大都市札幌の中にも、ヒトの手が入っていない原始林が残され、ヒグマをはじめとする野生動物が生息する豊かな自然があります。広大な大地と豊かな自然は、風力、太陽光、太陽熱、地熱、雪氷熱など、新時代の再生可能エネルギーの宝庫でもあります。冬の間の大量の降雪も、それを楽しみ、癒しを求める人々から見れば、他に代え難い価値を持ちます。

フェアトレードは、この「人間の住む静かな大地」北海道が、等しく人間性豊かな途上国のコミュニティと結びついて、お互いにより人間らしい暮らしが営めるようにするための、そして社会的、環境的、経済的にも持続可能で公正な関係を築き上げるための重要な指針と可能性を提供しています。

「イラムカラプテ」――あなたの心にそっと触れさせてください

先住民族アイヌの人々は古来、人と出会う時、「イラムカラプテ」（日本語に訳すと「あなたの心にそっと触れさせてください」）というあいさつを交わしてきました。

フェアトレードは、モノの取引を通じて人と人を結びつけます。その人と人の結びつきが、このあいさつに込められているように、他者の存在と自由を尊びつつ、人としての心の触れあいを、そっと求めるものでありたいと思います。

他の分野の市民運動とも、グローカルな立場から札幌と北海道の持つ様々な価値を分かち合い、フェアトレードの理念を共有しつつ、心の触れあいを大切にして連携してゆきたいと思います。先住民族アイヌの人々、再生可能エネルギーの普及を図る人々、障がいをもつ人々、有機無農薬野菜の普及を図る人々、新しい社会事業を通じてまちづくりを進めていこうとする人々……と。

東日本大震災を経て、私たちは地域のコミュニティが持つ力を再認識しました。グローバル化の大波に抗して人間らしい暮らしを作り出す核も、このコミュニティにあります。コミュニティが多様な人々によって作られ、支えられ、新しい人々を受け入れる時、新しい絆が生まれるのではないかと思います。

地域のフェアトレードショップ、あるいはフェアトレード産品を囲んで、モノを作る人々の物語を伝えあったり、語りあったりする人々が集う多様な場所が、札幌や北海道の中にどんどん増えていって欲しいと思います。函館には、パキスタンのフンザ地方の人々と連携して、有機のスパイスやドライフルーツ、紅茶等を取り扱い、東京にも出店しているエヌ・ハーベストさんがいます。ヒトが作りだすモノ、そのモノを介して作られる人間関係を、より公正にすることを目指す人々の絆が、札幌と北海道から国内に、そして国境を越えて広がっていくことを願っています。

【追記】この原稿をまとめる最終段階にあった二〇一七年一月三一日、フェアフェスの大通公園開催に尽力し、札幌でフェアトレードの普及に大きく貢献してきたアースカバーの千徳あす香さんが、多くの人の悲しみを後に残して、息を引き取りました。最後に彼女の言葉を紹介して、その早逝を悼み、冥福を祈ります。

「フェアトレードを知り、理解することは、自分の足元にある日常生活を見つめなおすことにつながっていく。フェアトレードだからと言って、これまでと同様にたくさんのものを消費するのではなく、一つひとつのものを大切に使い続けるような、本当に豊かな生活を共にしていきたい。フェアトレードは自ら選び、生活の中で根付き、広まっていくものだ。フェアトレードの広まりは、緩やかで時間のかかるものかもしれない。でも、私はそれでいいと思う。じっくりと『より良い社会』を実現できるようなライフスタイルをこれからも提案し続けていきたい。」（千徳あす香「フェアトレードショップからみえてくること」、越田清和編『アイヌモシリと平和――〈北海道〉を平和学する！』法律文化社、二〇一二年より）

まちチョコ編

人口の二倍以上のフェアトレードチョコが売れた!

「りくべつまちチョコ」の取り組み

陸別町地域ブランドプロデューサー　秋庭智也

日本一寒い町、陸別町へ移住

北海道の内陸部にある陸別町は、人口二四〇〇人の小さな町です。小高い山に囲まれた地形のため、冬の寒さが厳しく、一月の平均最低気温がマイナス二〇度を下回る「日本一寒い町」として知られています。町はこの「寒さ」を貴重な資源として捉え、町づくりに活かそうと、日本最寒のお祭り「しばれフェスティバル」(「しばれ」は寒いの意)を毎年二月上旬に開催しています。メインイベントの「人間耐寒テスト」は日本一の寒さを一晩耐え抜く過酷なイベントで、全国各地から多数の参加者を集めています。

町はまた、日本最大級の「銀河の森天文台」も有し、「星空にやさしい街十選」にも選ばれるなど、都会では味わえない満天の星空を満喫することができます。面積は東京二三区とほぼ同じですが、八割を森林が占めています。基幹産業は酪農と林業で、人口の四倍近くの牛がいますが、自動信号機は町内に一つしかありません。そんな自然豊かでのどかな雰囲気の漂う陸別町へ、私は二〇一二年一〇月に東京から移住してきました。そこで総務省のプロジェクト「地域おこし協力隊」に参加し、町の地域資源を活かした特産品開発に取り組んだのです。

国際協力から地域おこしへ

陸別に移住する前は、東京にある国際協力NGO「シャプラニール=市民による海外協力の会」で一〇年働いていました。シャプラニールは、バングラデシュやネパールなどで子どもや女性、被災者などの支援活動を行う一方で、日本で最初にフェアトレードを始めた団体でもあります。私は活動する中で、「海外も大変だけど、日本も大変。日本が抱える課題に関わる仕事がしたい」と思うようになりました。

また、山や自然が好きで、水と空気がきれいな土地で暮らしたいとも考えていました。そんな時、母親の出身地である陸別町で地域おこし協力隊員を募集しているのを知りました。陸別は幼少の頃から何度も訪れている大好きな場所。ご縁を感じて応募し、ブランド開発推進員として採用されました。

フェアトレードを絡めた特産品の開発

ブランド開発推進員の仕事は、地域資源を活かした特産品開発と地域ブランド作りです。シャプラニールでフェアトレード事業も担当し、地域資源を活かしたフェアトレード産品開発にも携わった経験から、陸別で特産品を作るなら、フェアトレードを絡めた特産品の開発に取り組みたいと考えました。

最初に開発したのは「りくべつ鹿ジャーキー」です。森林に囲まれた陸別町はエゾシカが多く繁殖し、捕獲したシカの肉の有効活用が課題でした。そこで道産の原料にこだわって、陸別産のエゾシカ肉を、標津《しべつ》の鮭節、十勝のワイン、日高の昆布、オホーツクの焼塩等で作ったタレに漬け込みました。このタレに、函館市のフェアトレードショップ「エヌ・ハーベスト」の有機スパイスを加えたのです。地元の食材とフェアトレードのスパイスをコラボさせたこの特産品は、二〇一三年四月の発売後、一〇ヶ月で六〇〇〇個を販売し、パート四人を雇用する事業になりました。

地元も、海外も元気に――りくべつまちチョコの開発へ

次はどんな特産品を開発すればいいか、頭を悩ませました。それまで陸別町の特産品といえば山菜や、ソーセージ、しぐれ煮、カレーなどのシカ肉加工食品などで、地元産の原料は限られています。町民の方からは「お土産に買いたい特産品が少ない」という声も聞き、陸別の観光資源をPRする新しい特産品を作れないかと思うようになりました。

きっかけは、私がフェイスブックに定期的に投稿していた陸別の写真への反応です。多くの友人から「陸別の風景は素晴らしい」と言われ、実際に訪ねてくる友人もいました。ポストカードや写真集にしたらいいのではないか、というコメントもありました。そんな素晴らしい風景があるのに、特産品やお土産のパッケージに風景写真を使っている製品はほとんどありません。町民の方々にとっては、「見慣れてしまったあたりまえの風

景」かもしれませんが、都会の住人の目には得がたい風景と映ります。私や私の友人たちのような「よそ者ならでは」の視点が、地元の魅力をアピールするのに役立つのかもしれないと感じました。

そこで浮かんで来たのが、陸別の風景写真をパッケージに使った「まちチョコ」です。シャプラニールで働くなかで、大学生がチョコレートを使ってフェアトレードを地元の町に広める「まちチョコ」活動があることは知っていました。赴任当初から、陸別町でも「まちチョコ」をやってみたいという気持ちはありましたが、どのように進めたらいいのか、具体的にイメージすることはできずにいました。

陸別の風景を撮った写真を一般公募して、それをフェアトレードチョコのパッケージに使ってはどうか。そうすれば、陸別の魅力とフェアトレードの両方をPRできる。フェアトレードのチョコで陸別が元気になることで、海外の生産者もハッピーになる。地域おこしが、海外協力・フェアトレードにつながって、みんなが幸せになる――そんなふうに、「地元も、海外も元気に」というコンセプトが浮かんできました。町民のみなさんも、大好きな町の写真がパッケージに使われることを喜んでくれるはず。ましてや、そのパッケージに自分の写真が使われる可能性があるとしたら？……実行に移す前から、盛り上がる予感がしました。

「りくべつまちチョコ会議」を立ち上げる

企画や実施にあたっては、「りくべつまちチョコ会議」を二〇一三年八月に立ち上げました。メンバーは町内の主婦や女性グループ、農協女性部の方など八人。企画の成否は、陸別らしさの伝わる素晴らしい写真を集められるかどうかにかかっていると思い、まず「陸別らしい写真」とは何かについて話し合いました。

酪農、林業、星空、「しばれ」については前述した通りですが、陸別は、廃線になってしまった「ふるさと銀河線」を利用して、日本一長い距離の鉄道の運転体験ができる「鉄道の町」でもあります。また、日本で初めて世界ラリー選手権が開催されたオフロードレースの町でもあって、ラリーの聖地とも呼ばれています。これらも陸別を語る上で外せないという話になりました。

これらの写真を集めるために、関係者に声をかけることにしました。応募は子どもにも認め、陸別で撮影された写真であれば町外の方でも応募できるようにもしました。写真の選考は、子どもたちによる人気投票で決めることにしました。自分が選んだ写真が特産品に使われれば嬉しいし、多くの子どもが関わることで企画が盛り上がると思ったからです。写真が決まったら包装紙に印刷し、フェアトレードチョコレートをそれで包んで「りくべつまちチョコ」として製品化します。販売目標数は五一二本としました。クリスマスや年末年始のギフト需要に間に合わせるため、発売時期は一二月上旬とし、四本入りと八本入りのギフトセットも用意することにしました。

まちチョコ作り

以上が概略ですが、次に各段階を詳しくご説明しましょう。

①写真の募集（九月～一〇月）　二〇一三年夏、募集告知のポスターとチラシを作り、九月から町内の店舗、小中学校、保育所、保健センター、道の駅などの事業所に掲示したほか、町内回覧や町の公式ウェブサイト、広報誌でも募集しました。町内の写真愛好家のグループに対しては、個別に訪問して企画への協力を依頼。子どもたちにも応募してもらいたかったので、保護者向けのチラシも作って学校に配布をお願いしました。まちチョコ企画は北海道初の取り組みだったせいもあって、『北海道新聞』や『十勝毎日新聞』で大きく紹介され、最終的に全国から一六〇作品もの応募がありました。そのうち八割は陸別町内、二割が町外からでした。

②写真の展示（一〇月下旬）　集まった写真は、町内のコミュニティープラザ「つどえ～る☆りくべつ」内に随時展示していきました。同プラザは、町内の空き店舗の有効活用と地域の活性化を目指して、二〇一三年一〇月に一ヶ月間限定でオープンしていた施設で、地元の野菜や手作り雑貨を販売していました。写真展と並行してシャプラニールのフェアトレードブランド「クラフトリンク」の製品も販売し、フェア

まちチョコ作りの様子

トレードを身近に感じてもらう機会を設けました。入り口付近には「まちチョココーナー」を設け、集まった写真を実際に印刷して、チョコレートに巻いたサンプルも展示しました。

日を追って展示写真が増えていくにつれ、それを見て新たに応募する人や、自分や友達、孫が写っている写真を見つけて喜ぶ人もいて、しだいに盛り上がっていきました。「つどえ～る☆りくべつ」の来場者は一ヶ月で延べ一八〇〇人に上り、まちチョコの発売はいつになるのか、どこで販売するのか、予約はできるのか、といった問い合わせをたくさんいただき、期待の高まりを肌で感じました。その後、一一月上旬に陸別町タウンホールで開催された「町民文化祭」でも、応募作品をパッケージに使ったサンプルを展示しました。昔の写真を見て懐かしむ方や、陸別の素晴らしい風景を「再発見」する方もいて、幅広い年代の方に楽しんでいただけました。

③写真選考（一一月上旬）　写真の選考は、まず「まちチョコ会議」のメンバーが、集まった一六〇作品の中から三三作品へ絞ることから始めました。酪農、林業、鉄道、天文台、オフロードドレース、しばれフェスティバルなど、陸別らしい写真を四季折々のバランスを考えながら選んでいきました。

上：「つどえ～る☆りくべつ」での写真展示
下：小学校での投票の様子

そうして選んだ三三作品を、小学校、中学校、保育所に持っていって、子どもたちに投票してもらいました。その結果をもとに、最終的に一六作品の製品化を決定しました。投票のとき、「俺らっていい町に住んでるね」という中学生の言葉を聞いて、この企画をやって本当によかったと思いました。投票の様子は新聞にも取り上げられました。こうした取り組みによって、少しずつ「まちチョコ」という言葉が広まって、町ですれ違う子どもたちから「まちチョコの人だ」と声をかけられたり、大人の方には「まちチョコどうなった?」と尋ねられたりするようになりました。

④ 採用写真の発表（一一月中旬）　投票によって採用された写真は、ポスターとチラシを作成して町内の事業所に掲示したり、ウェブサイトや広報誌に載せたりするかたちで発表しました。採用された応募者には、後日、製品化されたまちチョコをプレゼントしました。

⑤ 製品化（一一月下旬）　最終的には八つの味のフェアトレードチョコを、一六点の写真でパッケージしたまちチョコを作りました（一つの味につき二種類の包装紙を用意）。企画当初は、一つの味につき一枚の写真で、合計五〜七製品を作る予定でしたが、素晴らしい写真がたくさん集まったので、できるだけ多くの写真を使いたいと考え、包装紙を一六種類にしたのです。そうすることで、パッケージを選ぶ楽しさを味わってもらえますし、何よりも、陸別の四季を通じた素晴らしさを伝えるには、一六種類でも足りないくらいでした。また、パッケージの種類が多ければ一人当たりの購入本数も増え、写真の採用数が多いほど、採用された人による口コミ効果も期待できるという、マーケティング・販売面のメリットも考慮しました。

完成したまちチョコ

包装紙の裏には写真のタイトルや撮影者の名前とメッセージのほかに、撮影場所の地図が添えられていて、興味を持った人がその場所を訪れることができるよう工夫しました。

⑥ 発売（一二月〜）　二〇一三年一二月七日、いよいよ「りくべつまちチョコ」が発売されました。一本税込三〇〇円、販売場所は道の駅など町内六店舗。最初の二日間だけで四〇〇本を超えるまちチョコが売れました。計画当初の目標は五一二本でしたが、反響が大きかったことから、発売までに一二〇〇本へと上方修正しました。それに合わせてチョコの発注数を増やしたものの、それでも足りなくなることは目に見えていました。追加で一〇〇〇本、二〇〇〇本と発注していきました。

発売から数日後、まずオフロード車が写っているオレンジ味のチョコレートが売り切れました。レースの関係者やオフロード車を運転するドライバーとその家族、オフロード車に自社のロゴが入っている企業の関係者の方々が、数十本単位で購入していったからです。ほかのチョコも、写真の撮影者やその家族がやはり数十本単位で購入したり、お歳暮やクリスマスプレゼント用に買う町の方もいて、一〇日間で計一二〇〇本が売れました。投票に参加してくれた小学生が、お小遣いを持って、自分のお気に入りのチョコを買いに来てくれたりもしました。味で選んだり、写真で選んだり、全種類買いそろえたり、選び方は人それぞれ。複数本購入される方がほとんどで、販売数はぐんぐん増えていきました。売れ行き好調なことが新聞で報じられると、さらに販売数が伸びていきました。

また、四本入りのギフトセットを送料込一四四〇円、八本入りを同二六八〇円で売り出しました。好きなチョコレートを組み合わせることができ、送料込みの値段がお手頃だったせいか、こちらも人気で、一二月だけで一五〇セット以上販売できました。「一本三〇〇円は高い」という声もありましたが、ギフト用で送料込み一四四〇円というのは、ちょっとした贈り物として買い求めやすい価格だったようです。お歳暮やクリスマスプレゼント、遠方に住む家族や親戚への贈答用にと、多くの町民の方に買っていただきました。

マイチョコ企画

販売が好調に推移するなか、企画をさらに盛り上げようと、自分の好きな写真をパッケージに使ってオリジナルチョコが作れる「マイチョコ」企画も実施しました。まちチョコ企画を知って、家族のお祝い事や、親戚、友人への近況報告用にオリジナルチョコを作りたいという声をいただいたからです。それに応えようと、チョコ代とは別に六〇〇円の製作費をいただくことでオリジナルチョコを作れるようにしたのです。子どもの卒業や入学の記念、初デートの記念、米寿のお祝い、企業の宣伝、家族の近況報告用などに、合計一三件、四〇〇本以上のオーダーをいただきました。製作の手間はかかりますが、まちチョコを家族のお祝い事に使っていただけたのはとても嬉しいことでした。

ゆるキャラとフェアトレードのコラボ「しばれ限定チョコ」

続いて、毎年二月一日・二日に開催される「しばれフェスティバル」に合わせて、陸別町のゆるキャラ「しばれ君とつららちゃん」を使った「しばれフェスティバル限定チョコ」を二種類、計一〇〇〇本製作しました。これも開催日の前後を合わせた四日間で完売することができました。この限定チョコは、その後四月にも春バージョンを製作し、最終的に一六〇〇本が売れました。陸別らしいお土産として、しばれ君とつららちゃんの根強い人気を再認識しました。

上：「しばれフェスティバル」限定チョコ
下：「まちチョコ写真展」告知ポスター

二年目以降のまちチョコ

初めての企画にもかかわらず好評を博したことから、翌二〇一四年度以降もまちチョコ企画を継続していますが、次のような新たな取り組みも行っています。

① まちチョコ写真展の開催　二〇一四年度から、応募写真を展示する「まちチョコ写真展」を陸別町の道の駅の前で開催しています。一六年度までにまちチョコ応募作品数は六〇〇を超えました。

② 陸別小学校版まちチョコ　二〇一五年度から、小学校の生徒たちが描いたイラストをパッケージに採用した「陸別小学校版まちチョコ」企画も実施しています。子どもたちが学校の授業で描いた作品の中から、各学年ごとに四～五作品ずつ選んで製品化していて、保護者や地域の方からも好評を博しています。

まちチョコがもたらしたもの

りくべつまちチョコは、二〇一三年度は六四〇〇本、一四年度は四八〇〇本、一五年度は六三〇〇本を販売することができました。人口二四〇〇人の町ですから、毎年人口の二倍にのぼるチョコを売り上げていることになります。最後に、北海道の小さな町で、なぜこのようなことができたのか、それが陸別の地域おこしにどのように役立ったかを考えてみたいと思います。

①身近に感じられる特産品　りくべつまちチョコのパッケージには、見慣れた風景や知り合いの子どもが写った写真、知人が撮影した写真など、町民にとって〝身近な写真〟が使われました。そして、子どもたちの人気投票で採用作品を決定しました。多くの方に関わってもらうことで、口コミや波及効果が生まれ、「自分たちの町の身近なチョコレート」として、町民の方に受け入れられたのだと思います。人口何万人、何十万人という大きな町だったら、「自分たちの町のチョコレート」という存在になりにくかったかもしれません。

②広報宣伝が奏功　北海道初のまちチョコということで、写真募集、投票、発売、好調な販売といった節目ごとに、新聞やラジオに一〇回以上取り上げられました。また、町の広報誌の紹介記事、回覧版や新聞の折り込みチラシなどを通して、幅広く町民の方々にまちチョコ企画を知っていただけたかと思います。

③ちょっとしたお土産に　「チョコが一本三〇〇円は高い」という意見が聞かれる一方で、ちょっとしたお土産にちょうど良いという意見も聞かれました。特産品の多くは五〇〇円から一〇〇〇円程度ですから、三〇〇円という価格はお手頃なのかもしれません。

④チョコレート自体のおいしさ　発売当初は物珍しさから買っていく方が多かったのですが、しだいにチョコレート自体がおいしいという評判が口コミで広がり、「自分で食べるおやつ」として買う方も増えていきました。すべてスイスのメーカーが作ったフェアトレードチョコだったので、珍しさと高級感もあったかと思います。プレゼントされた方からの評判も良く、リピート購入につながりました。

⑤フェアトレードという付加価値　一方で、購入動機のほとんどが「パッケージの写真が気に入ったから」というもので、フェアトレードだからという理由で買われた方は少なかったように思います。それでも、途上国の生産者の支援につながるフェ

アトレードは、製品の付加価値を高める効果があり、「後味の良いお買物」になったのではないかと思います。パッケージの裏面にはフェアトレードチョコレートに関するメッセージを掲載していますが、今後はそのメッセージをさらに浸透させていく必要を感じています。

⑥「地域おこし」への貢献　りくべつまちチョコ企画は、多くのメディアで取り上げていただいたこともあり、陸別町のPRにつながりました。三年間で五〇〇万円ほどの売上があり、道の駅の閑散期（一一月～四月）の売上増加にも貢献することができました。また、町民の方に陸別の魅力を再発見していただく良い機会にもなったかと思います。

まちチョコの成功に意を強くして、地域の産品とフェアトレード原料を使った新たなコラボ商品の開発を続けています。「キトピロの味噌」は、陸別産のキトピロ（アイヌ語で「行者にんにく」の意）とフィリピンのマスコバド糖を使った味噌で、二〇一五年度から売り出しました。「りくべつミルクのおあずけプリン」は、陸別産の牛乳「りくべつ低温殺菌牛乳」とフィリピンのマスコバド糖を使ったプリンで、一六年度から販売しています。

『北海道新聞』の記者の方が、りくべつまちチョコに「小さな町の親善大使」というキャッチコピーを付けてくれました。「地元も海外も元気にするフェアトレードのまちチョコ」は、まさに親善大使として、当初の目的であった町の観光資源のPRとフェアトレードの啓発に役立てたかと思います。

最後に、まちチョコ企画にご協力いただいた皆様に、この場をお借りしてお礼を申し上げたいと思います。

7
垂井町

小さな町の大きな挑戦

穏豊社会への一里塚

フェアトレードタウン垂井推進委員会 会長
神田浩史

1 小さな町で——素敵なカフェとまちづくりNPOの邂逅

岐阜県西南部に位置する垂井町《たるいちょう》は人口二万八〇〇〇人弱の小さな町ですが、歴史豊かな町でもあります。奈良時代には美濃国府《みのこくふ》が置かれ、今も大勢の参拝客で賑わう南宮大社は、美濃国で最も格の高い一ノ宮として建立されました。また、美濃国の国分尼寺が置かれ、江戸時代には中山道と美濃路が分岐する宿場町（垂井宿《たるいじゅく》）として栄えました。町には東海道本線、東海道新幹線、名神高速道路が通り、名古屋や京阪神への交通の便が良いこともあって、高度経済成長期には多くの工場が進出しました。

垂井町は水の名所でもあります。垂井という地名自体が水が滴る泉を意味しています。揖斐川《いびがわ》の二次支流である相川流域の扇状地に広がる垂井町の中で、扇央より標高の低い所では泉やガマ（自噴泉のような湧水）といった湧水が数多く見られます。一方、扇央よりも高い所は水が乏しいため、ため池や井堰がいくつも設けられているほか、「マンボ」と呼ばれるこの地域特有の利水施設がたくさんあります。これは、イランのカナートなどに似た横穴式の地下水路で、町内に一〇〇カ所以上が現存しています。

住民主体のまちづくりの萌芽

豊かな歴史に彩られ、多彩な水環境の町に初のNPO法人が誕生したのは二〇〇五年のことでした。その前年まで垂井町は、隣の大垣市と周辺の町との広域合併騒動で揺れに揺れていました。町議会は僅差で合併を可決したものの、その後の住民アンケートで反対が賛成をダブルスコアで上回ったことから、垂井町は単独で存続することになりました。それを機に「行財政改革住民参加ワークショップ」が行政主導で開催され、そこに参加した有志がワークショップ終了後も独自に学習会を続けた末、住民主体のまちづくりを推進しようと立ち上げたのが、垂井町で初のNPO法人「泉京《せんと》・垂井」でした。

泉京・垂井は、まちづくり、環境、安全・安心の三分野の活動を展開しました。まちづくり分野では、事務所を民設民営のまちづくりセンターとして機能させ、まちづくり講演会を開催したり、町内の各種団体と協働で「まちづくりフェスタ」を催したりしました。環境分野では、町の水環境を丹念に調査して、それをもとに泉、ガマ、マンボなどを歩いて回る水環境ウォーキングを開催しました。また、揖斐川流域の市町を越えたNPOのネットワーク組織「西濃環境NPOネットワーク」にも参加して、「西濃レジ袋削減プロジェクト」の垂井町での拠点事務局を担いました。安全・安心分野では、町の委託を受けて、小学生の下校時を中心に、青色回転灯を搭載した車で巡回する活動を続けました。

二〇〇八年になると、安全・安心分野が別法人として独立したことから、代わりに地域のお宝発見活動や子どもの携帯電話・コンピューター利用に関する安全啓発活動、多文化共生事業といった生涯学習分野をスタートさせました。このうち多文化共生事業は、町に進出した工場で働く外国籍の住民が人口の約四%を占めながらも、行政がほとんど手を付けずにきた分野で、私たちは岐阜県国際交流センターと協働で、日本語学習交流会や生活相談会などの事業に取り組みました。

素敵なカフェとフェアトレード

泉京・垂井が発足する一月前、南宮大社の門前の静かな住宅街に、古民家を活用した素敵なカフェ「和《なご》みカフェうららか」がオープンしました。安全安心な素材を使った「おばんざい（お惣菜）」中心のおいしいランチと、店の落ち着いた風情とが見事にマッチして、瞬く間に垂井町の新名所となりました。そこで出るコーヒー、紅茶はフェアトレード製で、その他のフェアトレード産品を販売するコーナーも設けられました。こうして「うららか」は、町内初の本格的なフェアトレード産品取扱店となりました。

泉京・垂井は、設立時から理事を務める私自身が国際協力畑出身で、東南アジアの農山漁村の変容と日本社会のつながりを調査研究してきた経験から、まちづくりを考える際には常にグローバルな視点を持つようにしてきました。日本に住む私たちに安価な農林水産物や工業製品を提供してくれる、アジア諸国を中心としたいわゆる**「南」の社会の現状を知り、私たち自身の社会とのつながりを知る**

ことを、まちづくりの前提条件として重視してきたのです。垂井町の農林業や製造業の現状・動向を把握するにも、グローバルなつながりを見ていかないと表層的にしか理解できません。町の農業が停滞し、林業が衰退するのも、海外から安い農林産物が大量に輸入されているからにほかならないからです。

その海外で安い農林水産物を生産している地域や人々の現状はどうなのか、垂井町の製造業が海外に出て行ってしまうのはなぜなのか、海外の方が人件費など経費が安く労働や環境の基準が緩いからではないのか、海外の製造業の現場はどうなっているのか――そういった南北の関係や構図を理解した上で、私たちに一体何ができるのか、何に取り組む必要があるのかを考えて、具体的に活動を起こし、展開していく。その大切な取り組み、活動の一つとして浮上してきたのがフェアトレードの普及でした。

「和みカフェうららか」でフェアトレード産品が扱われるようになった背景には、泉京・垂井との邂逅、出会いがありました。こうして「うららか」がフェアトレード産品を提供・販売したり、泉京・垂井がまちづくり講座でフェアトレードを取り上げたりするうちに、町の人々にも少しずつフェアトレードが知られるようになっていきました。二〇一〇年には、フェアトレード産品を扱う店がもう一つ町内にオープンしました。京都で人気を博していたスープ・カレーの名店「スープ屋さん」です。この店では、フェアトレードのコーヒーや紅茶、スパイスなどが当たり前のように使われていました。

第１回フェアトレードデイ垂井
（2011年5月29日）

フェアトレードデイ垂井

「うららか」と泉京・垂井は、フェアトレードをもっと世間にアピールするためのイベントをやろうと、二〇一一年の年初から話し合いました。やるなら五月のフェアトレード月間にやろう、電車で四五分程の名古屋では世界フェアトレード・デーの第二土曜日にやるから、それとぶつからないようにしよう、町内の店だけでは少なすぎるから岐阜県内のフェアトレード産品取扱店などにも声掛けしよう、垂井町がある西濃地方で暮らすブラジル人たちにも声を掛けよう、などと詰めていき、五月二九日にJR垂井駅にほど近い集会所・神田会館で「フェアトレードデイ垂井」を開催することにしました。

実行委員もある程度めどがつき、出店者も「スープ屋さん」やブラジル料理の店を含めて一〇店舗あまり確保できたことから、意気込んで大垣市役所の記者クラブで記者会見を開きました。すると、古参の全国紙の記者が、「なに、フェアトレードデイ？　また泉京がわけのわからんことをやろうとしてー。いったい誰が来ると思ってるの？」などと、これでもかというほどに酷評されました。そう言われても言い返すだけの材料もない、そんな中でのスタートでした。

垂井町で、いや、岐阜県内で初めてのフェアトレードデイの当日は、季節外れの台風の襲来で朝から強風・強雨の試練が待ち受けていました。こんな天気では来場者が見込めないので、記者への良い言い訳になるか、などと話しているうちに、嵐の中、続々とやって来てくれました。正午頃になると集会所の中は人で一杯で、玄関まで来たものの入れずに帰る人が出るほどでした。来場者の多くは子ども連れや女性でした。フェアトレード産品の生産現場や「南」の現実を映した映像を熱心に鑑賞する人たちも多く、会場は熱気に満ちあふれました。その中に、取材にやってきたあの古参記者の姿がありました。彼曰く、「俺、人生観変わった。フェアトレードで、垂井で、これだけ人が集まる。しかも、若い世代が。どうしたんや、時代が変わった?」と。

2 フェアトレードデイからフェアトレードタウンへ

大きくなるフェアトレードデイ垂井

後先を考えずに開いたフェアトレードデイでしたが、あえて「第一回」フェアトレードデイ垂井と銘打ちました。一度だけで終わらせないぞ、という意気込みを示したかったからです。とは言え、本当に二回目をやれるかどうか誰も確信を持てずにいました。けれども、無茶苦茶な悪天候にもかかわらず大勢の参加者に恵まれた上に、来場者から高い評価を得たことで、第二回へと準備を進めていくことができました。ただ、一回目は物珍しさから大勢来た可能性も高いので、二〇一二年の二回目はフェアトレードデイ垂井の知名度を高めようと、プレイベントに力を入れました。バングラデシュの刺繍ノクシカタの製作体験や、「豊かさ」をテーマにしたドキュメンタリー映画『幸せの経済学』(へレナ・ノーバーグ＝ホッジ監督、二〇一〇年）の上映、不公正な貿易を疑似体験する「貿易ゲーム」の実施、各種イベントへの出店などです。それらを通してフェアトレード産品に触れて親しんでもらう機会を提供すると同時に、五月のフェアトレードデイ垂井には是非来てください、と宣伝を繰り広げました。

　二回目の会場は、町内最大のお寺である平《ひら》尾《お》御《ご》坊《ぼう》願《がん》證《しょう》寺《じ》でした。広大な境内には二〇を超える出店が立ち並び、本堂の上り口と縁側はステージにし、隣接する集会所は上映会などのサブ会場としました。この日は前年と打って変わって日差しの強い日でした。あまり天気が良すぎると遠方へ遊びに行く人が増えて来場者が減るのでは、と心配していましたが、開場前から続々と来場者が現れました。あまりの人出に長蛇の列ができる店もあれば、早々に売り切れる店も。子どもたちの歓声が響き渡る中、地元のお年寄りは、「ここがこんな賑わうのは何十年ぶりやろ。懐かしいなぁー」と感慨深げでした。

　またまた大盛況に終わった二回目のフェアトレードデイ垂井。会場は雰囲気も非常に良く、心地良い空間でゆっくり、ゆったりと楽しむ人が大勢見られました。その一方で、駐車場の確保や集落内の混雑、お寺の器物の破損など、課題も数多く出てきました。そこで第三回からは、会場を町内最大の朝倉運動公園に移して開催することにしました。また、プレイベントも一回に絞り込み、なぜフェアトレードが必要なのかを考える映画を上映し、鑑賞前後に話をする時間も設けました。上映したのは、パレスチナ自治区ガザの現状を描いたドキュメンタリー映画『ぼくたちは見た――ガザ・サムニ家の子どもたち』（古居みずえ監督、二〇一一年）。岐阜市で開いた上映会では、パレスチナ産を中心にフェアトレード産品の販売にも力を入れました。

二〇一三年の第三回フェアトレードデイ垂井は、出店数が前年の倍以上の約六〇に上りました。広大な公園なので前年のような混乱は起きず、それでいて明らかに前年以上の来場者で賑わいました。随分と遠方から来る人も増え、JR垂井駅から三〇分以上歩いて来る人も結構いました。こうしてフェアトレードデイ垂井は、年を追って出店者も来場者も増え、町の初夏の風物詩として定着していきました。

ただ、盛大となる一方で、**一体何のためのイベントなのか、ただのお祭りになっていないか**、という疑問も出てきました。「出店はフェアトレードもしくは地産地消の店に限ります」と事前に丁寧に説明しましたが、関係者にとって馴染みの薄い出店者への確認作業が十分でなく、フェアトレードや地産地消との関係性が不明確な出店者も見受けられる、という課題も出てきました。

フェアトレードタウンを目指す

実行委員会の中では、まだ一回しかフェアトレードデイを開いていない二〇一一年の段階ですでに、「将来、垂井のような小さな町がフェアトレードタウンを目指せたら素敵だね」という夢物語が話題に上っていました。その夢を一歩現実に近づけたのは、翌年一月に水俣市で開かれた第一八回WTO／FTA-NGOフォーラム*への参加でした。そこでの発表の際、前年に日本初のフェアトレードタウンに認定された熊本市を意識しながら、垂井町での活動やフェアトレードへの想い、取り組みを紹介していると、熊本市から来た参加者から「帰りに寄るなら、祥子ちゃんを紹介してあげるよ」と声を掛けられました。渡りに船とばかり熊本市に立ち寄り、フェアトレードタウン運動の中心メンバーの明石祥子さん（本書1執筆者）から話をうかがうとともに、彼女が経営されているフェアトレードショップや熊本市役所を訪問して、大いに刺激されました。

その後、第二回、第三回とフェアトレードデイ垂井が成長を遂げ、町内でフェアトレードの認知度が上がるにつれて、実行委員会の中でフェアトレードタウンを話題にすることが増えていきました。そうするうち、第三回フェアトレードデイ垂井を終えてほどなく、熊本市でフェアトレードタウン国際会議が開かれるという情報が飛び込んできました。これは得難い機会と、各地での取り組みの様子を勉強するためにも、実行委員会から数人は参加しようということになりました。

こうして、二〇一四年三月に開催された第八回フェアトレードタウン国際会議に四名が参加しました。すでに刷りあがっていた第四回フェアトレードデイ垂井のパンフレット、垂井町やフェアトレードタウン垂井に向けた想いなどを記した日本語・英語のペーパー、泉京・垂井の会報などを携えて、遠路熊本市に乗り込みました。すると、そこで手にした会議資料の中に、「フェアトレードタウン関係者が知らないうちにタウン運動が進んでいた岐阜県のとある町」との表現を発見しました。おまけに、私たちの参加を知った主催者から急遽頼まれて、「国内のフェアトレード運動」の分科会で垂井町の活動を発表することになりました。そして発表の最後に、勢いで「垂井町はフェアトレードタウンを目指します！」と対外的に初めて宣言してしまったのです。

二〇一四年の第四回フェアトレードデイ垂井では、初めて垂井町の中川満也町長にステージに登壇いただき、名古屋のフェアトレードタウン運動の中心メンバーの原田さとみさん（本書3執筆者）との対談を実現しました。その中で町長は、フェアトレードタウンになるための要件である地域活性化への貢献、とりわけ垂井町での地産地消の推進について繰り返し言及されました。しかし、原田さんに何度水を向けられても、「フェアトレードタウンを目指す」とまでは明言せずに対談は終わりました。

＊「WTO／FTA・NGOフォーラム」とは、世界貿易機関（WTO）と自由貿易協定（FTA）を主軸に推進される経済的グローバリゼーションの様々な問題点と、その克服に向けた課題を話し合う市民会議。二〇〇〇年に初めて日本国内のNGO、NPOなどが共同で開催し、以来年一回程度、各地で開催。

3　フェアトレードタウンの実現に向けて

フェアトレード専門店をどうする!?

いざフェアトレードタウン垂井の実現に向けて動き始めたものの、大きな課題が持ち上がりました。フェアトレード推進を主目的とした店がなくなるという、思いもよらない事態の発生でした。町には、フェアトレード産品を当たり前のように扱う「和みカフェうららか」と「スープ屋さん」の二店舗がありましたが、「スープ屋さん」は二〇一三年に垂井町の店を畳み、北隣の揖斐川町に移っていきました。続いて「和みカフェうららか」も、一四年に滋賀県米原市に移転してしまいました。どちらも町では「超」のつくほどの人気店で、客足が絶えなかったのですが、かえってそれが重荷になって人里離れた集落へと移って行ったのです。あくせくと仕事に追われるのではなく、適度な仕事量で丁寧な暮らしを実現しようという羨ましい行動ですが、町にはポッカリと大きな穴が二つ空いてしまいました。

日本のフェアトレードタウン認定基準（詳細は「序」二〇頁参照）からすると、人口二万八〇〇〇人足らずの垂井町は三店舗あれば良いことになります。町内にはイオングループのマックスバリュー、ミニストップ、ゼンショーグループのココス、すき家、はま寿司と、フェアトレード産品を扱う店が五店舗あって、一見基準は満たせています。ところが、基準にはただし書きがあって、「フェアトレードの推進・普及を主な目的とする店」、つまりフェアトレード専門店が「一店以上あること」を求めているのです。それに該当する店が町内から消えたことで、基準を満たせなくなってしまいました。さあ、困りました。

「和みカフェうららか」も「スープ屋さん」も、単なるカフェや飲食店とは大違いでした。その場自体がコミュニティを形作っていて、常連客を中心に様々なつながりが生まれ、その場を活かしたイベントも数多く行われていました。そうした人的なつながり、ネットワークを放っておく手はありません。「スープ屋さん」のあった古民家は解体されてしまいましたが、「和みカフェうららか」のあった築一〇〇年近い風格ある古民家は、退去後の利用方法が未定でした。そこで、泉京・垂井が事務所ごと「和みカフェうららか」のあとに入って、フェアトレードショップを開くことにしたのです。「フェアトレードデイ垂井からフェアトレードタウン垂井へ」という流れを断ち切らないために、二〇一四年一〇月の開店を目指して、開業資金の調達も含め、急ピッチで準備を進めていきました。

フェアトレードタウン垂井推進委員会の発足

フェアトレードタウン垂井の実現を目指す私たちは、関係各方面への働きかけを強化しました。第四回フェアトレードデイ垂井のステージ上でフェアトレードや地産地消の促進に前向きな発言をされた町長にもアピールし続けました。フェアトレードタウン垂井を目指すと宣言してから、フェアトレードに関心を持つ町外からの来訪者が増えたので、その度に町長に来訪があることを伝え、「宣言」の実現に向けた機運を醸成したのです。町議会の議長、副議長とも面談を重ね、二〇一四年八月には議員有志の方たちとフェアトレードタウンについての学習会を開催しました。また、町内の中小の事業者をとりまとめる商工会とも密に連絡を取り合い、同年六月に商工会の理事会でフェアトレードタウンについて説明させていただきました。その結果、商工会とフェアトレードデイ垂井実行委員会、泉京・垂井の三者で、「フェアトレードタウン垂井推進委員会」の設立を呼び掛けることを決定してもらうことができました。

フェアトレードタウン垂井推進委員会は、設立日を二〇一四年八月三〇日と決めて、七月から町内の各種団体に参加を呼び掛けて回りました。観光協会、社会福祉協議会、金融協会、飲食店組合、J

フェアトレードタウン垂井推進委員会設立総会で話す筆者（2014年8月30日）

Ａ（農業協同組合）といった諸団体や、三つの住民活動団体ネットワークの代表にお会いし、推進委員会への参加をお願いしました。その結果、商工会の中の商工部会、サービス部会、女性部会、青年部会の長と事務局長、観光協会長、飲食店組合代表、女性のつどい協議会会長、青年のつどい協議会会長、たるいまちづくりフェスタ実行委員会会長に、推進委員会の役員に就いていただけることになりました。

　そうして迎えた設立総会。地元選出国会議員の秘書、県会議員、町長、町議会議長、副議長をはじめ、呼び掛けた団体の代表がこぞって出席し、推進委員会の設立が正式に承認されました。そして活動の柱には、フェアトレードタウン垂井の実現に向けた啓発活動と並んで、垂井ブランド認証品の販売促進、フェアトレード活用製品開発部会の設立・運営が位置づけられました。このうち垂井ブランド認証品というのは、二〇一二年に町が設けた「垂井町の優れた産品」を認証する制度で、地産地消を意識したものが数多く含まれています。こうした**地元の産品を大切にしながら、フェアトレードと地産地消の原材料を活用した新商品の開発も進める**ことで、認定基準４にある「地域活性化への貢献」を実現していくことが確認されました。総会後には、フェアトレードタウン・ジャパンの渡辺龍也代表理事（当時、本書編者）からフェアトレードタウン運動についての講演があり、垂井町へのエールも送られました。

4 穏豊《おんぽう》社会をめざして

流域内／国内フェアトレード

垂井町の北隣には町の約一五倍もの面積がある揖斐川町が広がります。岐阜県の西南を南北に流下し、三重県北部で伊勢湾に注ぐ揖斐川の上流域を占める揖斐川町は、二〇〇五年に旧揖斐川町と周辺五村が合併して、今の広大な町になりました。

揖斐川町の中で垂井町と隣接する旧春日村は、岐阜と滋賀の県境にそびえる伊吹山の東麓を流れる揖斐川の支流・粕川沿いの山がちな地区です。伊吹山東麓の高地には多種多様な薬草が自生ないし栽培され、薬草の里として知られます。この春日地区では、七〇〇年以上にわたってお茶が栽培されています。冷涼な気候で寒暖差も大きく朝霧が発生しやすいため、お茶の栽培に向いています。日本のお茶生産の大半を占める「やぶきた種」だけでなく、中国から伝わって以来一二〇〇年もの間手を加えられていない「在来種」のお茶が生産され続けています。

この「在来種」は、五月の刈り取りまでは虫がつきにくく、無農薬で栽培されているものの、揖斐郡内の他の産地のお茶と一緒に販売されると安値で取引され、時には売れずに生産者に戻されることもあります。高齢の生産者が一年間手入れして収穫したお茶が。こうした厳しい現実に立ち向かって、「在来種」を独自に加工して販売し始めたのが、森里美さんと森ひろみさんでした。

お二人は夫同士が兄弟という義姉妹の間柄。ひろみさんの夫の修司さんが転職する際に、茶工場を手伝ったことから厳しい現実を知るようになり、自分たちでお茶の販売に取り組み始めたのです。「在来種」の一番茶をほうじ茶にし、「天空の古来茶」と命名。森家の先祖が何代にもわたって「傳六」を名乗り、お茶を売っていたという家伝にならって、「傳六茶園」という店名で販売に力を入れていきました。

最初は近隣の集落の朝市で売っていましたが、各地で開かれるマルシェ（市《いち》）などへの出店を重ね、フェアトレードデイ垂井でも常連の出店者として人気を博しています。対面販売にこだわるお二人ですが、通信販売も始めました。通信販売では、手書きのファックスで注文を受け、郵便振替で支払ってもらいます。単に商品をやり取りするのではなく、少しでも相手のことがわかるように、というこだわりからです。

お二人が様々な業態の人たちと築いたネットワークを駆使して、ほうじ茶素材の和洋菓子、ジェラート、パン、飴などの新製品が次々に誕生しています。それでも、「傳六茶園」は生産者に前払いでお金を払うというポリシーを持つため、闇雲に生産を拡大しようとはしません。茶園の放棄や荒廃を少しでも食い止めたいという思いから、なるべく多くのお茶を買い取りたいという衝動にかられることもあるそうですが、何よりも事業の持続性を大切に、という姿勢を貫いています。

急峻な山の斜面や高台の上に広がる春日の茶畑は独特の景観で、近年は「揖斐のマチュピチュ」と称され、休日には大勢の観光客が来訪するようになっています。そんな中でも浮足立つことなく、流域内の生産者に寄り添いながら、適正規模の事業を維持継続することに腐心されています。それはまさに、「**流域内フェアトレード**」であり、「**国内フェアトレード**」と言えます。フェアトレードが国境を越えた取り引きを指すだけではないことを示す代表例です。

小さな循環型社会への大きな展開

垂井町から東南に車で三〇分ほど走ると、揖斐川の下流域の輪之内町《わのうちちょう》に入ります。輪之内町は揖斐川と長良川に囲われた輪中《わじゅう》の町。二つの川の水面より低いところに町があります。この町は、岐阜県下で最も進んだゴミの減量化と再資源化を実現したことで有名で、多くの人が視察に来ます。

きっかけは、一九九九年に当時の輪之内町婦人会の有志が、周辺市町と共同利用しているゴミ焼却場を見学に訪れたことでした。大量の生ゴミを含んだ可燃ゴミのせいで焼却のために多くの燃料を必要とし、環境負荷を大きくしていると知って、ボランティアで生ゴミの分別収集を始めたのです。集めた生ゴミは自分たちの畑に肥料として入れて土に還《かえ》しましたが、さすがにボランティアだけでは限界がありました。そこで、NPO法人を立ち上げ、「ピープルズ・コミュニティ」と名付けて、町役場と協働して生ゴミの分別収集・堆肥化を進めました。

二〇〇二年には、町に資源ゴミの分別収集所「エコドーム」が開設され、その管理をピープルズ・コミュニティが受託して、ゴミを四〇種類以上に分別回収して再資源化を徹底しました。エコドームには生ゴミの堆肥化施設も併設され、できた堆肥は町民に無償で配布され、農地に還っていきます。農地のない町民向けには貸農園も用意され、その管理もピープルズ・コミュニティが担っています。

ゴミの分別収集を徹底するため、ピープルズ・コミュニティは子ども向けの環境教育にも力を入れています。身近なエコ活動から少し視野を広げて、環境全般への視座を親子で学ぶ「ぎふ地球環境塾」も、ピープルズ・コミュニティが実施しています。リサイクル関連の工場などが町内に立地して人口が増え、農地のない住民も増えたことから、農業生産者が軽トラックで直売を行う「軽トラ朝市」が始まりました。余った野菜などを使った「子ども食堂」も始まり、さらに子どもだけでなく、高齢者など一人住まいの人の個食・孤食を防ぐ「コミュニティ食堂」へと発展しています。

生ゴミ処理の問題に端を発したボランティア活動が、組織化・NPO法人化を経て、行政との協働、事業者・企業との協働を重ねて、**循環型社会に至る好循環の歯車**を、ゆったり大きく回し始めています。地産地消を軸に、地縁コミュニティの参加も得て、地に足つけて力強く。そこでの営みは、個々の産品のフェアトレードとは様相を異にしますが、**将来世代にフェアな社会を引き継ぐ**という意味で、フェアトレードに共通する理念と目標を見て取ることができます。

収奪社会から穏豊社会へ

経済格差を利用して、より安いものを大量に作り、消費し、余れば廃棄する。そこに「**収奪**」が生まれる。この構造は、何も国境を越えたものだけではありません。揖斐川町春日のお茶は、安く買い叩かれるだけでなく、販路に乗らないことすらあります。私たち消費者が気づかないうちに、規格に合った農林水産物は市場に出るものの、外れたものは流通に乗らなかったり廃棄されたりしています。

それに対して、春日の「在来種」のお茶は、二人の起業者の手によって、フェアトレード的な手法でもって「収奪」の構造から脱しようとしています。

輪之内町での取り組みは、生ゴミの堆肥化とゴミの徹底した再資源化を出発点としています。人間が環境からの「収奪」を続けてばかりいては、未来に向けた永続性を見出せません。そこで、ゴミを出発点にした循環型社会への転換が試みられているのです。一つのＮＰＯの活動の展開が、地域社会を持続的なものへと、ゆったりと大きく動かしつつあります。

これらの動きは決して局所的なものではありません。揖斐川源流の中で過疎化・高齢化の先頭を走る揖斐川町には、他の山村地域と同様に、ＩターンやＵターンで移住し、起業する例がいくつも見られます。輪之内町のエコドーム方式のゴミ減量・再資源化は、垂井町も含め揖斐川流域の多くの自治体が採用しています。また、「軽トラ市」や小規模直売所などを通した地産地消の推進も随所に見られます。

グローバルなつながりを常に意識しながら地域のありようを考えていく。日本国内の地域づくりが、遠く離れていながらもモノやカネを介してつながっている海外の社会にも好影響を及ぼせるように、という視点を持ちながら。収奪構造を縮小、解消させ、流域単位の循環型社会を再構築していく社会を、「**穏豊**《おんぽう》」という言葉（私の造語ですが）で表したいと思います。金銭的な価値だけで量った豊かさに囚われることなく、収奪や競争に絡めとられずに、穏やかに得られる別次元の〝豊かさ〟を実現する、という意味を込めて。

「穏豊社会」は、地域らしさ、地域特性を最大限活かした社会の姿を柱に据えています。その実現のためには、地域の歴史を再評価すること、地域の人智、伝統、言い伝えなどを継承することが欠かせません。その中に、穏豊社会を実現するための多くのヒントが潜んでいるからです。そのヒントを掘り起こすには、地域外の人の眼も大切です。穏豊社会はまた、決して流域単位で閉じこもった社会をイメージしているわけではありません。水、食、エネルギーなど、生命の根幹をなすモノはなるべく流域内で手に入れ、循環させる。流域で産出しないモノ、できないモノは、生産地、消費地双方の環境や人権などに最大限配慮しながら豊かな交易を行う。流域で余ったモノやほかでは生産できないモノも、同様に公正に交易する。穏豊社会とフェアトレードは、そういった点で極めて親和性が高いのです。

5　素地を形づくる、素地を広げる

フェアトレード&地産地消のお店「みずのわ」

二〇一四年一〇月、泉京・垂井は、フェアトレード&地産地消の店「みずのわ」をオープンさせました。オープン初日と二日目は特別セールとし、かつて人気を博していた「スープ屋さん」が出店したこともあってか、大勢の人出で賑わいました。かの築一〇〇年近い古民家を活用した「みずのわ」は、一階の入ってすぐ左手が店舗、右手奥がＮＰＯの事務所、奥の二間が「ぷかぷか」と名付けたフリースペースとなっています。ここで会議やイベントを開くも良し、ギャラリーとして活用するも良し、買い物客がコーヒーや紅茶をセルフサービスで淹れてまったりと寛《くつろ》ぐも良し、という造りになっています。

「みずのわ」の店舗スペースには、フェアトレード産品やフェアトレード関連の書籍・DVDが所狭しと並んでいるのはもちろんのこと、揖斐川流域の地産地消の名品がいくつも仲良く並んでいます。養蜂が盛んな垂井町の、季節ごとに味が異なるはちみつやその加工品、養老町の特産品であるひょうたんの工芸品、揖斐川町春日からは無農薬の在来種のお茶やその加工品に加え、数々の麻製品や珍しい麻炭、安八町《あんぱちちょう》からは福祉共同作業所で作られた焼き菓子やフェアトレード紅茶を使ったジャム類、神戸町《ごうどちょう》からは手作りにこだわった木工品などなど、いずれもそれぞれの店や生産者と直接コンタクトしなければ手に入らないものが一堂に揃っていて、さながら**揖斐川流域の名品展覧会場**となっています。

「みずのわ」外観

「ぷかぷか」も様々に利用されるようになっています。フェアトレードコーヒーの飲み比べ会や無農薬在来種のほうじ茶作りの会、ひょうたんランプ作りの会、書の展覧会。「和みカフェうらら」や「スープ屋さん」、養老町で人気を博しながら店を閉じた自然食レストラン「穂の歌」など、こだわりの名店の食事を楽しむ会。そしてもちろん、フェアトレード関連のDVDの上映会や「もうひとつのチョコレート展」といったフェアトレードがらみのイベント。さらには、垂井町内外の住民活動団体の会議やイベントなどなど。近隣の高齢者の人たちがぷらっと寄って歓談することもあります。天然石を売るお店が離れの納屋を改造して出店し、自然素材の髪染めのお店がみずのわの一部を改装して出店する話も進んでいます。こうして、一つのスペースから多様なつながりを紡ぎ出すことを目指しています。

学習型観光と多様なつながりの展開

泉京・垂井は、二〇一〇年と一一年に、厚生労働省の緊急人材育成・就職支援基金を活用して、地域づくり人材育成事業を行いました。修了後に地域づくりの最先端で活躍できる人材の育成を目的に、揖斐川流域に点在するNPOなどでの実習と座学を組み合わせた、六カ月のカリキュラムを作りました。それができたのも、泉京・垂井の活動開始翌年に結成された「西濃環境NPOネットワーク」に発足当初から参画し、揖斐川流域のNPO活動の情報を密に得ていたおかげでした。実習では、上流と下流でそれぞれ一週間程度NPO等の現場の活動に参加して、座学だけでは身に付きにくい実地の体験をしてもらいました。その甲斐あってか、二年間で一六名いた受講者のうち、九名がNPOなどに職を得ました。並行して大阪女学院大学のフィールド・スタディも二年間受け入れました。こちらは、一週間の間に揖斐川流域の農林業の現状や数々のNPO活動を体験し学ぶ、というカリキュラムでした。

こうしたカリキュラムを組む中で、揖斐川流域のNPOだけでなく、揖斐郡森林組合、いびがわランバーテック協同組合、いび森林資源活用センター協同組合といった、現業の協同組合などともつながりができてきました。その後、二〇一一年から一三年まで県の都市農村交流事業を受託し、主に都市部に暮らす人々が揖斐川流域の農山漁村を体験するプログラムを実施しました。この過程で、それまで力を入れてきた上流部との連携に加え、下流域へも視座を広げて、三重県桑名市の赤須賀漁業協同組合や体験型博物館「輪中の郷」などとのつながりもできました。こうした素地ができて、一三年には、インドやネパールで活動する国際協力団体ソムニード（現「ムラのミライ」、高山市）の現地人スタッフ研修を揖斐川流域で受け入れたほか、国際協力機構（JICA）の村落開発研修として、アフガニスタン、カザフスタン、東ティモール、フィリピンから一四名を垂井町で受け入れ、いずれも住民主体の地域資源管理、とりわけ水資源管理について学んでもらいました。

大学生の研修受け入れ

二〇一四年になると、学習や体験を伴う観光受け入れは、さらに件数が増えていきました。三月に熊本市でのフェアトレードタウン国際会議で宣言したこともあって、「フェアトレードタウンを目指す町での研修希望」というケースも出てきました。ただ、垂井町を訪問するだけでは、フェアトレードタウンの予兆を感じとることが困難です。そこで、依頼者と相談しながら研修プログラムを組みます。最初に「みずのわ」で、グローバルな関係性と地域づくりにおけるフェアトレードや地産地消の位置づけを学んでいただく。その後で、町内を散策したり、揖斐川流域で関係各所を訪問したり、農山村の生活を体験したりすると、見える風景や印象も随分と変わってくるのです。プログラムを組む際にも、NPOだけでなく、傳六茶園のような事業者や企業、協同組合、行政にも協力を要請し、緩やかなつながりを作っていきます。食べ物は特に重要で、垂井町内や揖斐川流域の飲食店にお願いして、地産地消の食事を提供していただきます。「学習型観光」と名付けたこのプログラムは、実は、来ていただいた人に学習機会を提供する以上に、提供する私たちにとって大きな学習の場となっています。

小さな町の大きな挑戦は、注目を集め続けています。フェアトレードデイ垂井も、第五回、第六回と、回を追って来場者が増え、一万人規模のイベントへと成長してきました。第六回では、一〇〇名以上の中高生がボランティアとして参加してくれました。学習型観光の受け入れも定着し、二〇一五年九月には「フェアトレード学生ネットワーク（FTSN）」の年次サミットが垂井町で開催され、一〇〇名近い学生が町に集いました。

今は、議会の支持決議と町長の支持表明を得ればフェアトレードタウンへの道が大きく開ける、という段階で少し足踏みしていますが、町内では少しずつ、静かにフェアトレードが浸透してきています。様々な立場の人たちからフェアトレードタウンへの期待を耳にするようになり、その実現に向けた最終段階を丁寧に踏んでいます。

垂井町という小さな町にとって、フェアトレードタウンを目指すことは大それたことかもしれません。それでも、岐阜県で最大のフェアトレードイベントの開催地として知られるようになったことは、私たちにとってフェアトレードタウンへの大切な一歩です。私たちは、フェアトレードと地産地消にとことんこだわって、丁寧な暮らしを提唱し続けています。そしてその想いが、町全体へと緩やかに浸透していくことを目指しています。

町がフェアトレードタウンに認定されることは、穏豊社会実現に向けた一里塚です。垂井町内には、中山道で二つしか残っていない一里塚のうちの一つが、地元の人たちの手によって大切に保存されています。その一里塚のように、**誰の目にも見えて、わかりやすく、大切にされるもの**として、フェアトレードタウンを実現していきたい、そして、その先の穏豊社会の実現に向けて、半歩ずつでも、着実に歩みを進めていきたい、というのが私たちの想いです。

第６回フェアトレードデイ垂井
（2016 年５月８日）

広がるフェアトレードタウン運動　ガースタングから世界へ

フェアトレードタウン運動創始者　ブルース・クラウザー

それは、二〇一〇年の三月、イギリスでは一年で最大のイベント「フェアトレード・フォートナイト」（フォートナイトは二週間の意）のまっ最中でした。普段なら、イベントの準備や実施でガースタングの町をかけずり回っているはずですが、私は日本にいました。東京経済大学で開催された第一回国際フェアトレードシンポジウムに参加するためでした。シンポジウムを終えた私は、フェアトレードタウンを目指していた熊本と名古屋から招かれ、最初の訪問地、名古屋に向かいました。

名古屋に着くとすぐ、市内のやや古びた建物へと案内されました。そして、二〇人ほどの人が待ち受ける部屋に入ったのですが、数秒も経たないうちに不思議な感覚に襲われました。以前、フェアトレードのカカオの生産地であるアフリカ・ガーナのニュー・コフォリドゥア村（ガースタングの姉妹都市）を訪れた時に私を待ち受けていた空気、それと同じ空気に全身が包まれたのです。

もちろん、訪れた時の状況は全く違っていました。ガーナの村を訪れるときは「ケンテ」と呼ばれる民族服に身を包み、集まりも屋外で執り行われます。ですが、名古屋では屋内でしたし、着ていたのも黄色い洋服のジャケットでした。それでも、その場に集まった人たち、フェアトレードタウン運動を推進する人たちが発する暖かさや友情表現は、ガーナの村の人たちと全く同じだったのです。それは、ほかの多くのフェアトレードタウンを訪れた時に抱いた感覚とも共通していました。

そうした人たちの強い想い、同志間の強い絆こそが、私に確信を抱かせるのです。たとえどんなに少数であっても、二〇〇万都市の名古屋の中でたった二〇人の人たちであっても、いつか必ずフェアトレードタウンを実現するという夢を叶えるに違いないと。それは決して容易なことではないでしょう。でも、フェアトレードタウンの実現など簡単だ、などと言った人は、今まで一人もいないのです。

すべては三人から始まった

前置きが長くなりましたが、これからガースタングのお話を少ししたいと思います。この町をフェアトレードタウンにした牽引役は、ガースタング・オックスファム・グループでしたが、フェアトレードタウンへの道のりは平坦なものではありませんでした。でも、そうだからこそ意味を持つのです。ガースタングの町にできることならば、**世界のどこの町でもできる**からです。

ガースタングのオックスファム・グループは一九九二年に結成されました。最初の会合に出席したのは、私と私の妻、それに私たちの子どものベビーシッターの三**人だけ**でした。議長には私、書記にはベビーシッターがつきました。そんな小さなグループにいったい何が成し遂げられるのか、などと決して侮ってはなりません。グループはだんだん大きくなりました。そして二年後にフェアトレードラベルがイギリスに導入された頃には、フェアトレードをニッチな市場から主流の市場へと広げ、根づかせるのに必要な運動体にまで成長したと思えるようになりました。

オックスファムのキャンペーン・グループとして、私たちはグローバルな貧困問題の解決に向けた活動を始めましたが、次第にフェアトレードを活動の中心に据えるようになりました。それには二つの理由がありました。

まず、フェアトレードは人々の共感を得やすいテーマでした。ガースタングはイギリスの労働運動が生まれた北西部に位置しています。この地に住む人々の先祖は一〇〇年前、労働者の権利を獲得するために戦いました。フェアという言葉を含む当時のスローガン「きちんとした仕事にはきちんとした賃金を（a fair days pay for a fair days work）！」は今に語り継がれていて、フェアトレードという言葉がすんなり受け入れられる素地がこの地にはあったのです。

そしてもう一つ。フェアトレードの意味を知り、行動を起こすには、人々は自分が買う紅茶やコーヒー、チョコレートをフェアトレードのものに変えさえすれば良いからです。何か変化を起こそうとする時、**これほど簡単な行動**が、そして**これほど楽しい行動**がほかにあるでしょうか。

とは言うものの、私たちの活動はほとんどうまく行っていませんでした。今日これだけ世界に広がり、目覚ましい成果を上げているフェアトレードタウン運動ですが、実はその発端は、地域に浸透できずにいる自分たちの運動への**苛立ち**《フラストレーション》にあったのです。その苛立ちは二〇〇〇年初めまで続きました。

その年の初め、イギリスを代表するフェアトレードのコーヒー会社「カフェ・ディレクト」が、フェアトレード・フォートナイト期間中にコンテストを催しました。フェアトレードへの関心を最も高められたグループに賞品を出すというもので、その賞品は「イギリス議会の下院で国際開発庁のジョージ・フォークス次官と昼食を共にできる」というものでした。私たちは早速エントリーしました。

私たちが行ったのは、それまで心を動かすことができずにいた町内のキー・パーソンを食事に招待することでした。町議会議員や教会長、学校長、商工会議所幹部など、町中のさまざまなキー・パーソンを招きました。食事は三品のコース料理で、フェアトレードの食材と地元の食材だけで作った料理を提供しました。地元の食材を入れたのは、ガースタングの町を取り巻く地域の農家もまた、生産した酪農産物を安く買い取られていて、そうした苦境にある農家への共感の意を示すためでした。

この食事会には、地元の農家やお店から多大な支援が寄せられました。メインコースに使った牛肉やキノコなどの食材は、地元の農家が無償で提供してくれました。食卓を飾る花も地元のお花屋さんが寄付してくれました。レストランも会場をタダで貸してくれた上、料理も無償でしてくれました。手元に一〇ポンド（約一七〇〇円）しかなかった私たちにとって、それは本当にありがたいことでした。

私たちは、この食事会を資金集めの場にしたくありませんでした。招待したゲストから会食費を取らないのはもちろん、募金箱も用意しませんでしたし、寄付も受け付けませんでした。それは、金銭的な負担をかけないことで多くの人に来てもらおうというよりも、ゲストにある行動を取ってもらいたかったからです。

人はお金を出すと、それで何か良いことをした気分になって、それ以上の行動をしなくなりがちです。そこで私たちは、ゲストの皆さんに、**お金を出すかわりに「自分のところでフェアトレード製品を売ったり使ったりしていく」という誓約書に署名して下さい**、とお願いしました。フェアトレード産品を店先やイベントで売ったり、会議や集会の席でフェアトレードの紅茶などを飲んだり食べたり、ということを日常化して欲しかったのです。

このアイデアは、食事会の数日前の深夜にふとひらめいたものです（いいアイデアはいつも夜中や入浴中に湧いてくるものです）。もし食事会がうまく行って、ゲストがみなフェアトレードに切り替えてくれれば、フェアトレードのコミュニティ、つまりフェアトレードタウンを実現できるのでは、と思いついたのです。私は、そのまま寝てしまったら朝までに忘れてしまうにちがいないと思い、すぐさまベッドから起きてこのアイデアをメモしました。

さいわい食事会はうまく行き、会が終わるまでに、町内にある四つのすべての学校の代表や、六つのすべての宗派の代表、それに多くのお店の人から署名を集めることができました。町長も関心を示しましたが、「フェアトレードタウンになるということは、町の中でネスカフェを売ってはならなくなるということなのか？」と私に尋ねました。当時は「フェアトレードタウンとは何か」ということが全くの白紙状態だったので、私はこう答えました。「〝好ましくない〟ものをボイコットするのではなく、フェアトレード産品を買いたいという人がいれば買える機会を提供できる町になることです」と。

町民集会でのできごと

それからしばらくして、私は毎年開かれる町民集会で話をするよう頼まれました。普通は一人か二人ぐらいしか町民が参加しないと聞いてはいましたが、ほんの少ししか人がいなくても、話ができる場があれば喜んで出かけていた私は、その依頼に応じました。

その日は、忘れもしない二〇〇〇年の四月二七日でした。仕事先から町内の教会のホールで開かれた町民集会に駆けつけると、会場には三、四〇人の人がいました。この日の集会は、今までとは一味も二味も違ったものとなりました。

私は一通り話をした後、ガースタングの町をフェアトレードタウンにしよう、と提案して締めくくりました。そのあと、休憩時間まで議論する時間がありました。ちなみに、休憩時用の飲み物には、町長がフェアトレードの紅茶とコーヒーを自腹で買って用意していました。それはともかく、質疑応答の中で、ある人が「町議会としてどのように対応するつもりなのか」と尋ねると、町長は「この件は持ち帰って次の議会で議論しなくてはならない」と答えました（訳者注：イギリスの市町村は議員の中から互選で市町村長を選出するので、町議員である町長が町議会の対応を提案することは可能と思われます）。

とその時、議会事務局員が割って入り、「今日の集会で議論することも可能です」と告げました。そこで町長が、今あった提案に対してどう思うかを町議たちに尋ねたのですが、彼らは下を向いて押し黙ったままでした。すると、また事務局員が割って入り、「町長はお分かりでないようですが、町民集会に町議が出席する必要はありませんし、町民集会で議決権を持っているのは町民自身です。町議を罷免したいと思えば、この場で罷免することさえできるのです」と説明しました。すると、下を向いていた町議たちも顔を上げて熱心に聞き入りはじめました。事務局員は続けました。「もし、ここに集まった町民が、ガースタングをフェアトレードタウンにしたいと思うのなら、採決して議決することができるのです」と。

その言葉が終わるやいなや、後ろの方に座っていた女性が手を挙げ、「ガースタングをフェアトレードタウンにしよう」と提案しました。すると、隣に座っていた友だちがその提案を支持し、投票にかけることになりました。その結果、棄権した一人の町議を除く全員が賛成し、ここに世界初のフェアトレードタウンが誕生したのです。あとから思えば、一人の事務局員の発言が、その後世界へと広がる市民運動を生み出すきっかけを作ったのです。こうして集会は終わったのですが、町長も私も、いったい何が起きたのかよく分からないまま会場を後にしました。

次の日、私はフェアトレード財団（イギリスのフェアトレードラベル認証組織）に電話して、昨晩何があったかを伝えました。それに対する財団の答えは、「何の権限があってそんなことをしたのか？」

というものでした。これには驚かされましたが、あとになって理由が分かりました。私たちの活動は「Fairtrade」の普及だったので、前日に議決した時もフェアトレードタウンを「Fairtrade Town」と表記していました。この、fair（公正な）と trade（貿易／取引）を一語に合体した Fairtrade は、フェアトレードラベルを意味する造語で、フェアトレード財団の許可なく使ってはいけないことになっていたのです。しかし、最終的には財団もこの運動の意義を理解して、フェアトレードタウンになるための基準を自ら定め、基準を満たした市町村を認定するようになりました。

以上がフェアトレードタウンが誕生した経緯ですが、私たちのキャンペーンは、残念ながら「カフェ・ディレクト」主催のコンテストに勝つことができませんでした。したがって、フォークス次官と昼食を共にすることもできませんでした。しかし、次官は私たちの運動に関心を示し、ガースタングまで足を運んで、フェアトレードと地元産の食材を使った朝食会に参加してくれました。それだけではありません。次官はBBCのニュース番組で私たちの大胆な取り組みを賞賛した上で、「ガースタングに発したかがり火は、燎原の火のようにイギリス全土へ、そして海外へと燃え広がっていくでしょう」という不朽の言葉を残しました。

フェアトレード財団が定めた五つの基準は、私たちがガースタングで食事会を開いた時の精神、つまり「**地域社会のあらゆる分野の人たちの参加を得る**」という精神を反映したものとなりました。その五つの基準にのっとって、二〇〇一年一一月にガースタングが正式に初のフェアトレードタウンとして認定され、続いて翌年一月にチチェスター市（訳者注：イギリス南東部の古都）が認定されました。

一一月には、スコットランドの二つの町が、スコットランド初のフェアトレードタウンになりました。

燎原の火

私は、何か特別なことが起きはじめたと思うようになりました。そして、スコットランドの大都市エディンバラがいつかフェアトレードシティになる日が来るのでは、と夢見るようになりました。ですが、そんな私でも、まさか七〇〇万人を抱える大ロンドン市がフェアトレードシティになるとか、ましてやパリ、ローマ、マドリード、ブリュッセル、ボン、オスロ、シカゴ、サンフランシスコ、ボストン、バンクーバー、ウェリントンといった首都や国際的な大都市がガースタングの後を追うようになる、などとは夢にも思っていませんでした。

しかし、フォークス次官の「予言」の方が当たっていました。フェアトレードタウン運動は瞬く間に世界中に燃え広がっていったのです。それも、北の先進国だけでなく、南の途上国（フェアトレード産品の生産国）へも。各国の運動には、その国ならではの独自性も見られますが、ほぼ例外なくイギリスの五基準を採用しています。ただ、運動の対象は多様化しています。イギリスでは今でもフェアトレードラベル産品だけを普及の対象にしていますが、アメリカやカナダ、オーストラリア、ニュージーランド、それに日本では、ラベル産品以外も対象にしています。そうした国が増えたことで、国際的には「Fair Trade Town」と表記するようになりました。

ガースタングは、世界中からメディアの注目を集め、たくさんの人が訪問するようになりました。

そうやって受け入れてきた数多くの訪問者の中で最も多かったのは、実は日本からの訪問者でした。日本に四つのフェアトレードタウンが生まれた今、私はできる限り多くの人とガースタングの経験を共有してきたことの意義と価値を感じずにはいられません。そうした共有の場を常設する必要性が高まったことから、ガースタングの町に「The FIG Tree 国際訪問者センター」を設置しました（その後ランカスター市に移設）。また、訪問者に歓迎の意を表そうと、英国生協の支援を得て、町の境界に「ようこそ、世界初のフェアトレードタウンへ！」という標識を立てました。

私たちの運動が支持され、国内外に広がるにつれて、フェアトレードタウン運動は、「コミュニティ」にフェアトレードを普及させる最善の方法の一つとして注目されるようになりました。「コミュニティ」というとすぐ地域共同体（市町村）が連想されますが、それだけではありません。大学や学校、教会、職場なども人が集うコミュニティです。こうして、フェアトレードタウン運動にならって、フェアトレード大学、フェアトレード学校、フェアトレード宗教施設、フェアトレード職場といった、さまざまなコミュニティに根ざした運動が誕生しました。

町の境界に標識を立てる

さらに、イギリスではフェアトレードの普及そのものを目的としないイニシアチブにも、フェアトレードタウン運動のモデルが採用されました。ゴールドスター・コミュニティ、ハイキング歓迎タウン、鳥獣保護シティ、社会的企業ゾーンなどが代表例です。

話をフェアトレードタウン運動に戻しましょう。各国のフェアトレードタウンの累計が一〇〇〇に近づくにつれ、一〇〇〇に達した日を世界中で祝う計画が持ち上がりました。ただその場合、自分の町が一〇〇〇番目の栄誉を得たいという「競争」が起きる可能性があるので、希望する町はすべて同時に一〇〇〇番目となれるようにしました。こうして二〇一一年六月四日、熊本市やマドリード、ガーナのニュー・コフォリドゥアなど、九カ国に計一二のフェアトレードタウンが誕生しました。日付が六月四日に変わるのが一番早いオーストラリアのホワイトホース市からお祝いを始め、日本の熊本市、大陸ヨーロッパの五都市、イギリスの三都市、ガーナのニュー・コフォリドゥア村、そして最後にアメリカのグリニッジ市へと祝賀リレーをしていきました。この日はまた、熊本市とニュー・コフォリドゥアが加わったことで、世界の六大陸すべてにフェアトレードタウンが誕生する記念すべき日となりました。

誰もが消費者であり、生産者でもある

アフリカには、古くから「ウブントゥ」、つまり「私たち皆が何者であるかによって、私自身がある」という哲学があります。私たちの生活は、他のみんなによって成り立っている、という意味なのですが、残念ながらこの哲学は、一六世紀には「我思う、ゆえに我在り」というデカルト流の西洋哲学に取って代わられてしまったようです。それでも、私たちが相互依存の世界に生きていることに疑問の余地はありません。「生産者」と「消費者」に分断された世界など、想像できません。**私たちはみな生**

産者でもあり、消費者でもあるのが現実だからです。

私たちは互いに貿易し、交易しながら生きています。辛い時にはどこからか手が差し伸べられます。それも思いもよらないところから。二〇一一年三月の地震で大津波が東日本を襲った時、私はガーナを訪問していました。すると驚いたことに、ガーナの全国放送が募金の呼びかけを始めたのです。司会者は、何年にもわたって援助をしてくれた日本に、今こそお返しをする番だと国民に呼びかけていました。

とは言え、フェアトレードはチャリティ（慈善活動）ではありません。それは**正義の貿易**を意味します。生産者の人たちに対して、彼らにふさわしい対価――生産コストをまかなうとともに、人間らしい生活ができるだけの対価――を支払うものです。私たちは生きる上で生産者を必要としています。だからこそ、彼らが生きる上で必要とする対価を支払うべきなのです。

フェアトレードタウン運動が、少なくともイギリスにおいてフェアトレードの普及に大きな役割を果たしてきたことは間違いありません。イギリス国内のフェアトレードラベル製品の売り上げは二〇一三年に二二億ポンド（約三二〇〇億円）に上り、フェアトレードラベルを知っている人の割合も世界最高の九六％に達しました。アメリカや日本でも、フェアトレードタウン運動によって同程度の認知率や一人あたりの購入額（年間四九〇〇円）を実現できれば、どれだけ生産者の人たちの生活を変えることができるでしょうか。

フェアトレードタウン運動は、私たち消費者と生産者が互いに助け合い、結束すれば、より強固な運動として成長していくことができます。かつてフェアトレード財団のハリエット・ラム元事務局長が、「フェアトレードタウン運動には死活的な重要性があり、大きな変化をもたらしている。それは草の根の社会運動で、**生産者の人々とともに世界の貿易システムを変革する運動の心臓部**を成している」と語ったことがあります。私たちと生産者は、肩を組んでより良い世界のために戦わなくてはなりません。そのためには、途上国内のフェアトレードタウン運動も歓迎し、支援しなくてはなりません。**日本は、そうした世界規模の運動の一員である必要があります**。解放の神学を説いたために一九八〇年に暗殺された中米エルサルバドルのオスカル・ロメロ大司教は、「私たちはみな、何かできるのですから、私たちはみな、何かをしなくてはなりません」と説きました。日本も、この世界を変革する運動の一員であることができるならば、その一員でなくてはなりません。

二〇一〇年に日本を訪れた時、私はフェアトレードタウンの全国運動を起こそうという情熱にあふれた人たちと出会う一方で、疑念を抱く人たちにも出会いました。「フェアトレードは、日本ではイギリスほど人々に知られていない」と言うのです。そう言う人たちに私は、イギリスでも以前はフェアトレードがそんなに知られていたわけではなかったこと、一九九〇年代にはガースタングのオックスファム・グループもフェアトレードの普及に悩み、苦しんでいたことを伝えました。そうした逆境にあっても、辛抱強く続ければ成功するのです。たとえ相手が煉瓦の壁であっても、頭を打ち続けていればいつか壁は崩れる、と私は信じています。確かに、ひどい頭痛が残るかもしれませんが……

小さな火花、最初の灯を絶やさずに！

日本滞在の最後の訪問地は、その一年後に日本初・アジア初のフェアトレードタウンとなった熊本市でした。運動を推進する団体は規模も小さく、フェアトレードタウンになれるかどうか自信がなさそうでした。ただ、世界を変えようとする時に大事なのは、**数ではなく質**なのです。私が二〇〇一年に初めてガーナを訪れて、同国第二の都市クマシ市で市議会議長のマクスウェル・ジュマ氏にお会いした時、ガーナでフェアトレード産品を売っていないのは残念だと言うと、ジュマ氏は、「キリスト教の伝道を始めた時、一二人の使徒しかいなかったのを覚えてますか」と私をたしなめました。その話を持ち出して、「熊本市には一二人以上の人がいるではありませんか」と私は激励しました。

フェアトレードタウン運動は、真に草の根の運動であるところに最大の長所があり、そうあり続けなければなりません。ガースタングがフェアトレードタウンになったのも、町民集会での採決によってでした。その後も、ドイツのザールブリュッケン市であれ、アメリカ・ペンシルバニア州のメディア町であれ、日本の熊本市であれ、フェアトレードタウンを誕生させたのは行政でもなく、どこかの組織でもなく、一般市民でした。

二〇一一年に世界一〇〇〇番目のフェアトレードタウンの誕生を祝った際、「貿易を公正にしよう」という請願書への署名を求めるキャンペーンをグローバルに繰り広げました。その時のように、世界のフェアトレードタウンが声を上げれば、それは一組織の声や組織の連合体の声ではなく、正義の貿易を求めて集まった何百ものコミュニティの声として、世界のリーダーたちに届くことになるのです。

私たちは、これまでに草の根の先駆者たちが成し遂げてきたこと、そして今もニュー・コフォリドウアをはじめとする途上国の草の根の先駆者たちが成し遂げようとしていることを、決して忘れてはいけません。何かが本当に変わる時、その変化は、どこかの組織の戦略や個人の計画から生まれるのではなく、**普通の人たちがおこす火花**をきっかけに生まれるのです。そうして生まれた最初の小さな灯を絶やさすことなく、燃え広がっていくようにする、それが組織が担うべき最も重要な役割です。もし、組織にそうした役割を担う準備ができていなかったり、準備に時間がかかったりするような場合は、少なくとも何が起きているかをきちんと把握し、準備が整うまで灯を絶やさないようにしなければなりません。そうしなければ組織自身の存続にもかかわってきます。もし、二〇〇〇年にガースタングがフェアトレードタウンを「自主宣言」した時に、フェアトレード財団が好意的な対応をしなかったなら、今ごろフェアトレードはどうなっていたか、想像してみてください。

私はかつて、「もしイギリスに四〇〇のフェアトレードタウンが生まれたら、イギリス史上最大の運動ネットワークになるだろう」と言ったことがあります。現実にイギリスだけで六〇〇以上のフェアトレードタウンが生まれ、世界全体では二〇〇〇を超えた今は、世界史上最大の運動ネットワークが構築できると私は信じています。そのネットワークが今日の世界を変える潜在力は、とても大きなものがあります。ひょっとすると、世界の貧困問題に終止符を打つ触媒《カタリスト》になれるかもしれません。

そんなことを言うと、「夢ばかり追いかけている理想主義者」と切って捨てられるかもしれません。フェアトレードタウンが広がっていく夢を見ていた一五年ほど前の私は、確かにそうでした。それが今はどうでしょう、夢は実現したのです。そう、夢は実現できるのです。南アフリカのアパルトヘイト（人種隔離政策）にもいつか終わる日が来るだろうと信じていた頃が、昨日のことのように思い出されます。私にはその日が来るという確信がありました。が、私が生きている間に来ることはないだろうとも思っていました。それがどうでしょう。今の子どもたちは、アパルトヘイトを歴史の一ページとして習っています。それを目の当たりにして、私は世界の貧困に終止符が打たれる日も必ず来ると信じることができます。私が生きている間に来るかどうかは正直言って分かりませんが……**夢を持ちましょう！　持ち続けましょう！**

［訳：渡辺龍也］

＊訳者注：読みやすいよう小見出しをつけました。

結——フェアトレードタウン運動の意義と課題

渡辺龍也

各地の運動を振り返ると、推進する人たちの思いや、まちの歴史、地理、文化といった「土地柄」によって、運動も多種多様であることがよく分かります。この「結」では、各地の効果的な取り組み、運動の成果、運動の意義、そしてこれからのフェアトレードタウン運動のあり方を考えていきたいと思います。

1　効果的な取り組み

まず、運動の輪が日本各地に広がっていくことを期しながら、これから運動を始める際に参考になるような、効果的ないしユニークな取り組みを、六つの基準（「序」二〇頁参照）に沿って見ていきましょう。

基準1：推進組織の設立と支持層の拡大

基準1は、地域内の様々なセクターや分野の人々でフェアトレードタウン運動の推進組織が構成されるよう求めています。熊本では一〇代から七〇代までの幅広い年齢層で構成され、役職も立候補制の自由闊達な組織でした。名古屋では四つの推進団体が大同団結して推進組織を設立し、核となる推進団体も学生、教員、会社員、議員、NPOスタッフ、主婦など多様な人たちで構成されていました。逗子では、推進組織の中心的なメンバーが研究者、行政職員、主婦と、市民運動を展開する上で絶好の組み合わせだったと言います。浜松の推進組織も教員、学生、会社員、団体職員など多彩なメンバーで構成されています。札幌では行政、企業、NPO関係者など幅の広いマルチステークホルダーからなる新たな推進組織が最近設立され、垂井では町内の主だった団体（商工会、観光協会、飲食店組合、女性団体、青年団体等）の参加を得ることに成功しました。

逗子や浜松では、市の職員や外郭団体が最初から関わったことで運動がスムーズに展開したように見受けられます。このように、行政の参加にはプラスの面もあると思いますが、フェアトレードタウン運動はあくまで「草の根」運動です。それは創始者のクラウザー氏が強調してやまない点で、運動が行政側に振り回されたりすることがないよう注意することも必要です。

基準2：運動の展開と市民の啓発（市民の関心・理解の高まりとメディアによる報道）

各地では、毎年五月の世界フェアトレード・デーやフェアトレード月間を中心に、様々なイベントやキャンペーンを繰り広げ、メディアにも取り上げてもらっています。**札幌**では「フェアトレードフエスタinさっぽろ」が、**垂井**では「フェアトレードデイ垂井」が毎年開催され、多くの人を集めています。**熊本**では、直接関係のない町内会の夏祭り等にも精力的に参加してフェアトレードをアピールしています。**名古屋**でも、ファッションショーや子ども向けの宝探しなどの「お楽しみ」企画や、月一のフェアトレード市を開催しています。全世代を対象にした参加型ワークショップも精力的に行っていて、そこに参加した高校生や大学生、社会人が自発的にフェアトレードの推進・普及行動に出ていると言います。

逗子では、フェアトレードの連続講座や映画祭などのほか、チョコレート作りやコーヒーのカッピング（味見・品評会）を実施しています。来日したフェアトレード生産者と交流する場も設けていて、直接の出会いはフェアトレードをより深く理解するために重要だ、と逗子の磯野さんは指摘していま す。北海道の**陸別町**は、まだはっきりとフェアトレードタウンを目指しているわけではありませんが、その「まちチョコ」活動は町の人たちの関心を大いに高めていて、フェアトレードタウン運動のしっかりとした基礎を築いていると言えます。

ここで気づくのは、講座やワークショップといった「硬い」企画だけでなく、フェアトレードを「楽しむ」企画も盛んなことです。その典型がファッションショーです。「社会的公正」をストレートに訴えると一般の人は引いてしまいがちですが、楽しく、華やかにメッセージを発する企画は、近寄りがたさを振り払ってくれます。それを「浮ついている」と冷ややかに見る向きもあるようですが、名古屋の市議が「一部の活動家たちの運動のようで大丈夫かなと心配していたが、（イベントは）楽しそうで、笑顔があり、ファッションショーやトークショーも垢抜けていて、これならいいいな」と言ったように、「柔らかい」企画は一般の市民を引きつけ、フェアトレードへの関心と理解を高める効果があります。

また、**熊本**ではテレビのキャスターにフェアトレードの服を着て番組に出てもらうことに成功し、**名古屋**では地元タレントが自ら運動の先頭に立っています。このように、地元社会への影響力・発信力をもった人にフェアトレードの旗振り役になってもらうのも、とても効果的と言えるでしょう。

基準3：地域社会への浸透（地元の企業や団体によるフェアトレード産品の利用と組織内外への普及）

熊本では、テレビ局、新聞社、銀行、病院など二一の事業所でフェアトレード産品を利用していますが、すべて自主的に決めたとのことです。中には顧客にフェアトレードコーヒーをサービスする美容院もあると言います。**名古屋**では、いくつかの企業が社内販売を始めたりしましたが、まだあまり振るわないようです。**逗子**でも、「個人的には利用できても組織として利用するのはコスト面で難しい」との返事が多く、この基準の達成に最も苦戦したと言います。それでも、いくつかの企業や福祉クラブ生協が休憩室でフェアトレードのコーヒーや紅茶を利用しているとのことです。**札幌**では、新入生の入学記念品にフェアトレード製品を取り入れた大学があります。

このように、フェアトレードの認知率が低い段階での地域社会への浸透には苦労も多いようですが、最後には地道な努力が実を結んでいます。

基準4：地域活性化への貢献（地域の経済社会活性化に向けた各種コミュニティ活動との連携・連帯）

最後の段階でこの基準を加えたことに、まちによっては戸惑いもあったようですが、実は気づかないうちに、ほぼすべてのまちで地域活性化への取り組みは行われていました。今では、地産地消との融合をはじめ、地域活性化を念頭に置いた意識的・意欲的な取り組みが広がっています。

熊本では、障がい者団体と連携したフェアトレード製品作りが行われてきました。**名古屋**では、障がい者作業所・授産所に加え、生協、平和、環境保護、スローフード等の運動や、有機農家や子育てグループとの連携を深めています。**逗子**では、地元の業者や市民とともにオリジナルのフェアトレードコーヒーやまちチョコを開発してきました。「国内フェアトレード」として、東日本大震災の被災地で作られた復興支援グッズも販売しました。今後は、ウエルフェア（福祉）とフェアトレードを掛け合わせた「ウエルフェア・トレード」を推進して、障がい者や高齢者の雇用創出に貢献しようとしています。

浜松では、フェアトレードの砂糖・オリーブオイルと地元産のしょうが等を使ったクッキーを障がい者支援施設で製造・販売しています。「フェアトレードの生産者を励ましてきたように、地域で良心的（倫理的）な食料、食品を作っている人を励ます」ことも目指しています。**札幌**でも、北海道産の牛乳・砂糖とフェアトレードのカカオ豆を使ったチョコレートを作ることで、「地産地消とフェアトレードを融合」する夢を追っていますし、陸別ではシカ肉や牛乳とフェアトレードの食材を使ったコラボ産品を次々に開発しています。地方の小さな町である**垂井**では、地産地消へのこだわりが強く、フェアトレード産品と地産地消の原材料などを活用した新商品の開発を活動の大きな柱に掲げています。

よりスケールの大きい取り組みもあります。**熊本**では、震災からの復興にフェアトレードの理念を活かし、農業はオーガニックに、産業は社会・環境に配慮したビジネスに転換して、熊本県産品全体をフェアトレード化する事業に乗り出しました。**名古屋**では、フェアトレードを中心に据えつつ、環境、地域、商品の質にも配慮した「新たな商品基準」を作って、倫理的な消費を広めようとしています。

基準5：地域の店（商業施設）によるフェアトレード産品の幅広い提供

熊本では、初めは知り合いの店や紹介された店を回っていましたが、説明資料を持って飛び込みの「営業」も始めました。手始めに少量の取り扱いを希望する店には、フェアトレード専門店が卸す形で対応しました。取扱店間の連携を目的にした「フェアトレード製品取扱店会（仮名）」も立ち上げました。**名古屋**でも、取扱店三〇〇店舗を目指して「FT三〇〇の会」を立ち上げました。これは、フェアトレードを応援する企業・団体の異業種交流会で、メディアや代理店、イベント会社、まちづくり協議会、フェアトレードやエシカル（倫理的生産・消費）に携わる企業などが多数参集しました。それにより取扱店が増え、交流を通したコラボ企画も生まれたとのことです。

逗子では、取扱店の数は十分あったものの、基準が求める「フェアトレード専門店」が一つもないため、推進団体自身が専門店を立ち上げる必要がありました。フェアトレード専門店が町外に移転してしまった**垂井**でも、やはり推進団体自身が専門店を立ち上げました。

基準6：自治体によるフェアトレードの支持と普及（地元議会・首長による支持決議・表明と普及）

運動発祥の地イギリスでもこの基準が最難関と言いますが、二元代表制の日本ではなおさらです。どのまちでも、議会や首長（市区町村長）への働きかけは「暗中模索」だったことが分かります。

議会■　市区町村議会には様々な会派や派閥があって、どこからどのようにアプローチしたらよいか頭を悩ませるものです。**熊本**では、資料を作って説明に行ったり、フェアトレードのイベントを開くたびに招待したり、一万人の署名を集めたりと、思いつくことは何でもしたと言います。好意的な議員や若手議員、旧知の議員に議会で質問してもらうなどして徐々に理解の輪を広げ、最後は主流会派の有力議員や重鎮の後押しを得て支持決議を勝ち取りました。

名古屋ではまず、市民が議会で発言できる仕組みを利用してフェアトレードタウンにすることを提案したものの、何の反応も得られませんでした。そこで、副議長（女性）に相談して女性議員向けの勉強会（フェアトレード・サロン）を、次いで議長（男性）には男性議員向けの勉強会を開催してもらって、浸透を図りました。**逗子**では、各会派を訪問してフェアトレードタウンの意義を説明して回り、最後は「とりまとめ役」を買って出た市議の働きで支持決議を得ることができました。そこで学んだのは、「必ずしもフェアトレードへの理解のある議員から接触するのではなく、議会内の対立構造を把握した上で最も政治力のある会派を優先し、味方につける必要がある」ことだと言います。

浜松では、まず最大会派の保守主流派を対象に、次いで革新主流派を対象に勉強会を開いて理解を求め、その他の政党や無所属の議員は、超党派の女性議員の集まりなどを通して理解を得ていきました。このアプローチは、市長の関心領域や市議会事情に通じた市職員からの助言をもとに、調整能力の高い保守主流派の議員と相談して決めたとのことです。

このように、議会へのアプローチは一様ではなく、そのまちの政治風土や、その時の政治情勢／政治力学等に合わせたアプローチが必要なようです。各地の経験から、有力議員を味方につけるのは効果的だと思われますが、何よりも、一万人署名のように、多くの市民の理解と支持を得ることが議会を動かす「王道」であることは間違いないでしょう。また、全会一致による決議が大原則なので、一党・一会派にかたよらない働きかけが必要です。それに加え、浜松のように、内部事情に詳しい職員の助言・助力が得られるなら、それに越したことはありません。一方、議会が支持でまとまったという内部情報を不用意に口外したため、議会が反発したという事例もあって、議会対応は慎重の上にも慎重さが求められます。

首長■　この基準をクリアした四市は、押しなべて市長が好意的で、スムーズに支持表明が得られたように思われます。その中で**熊本**市長が、「自分は理解しているが、まだまだ市民の理解が足りないのでは」と言って慎重な姿勢を示し続けたことは、示唆に富んでいます。市民全体を一人で代表する立場にある市長は、市民の理解が不十分な事柄に軽々しく支持表明するわけにはいきません。軽々な支持表明は、思わぬ反発を招いたり、次の市長に撤回されたりしやすいでしょう。したがって、好意的な市長に頼りすぎることなく、やはり自ら「汗をかいて」市民の理解・支持を広げ、大半の市民や後任の市長も納得できる「不動の支持表明」を得ることが大事だと思います。

また、首長や議会の支持を得る上では、「時宜」を得ることや、自治体政策に足掛かりを得ることも効果的でしょう。**名古屋**では、「生物多様性条約締約国会議」や「ESD（持続可能な開発のための教育）ユネスコ世界会議」を好機として、フェアトレードをアピールしました。**熊本**では、市が策定した「東アジア戦略」の中の「熊本市の存在感を示し、東アジアから選ばれる都市になる」という目標に足掛かりを得て、その達成にはフェアトレードタウンになることが有効だと訴え、奏功しました。

■自治体内へのフェアトレードの普及■

熊本市は、市の国際交流会館にフェアトレードのカフェを募り、市民へのフェアトレード発信の拠点作りに寄与したほか、推進組織が企画する普及イベントに共催の形で協力しました。**名古屋市**は、市の広報誌でフェアトレードを特集したり、市の施設でのフェアトレード展示に協力したり、市役所売店へのフェアトレードショップの出店を認めたり、という形で後押ししました。**逗子市**は、市長室や市主催のイベントでフェアトレードのコーヒーや紅茶を提供したり、市職員の厚生斡旋品リストにフェアトレード産品を入れたりと非常に積極的で、市議会でも二つの会派でフェアトレードのコーヒーを利用しはじめました。**浜松市**では、早くから市の国際交流協会がフェアトレード・フェスタの開催に関わりました。市自身も、フェアトレード周知のための冊子やフェアトレードマップを作成したり、消費者教育推進計画で「フェアトレードなど倫理的消費の啓発」

の推進を掲げたりと、とても協力的でした。

2　フェアトレードタウン運動の成果

それでは、フェアトレードタウン運動を行うことによって、どのような成果ないし効果があったのか、いくつかの視点から見ていきたいと思います。

フェアトレードの知名度、認知率、購入経験の上昇

まずは数字で計ることのできる効果です。日本フェアトレード・フォーラムは、二〇一二年三月と一五年六～七月にフェアトレードに関する調査を行いました（筆者が調査責任者）。そのうち、フェアトレードという言葉の知名度（見聞きしたことがある人の割合）を調べた結果が**表1**です。

これを見ると、フェアトレードタウンとなった熊本、名古屋、逗子では、フェアトレードの知名度が全国平均をかなり上回っています。中でも、運動歴が最も長い熊本が際立っています。

次に、フェアトレードの認知率（フェアトレードが世界の貧困や環境問題に関わる言葉であると正しく理解している人の割合）を示したのが**表2**です。認知率でも、熊本、名古屋、逗子が全国平均を大きく上回っています。その他のフェアトレードタウン運動が行われているまちでも認知率は比較的高く、運動によってフェアトレードの意味が正しく理解されるようになったと言えるでしょう。

次に、フェアトレード産品を購入したことがある人の割合を表したのが**表3**です。やはり、熊本、

表 1　フェアトレードの知名度（%）

	全国	**熊本**	**名古屋**	札幌	東京	大阪	**逗子**	垂井	宇都宮	新潟
2015 年	**54.2**	**65.0**	**56.3**	**53.4**	**57.5**	**54.4**	**62.1**	**55.1**	**53.4**	**47.6**
2012 年	50.3	58.3	58.3	48.5	68.0	48.1	—	—	—	—

注 1）サンプル数は各都市 103。ただし，2012 年の大阪は 79，2015 年の東京は 120，垂井町は 69。また「大阪」は，2012 年が大阪府，2015 年が大阪市と違うため，厳密な比較は難しい。

注 2）下線はフェアトレードタウン運動があるまち，太字はフェアトレードタウンとなったまち。なお 2012 年の調査は 5 都市のみ。浜松は両年とも調査していない。

注 3）サンプル数が 100 前後の場合は±4.3〜9.8%ポイントの誤差（信頼度 95%），70 前後の場合は±5.1〜11.7%ポイントの誤差があるため，都市別の調査結果は大まかな目安として扱った方が良い。

表 2　フェアトレードの認知率（%）

	全国	**熊本**	**名古屋**	札幌	東京	大阪	**逗子**	垂井	宇都宮	新潟
2015 年	**29.3**	**39.8**	**36.9**	**30.1**	**31.7**	**25.2**	**39.8**	**24.3**	**30.1**	**28.2**
2012 年	25.7	32.0	38.8	29.1	45.6	21.5	—	—	—	—

表 3　フェアトレード産品の購入経験（%）

	全国	**熊本**	**名古屋**	札幌	東京	大阪	**逗子**	垂井	宇都宮	新潟
2015 年	**42.2**	**51.2**	**50.0**	**35.5**	**55.3**	**50.0**	**51.2**	**40.0**	**35.5**	**27.6**
2012 年	35.5	42.4	47.5	16.7	51.1	47.1	—	—	—	—

表 4　フェアトレードタウンの知名度 2015 年（%）

	全国	**熊本**	**名古屋**	札幌	東京	大阪	**逗子**	垂井	宇都宮	新潟
見聞きしたことがある	**14.0**	**12.6**	**14.6**	**14.6**	**15.0**	**17.5**	**17.5**	**8.7**	**13.6**	**3.9**

名古屋、逗子は、購入経験者の割合が全国平均より高くなっていて、運動にはフェアトレード産品の購入を押し上げる効果があるようです。

二〇一五年の調査では、フェアトレードタウンという言葉を見聞きしたことがあるかどうか（知名度）も調べました。その結果が**表4**です。日本全体での知名度は一四％で、フェアトレードそのものの知名度（五四・二％）と比べると、その四分の一程度でした。フェアトレードタウンになったまちなら明らかに知名度が高いというわけでもありません。ちなみに、株式会社デルフィスが二〇一四年に行った全国調査でも、フェアトレードタウンという言葉を知っていた人は一九・四％と、大差ありませんでした。

以上を総合すると、フェアトレードタウン運動には、フェアトレードという言葉を広め（知名度を高め）、その意味をよく理解してもらい（認知率を高め）、フェアトレード産品の購入を押し上げる効果が認められます。その一方で、フェアトレードタウンそのものの知名度を高めるにはまだ至っていません。熊本の明石さんが、フェアトレードタウンになって四年後のガースタングを訪れた時も、そのことを知る町民に出会えなかったと言います。日本で運動が本格化して五、六年しか経っていない時点での調査ですので、この程度の知名度であってもやむをえないのかもしれません。

若者の覚醒

どのまちでも、大学生、高校生を中心とする若い人たちがフェアトレードに関心を持ち、活躍していることに気づかされます。**熊本**では、多くの若者が自ら手を挙げて活動に参加し、運動の拠点だったフェアトレードカフェは大学生・留学生が切り盛りしました。**浜松**では、フェアトレードに関わった大学生が独自にグループを結成して、フェアトレードカフェを二店もオープンしました。そうした若い力が浜松に日本初のフェアトレード大学を生んだと言えるでしょう。大学がない**逗子**では、高校生がイベントのボランティアスタッフの半数を占めました。市内の若手アーティストとの連携も盛んです。**垂井**でも、フェアトレードデイに一〇〇人以上の中高生がボランティアとして参加し、イベントを盛り上げました。

名古屋の若者の活躍は特筆に値します。特に、高校生のはつらつとした活動には目を見張るものがあります。愛知南陽高校、愛知商業高校をはじめ、アイデアと行動力に満ちあふれています。フェアトレードに凝り固まることなく、地産地消、地域通貨、被災地支援、障がい者支援、カーボン・オフセットなどを自在に組み合わせ、市民活動の「境界線」を軽々と乗り越えていきます。今ではフィリピンの生産者と直接フェアトレードをするまでになりました。最近は中学生も積極的です。三重県伊勢市の小中学校の生徒が、児童労働をなくしたいという思いを込めて合唱曲を作ったというエピソードには胸が熱くなります。

「下心」や「打算」など微塵もないピュアな若者の参加が、市民、企業、行政、議員の心を動かし、フェアトレードタウン運動に新風を吹き込み、活力を与えていると言って良いでしょう。

地域の活性化

名古屋では、フェアトレードのイベントが多くの人を引き寄せ、まちに賑わいをもたらしています。**垂井**でも、まちが賑わいを取り戻したことに、古参の記者やお年寄りが感嘆の声を上げました。**熊本**では、日本初、アジア初のフェアトレードタウンになって以降、国内各地や韓国などから視察が相次いだことで、市への愛着や誇りが高まったと言います。

地産地消との連携は各地で行われ、フェアトレードと地産地消を融合した製品作りも盛んです。フェアトレードが重視する「弱い立場に置かれた人々」に該当する障がい者の自立支援活動との連携——**逗子**で言う「ウエルフェア・トレード」——も多くのまちで実践されています。環境保護活動や有機農業との連携も各地に見られます。それらの連携は、多くが小規模であったり、試行中であったりするため、まだ大きな成果を上げるには至っていないようですが、連携が深まるにつれて、地産地消や障がい者の自立、環境保護、有機農業の普及など、様々な形で地域活性化に貢献していくことが期待されます。

自治体の積極化

フェアトレードタウンになることで、自治体の姿勢も積極化しています。**熊本市**は、フェアトレードに関するリーフレットやポスター、動画を作成したり、広報番組をケーブルテレビで流したり、市内にフェアトレードシティの標示板を設置したりと、普及に力を入れています。二〇一四年には推進組織と共催でフェアトレードタウン国際会議を開くとともに、国際交流振興事業団を通してフェアトレードカフェを営業するようになりました。一六年からは、市内のフェアトレード関係団体・企業がフェアトレード産品を展示・販売し、PRできるよう、「フェアトレードマルシェ」を開催しています。

名古屋市は、市職員を対象にフェアトレードの研修を行い、職員の啓発に取り組んでいます。リーフレットやマップ、ビデオも作成し、市民にフェアトレードの買い物を推奨しています。また、エコプロダクツ展に「フェアトレードタウンなごや」というブースを出展するなど、全国的なPR活動もしています。賞賛に値するのは、小学校の給食にフェアトレードの食材を取り入れたことです。これは、**日本初の本格的な「フェアトレード調達」**にあたり、他のまちが後に続くことを期待したいと思います。

逗子市も、市長室や市のイベントでフェアトレード飲料を提供したり、市職員の厚生斡旋品リストに加えてふるさと納税の返礼品にフェアトレード産品を取り入れたりと積極的です。

以上のうち、「**フェアトレード調達**」には特に大きな意味があります。というのも、政府・自治体による公共調達はGDPの約二割を占めるからです。「一大消費者」の政府・自治体が率先してフェアトレード産品を調達すれば、企業や一般市民へのアナウンス効果とあいまって、フェアトレードの認知度も市場も飛躍的に拡大するでしょう。環境に良い製品を政府・自治体が率先して購入する「グリーン調達」がすでに当たり前になっているように、フェアトレード調達が当たり前となる社会にしたいと思います。

3 フェアトレードタウン運動の意義

以上を参考にしながら、フェアトレードタウン運動には一体どのような意義があるのかを考えた時、大きく分けて六つの意義があると私は思います。

第一に、フェアトレードが広く認知され、多くの人がコミットするようになることで、フェアトレードが一時的なブームに終わることなく、**地域に根を張った持続可能な活動**になることです。

第二に、フェアトレード産品の購入／利用が増えることで、途上国の生産者や労働者の人たちが**より多く、より速く貧困から抜け出し**、人間らしい生活を送れるようになることです。

第三に、私たちが他者や環境を犠牲にして生活してきたことに気づくきっかけを提供することで、**消費や生活のあり方全体を見直し、改める**（＝倫理的に消費し生活する）ようになることです。

第四に、途上国を鏡として**自分のまちの中にも不公正ないし非持続可能な問題（貧困、格差、疎外といった社会問題や環境問題）があることに目を向け**、他の市民活動・運動とともに地域課題に取り組むようになることです。

第五に、生産と消費のあり方をその根本から問い直し、持続可能な開発目標（ＳＤＧｓ）にも通じる、**公正で持続可能な生産と消費の仕組み**を地域の中に作りだしていくことです。

第六として、世界が歴史的な岐路に立つ中でフェアトレードタウン運動が持つ重要な意義、すなわち、**多様性を認め合う寛容な共生社会**を築き上げる意義です。この点について少し説明したいと思います。

フェアトレードは、「**新自由主義**」に異議を申し立て、それに代わる公正な経済社会のあり方を提示する運動でもあります。政府による規制を緩和・撤廃して、市場での自由な競争に任せればよしとする「新自由主義」は、一九八〇年代以降、世界を席巻してきました。その下で企業による利潤の追求が野放しにされ、世界中で生産物や労働力が買い叩かれ、格差が広がり、環境が犠牲にされてきました。

その猛威を振るった新自由主義に基づく**グローバリゼーション**も、今大きな曲がり角に差しかかっています。フランスの歴史人口学者エマニュエル・トッドは、それが「終焉」に近づいていると言います。それは良い知らせかもしれませんが、問題は「何がそれに取って代わるのか」です。フェアトレードが目指す世界でしょうか？　そうだと良いのですが、アメリカの「トランプ現象」に象徴されるような自国第一主義、「壁」を築いて異質なものを排除する不寛容なナショナリズムやポピュリズムが、世界の至る所で力を得ています。「壁を取り払った自由なグローバル競争」から「壁を築いた自己ファーストな集団間の抗争」の時代へ、「共生」の対極である「**分断と抗争」の時代**へと世界は突き進もうとしているように見えます。

そうした流れを押し返し、国境や民族・宗教・文化等の垣根を超えて多様性を尊重し合う、寛容な共生社会を築く動きが、今ほど必要とされている時はありません。その動きの中心に立って引っ張っていくことに、フェアトレードタウン運動の最も重要な今日的意義があるのではないかと思うのです。

4　フェアトレードタウン運動のこれから

それでは、フェアトレードタウン運動はこれからどのような道を歩んでいったら良いのでしょうか。ここでは、私なりの考えを示すことで、今後の議論を喚起したいと思います。

運動のいっそうの発展／深化

フェアトレードタウン運動を振り返った時、そこにはいくつかの発展段階（ないし深化のレベル）が見られるように思います。先に挙げた運動の六つの意義に沿って説明しましょう。

第一と第二の意義（フェアトレードを根づかせ、市場を拡大して途上国の貧困をなくす）は、当初からイギリスなど多くの国の運動が目指してきたもので、これが第一段階（レベル1）と言えると思います。運動の対象を広げたビッグテント・アプローチ（二八頁参照）は、レベル1・1（アメリカ）ないしレベル1・2（第三カテゴリーを含めた日本）と呼べるでしょう。

第三の意義（広く倫理的な消費・生活を推進する）は、フェアトレードだけでなく倫理的な消費・生活全般を推進するオランダなどの運動が目指してきたもので、第二段階（レベル2）と言えます。

第四の意義（地域の不公正・非持続可能な問題を解決する）は、途上国だけでなく地域内に潜む問題に取り組むもので、第三段階（レベル3）と言えます。地域活性化に取り組む日本の運動が該当します。

第五の意義（公正で持続可能な生産・消費システムの実現）は、生産と消費を公正で持続可能なものにする新たな／包括的な仕組みを作ろうとするもので、第四段階（レベル４）と言えます。**熊本**の「熊本県まるごとフェアプロジェクト」や**名古屋**の「新たな商品基準づくり」は、これに該当するでしょう。

第六の意義（寛容で公正・持続可能な共生社会の構築）は、長期的・巨視的な視点から今日の状況を考察・分析して、社会のあり方を根本から変革するもので、第五段階（レベル５）と言えます。

二〇一七年のフェアトレードタウン国際会議では、いくつかの国で運動が停滞していることが明らかになりました。デンマークでは、かつて六つあったフェアトレードタウンが一つになっていました。それは、フェアトレード市場の拡大を追い求めるあまり、市民の啓発といった地道な活動をおろそかにしたせいだったと言います。運動発祥の地イギリスでも、フェアトレードタウンになるだけで満足したり、市場拡大だけの活動に飽きたりして、半数が休眠状態ではないかと言います。

それは、運動が第一段階にとどまっていてはいけないことを教えていると思います。確かに、毎年毎年「もっとフェアトレード産品を買いましょう」の繰り返しでは、市民の側も運動する側も「フェアトレード疲れ」や「マンネリ」に陥り、モチベーションが下がってしまうでしょう。イギリスでは、リーマンショック後ですら増えたフェアトレード産品の売上が、二〇一四年、一五年と連続して減少しました。フェアトレードタウン運動が活力に満ちたものならば、そんなことにはならなかったはずです。

逗子では、イベントに追われるうちに運動の全体像や方向性が見えなくなり、運動を見直す必要に迫られました。「普及を優先するあまり、『質』が二の次に」なっていると感じたメンバーが去ったのがきっかけでした。改めてフェアトレードタウン運動の意味を話し合った結果、「フェアトレード産品があふれる町ではなく、『世界とつながる、人にも環境にも優しいまち』になること」を目標に定めました。

フェアトレードタウン運動は、途上国の人々が貧困から抜け出せるようにと市場の拡大に最も力を入れてきましたが、それに囚われすぎるとかえって行き詰りかねません。「遠回り」のように見えても、運動をいっそう発展／深化させることが、途上国の人々にとってもプラスになるのではと思います。

自律した地域社会

浜松の下澤さんは、「地域社会の自律性を取り戻す」ことの重要性を指摘しています。私も常々「自立」よりも「自律」が大事ではないかと考えています。「自立」は、他者に頼らず「自助努力」によって生きてゆくこと、そして結果に「自己責任」を負うことを含意しています。でも、私たちは他者に頼らずにどれだけ生きて（地域社会でいえば存続して）ゆけるでしょうか。みな、互いに頼り、頼られて生きて（存続して）いるのではないでしょうか。

頼り、頼られない「自立」は、競争を重視する「新自由主義」が求めていることにほかなりません。

誰の助けも借りずに生きる「自立」、他者に負けじと孤独な戦いに身を置く「自立」は、実は「孤立」です。誰の支えもない孤立した個人や社会は、外部環境の変化に対して脆弱です。外部環境に振り回されるのは、他者によって律せられる「他律」です。必死に「自立」を追求した先に待っているのは、実は脆弱な「他律」にほかなりません。競争原理に支配され、他者を蹴落とす「自立」は、「共生」とも相いれません。そうした「自立」に対して、「自律（セルフ・コントロール）」は、互いに適度に頼り、頼られ、助け合いながらも、自分で自分のあり方や未来を定め、切り拓いていける（＝コントロールできる）ことを意味しています。

私たちは、長く新自由主義に洗脳され、何かにつけ「自立」するよう迫られてきましたが、今こそ「自立」の呪縛から自らを解き放ち、**適度に頼り、頼られながら共に苦難を乗り越え、共に自己実現する「自律」**を目指したいと思います。新自由主義的な「自立した地域社会」は、互いに激しく競争し、勝者と敗者を生むゼロサム・ゲームしかできないことでしょう。それに対して、他者と適度に依存し合う「自律した地域社会」は、互いを豊かにするウィンウィンの共生関係を生み出すことができます。フェアトレードタウン運動も、そのような「自律した地域社会」を築く運動でありたいと思います。

ローカル・フェアトレードとしての地産地消と広域／国内フェアトレード

過疎化、高齢化、シャッター街化が進むまちにとって、地域の活性化は大きな課題です。その点で、地産地消を含む地域活性化への貢献をうたう日本のフェアトレードタウン運動は、自治体からの支持を得やすいものと言えます。**垂井**で運動を始めたのも、基準に地産地消が含まれていたからだと言います。振り返れば、運動発祥の地ガースタングでも、最初から地産地消を並行して推進していました。

ですが、地産地消の推進には運動への支持獲得以上の意味があると思います。それは「自律」に大きく関わっています。かつては地産地消や地域内循環が当たり前だった日本のまちも、グローバルな競争に巻き込まれ、外国産の安い農林水産物や工業製品が流入して地域産業が衰退し、大資本やチェーン店の進出によってまちの外に富が流出しています。そうした外からの荒波に翻弄される「他律」的な状態にある一方で、国からの補助金や交付金に頼る「依存」状態にも置かれています。そうした「他律」、「依存」から抜け出して「自律」する上で、地産地消は大きな役割を果たせます。

ただ、どのような地産地消をフェアトレードタウン運動として推進していくかが課題です。一口に地産といっても様々なモノ――農薬や添加物をたっぷり使ったモノ、低賃金・長時間労働で作られたモノ、途上国から招いた技能実習生を搾取して作られたモノなど――が含まれうるからです。そう考えた時、社会や環境に配慮し、地域内の弱い立場にある人たちに寄りそう公正で持続可能な地産地消――いわば**ローカル・フェアトレード**――を推進すべきなのは自明でしょう。**熊本**の「熊本県まるごとフェアプロジェクト」や**名古屋**の「新たな商品基準づくり」は、そうした取り組みと言ってよいと思います。

何が何でも地元を優先する「過剰」な地産地消にも注意が必要です。他地域の産物を拒む「排他的」

なものになりかねないからです。二〇一一年施行の「六次産業化・地産地消法」の下で進む「農業の六次産業化（農産物の生産・加工・販売の促進）」も、他地域産との競争に打ち勝つという競争原理に彩られています。先に述べたゼロサム・ゲームではなく、多様性を活かし合い、地域間の共生につながる地産地消や六次産業化の推進が望まれます。**垂井**の運動が推進する流域内フェアトレードが良い先例となって、**地産地消をベースにした広域的なフェアトレード**が広がっていくことを期待したいと思います。

二〇一七年一一月のＷＦＴＯ世界会議では、国内外を問わずあらゆるトレード（取引）をフェアなものにすることが強調されました。「**国内フェアトレード**」の推進も等しく重要だと認識されたのです。日本でも、被災地を支援する「応援消費」や、障がい者の人たちの生産物を進んで購入する「ハート購入」といった取り組みがすでに始まっていますが、今後は、より本格的に「国内フェアトレード」に取り組んでいくことが、フェアトレードタウン運動にも求められていると言ってよいでしょう。

自産自消のススメ

一〇年ほど前、ベルギーの小さな町でフェアトレードタウン運動をしている人の話を聞いて感銘を受けたことがあります。その町で一番推奨しているのは「**自産自消**」、次いで地産地消、国産国消で、最後にフェアトレードだというのです。つまり、まずは自分自身で作り、自分で作れないものは地産地消し、次に国内産を買い、国内でも作れなければ海外からのフェアトレード産品を買おう、と呼びかけているのです。

考えてみれば、かつてはみな自給自足的な生活＝自産自消をしていたのに、次第に自ら作ることをやめ、他者が作ったものを買う「**生産と消費の分離＝分業**」が進みました。それでも、最初は地元産を買っていた（地産地消）ので生産者の顔が見え、無理な値引きを求めたりしませんでした。むしろ、作ってくれる人への申し訳なさや感謝の念を持っていました。「払う」という言葉は「祓う」から来ていて、モノを作ってくれた人への負い目を（お金を払うことで）祓う意味があったと言います。また、私が子どもの頃は、母親から日々「お米はお百姓さんが汗水たらして作ってくれたのだから、一粒も残してはいけない」と言われ、生産者への感謝の気持ちを教え込まれました。

それが、地元内での売買から域内売買（流域や広域内）、国内売買、そして国際売買へと広がって、生産者の顔が見えなくなるにつれ、感謝の念も薄れていきました。手を汚し、汗を流す労働は軽視・蔑視さえされるようになりました。生産のくびきから解放された消費者は、企業から「お客様は神様です」と持ち上げられ、臆面もなく安さを要求するようになって、無意識のうちにもうけ第一の企業とともに、モノや労働力の買い叩き、そして環境破壊を招いてきた、と言っても過言ではないでしょう。

ベルギーの小さな町の人たちが呼びかけている自産自消は、「原点に帰る」こと、つまり分離した生産と消費を再統合することです。モノづくりを他者に任せっきりにせず、庭先やベランダでも良いから自分が食べるモノを自分で作ってみる、着るモノやおもちゃも手作りしてみることです。私の家もわずかばかり家庭菜園をやっていますが、土と向き合うことで生産者の人たちの苦労が少しは体感できます。消費者一人ひとりが少しでも「自産」することで、はじめて本当に「生産者に思いを馳せる」ことができ、感謝の念が生まれ、公正な対価を払う気持ちが湧いてくるのでは、と思います。

様々な形で自産を増やすこと（例えば太陽光発電によるエネルギーの自産）は、「自律性」を高め、危機的状況への「レジリエンス（耐久力・回復力）」も高めることができます。生産から解放された消費者が満喫している「自由」は、有事に大慌てするような「危なつかしい自由」なのです。このことは、直近では東日本大震災と原発事故を機に、多くの人が痛感したのではないでしょうか。

フェアトレード自体も、消費と生産の分離を前提にしている面があります。その前提を問い直し、消費だけでなく自産も奨励して、生産と消費を再統合することによって、フェアトレードが目指す公正・持続可能な社会＋自律的・レジリエントな社会のしっかりとした基礎が築けるのではないかと思います。

スモール・イズ・ビューティフル（小さなことは素晴らしいこと）

地域を活性化する上で、地元の小規模（中小ないし零細）な生産者や企業・商店はとても重要です。利潤と効率を最優先し、いざとなれば移転していってしまう大規模生産者・企業と違って、地元に根を下ろした小規模生産者・企業は、雇用の維持や地域社会の発展を気づかいます。かつてまち中《じゅう》にあった個人商店は、大規模小売店やコンビニが進出したことで、多くが閉店に追い込まれました。その結果、生計と雇用が失われる一方、「買い物難民」も生まれています。スーパーやコンビニは、コストを減らそうと在庫を極限まで減らしているので、大震災のような「有事」で物流がストップすると、あっという間に地域から食糧や物資がなくなってしまいます。それに対して、個人商店が多ければ多いほど地域内のセーフティネットと在庫が維持され、「有事」を乗り越えることができます。個人商店が多いほど地域の自律性とレジリアンスは高まるのです。フェアトレードタウン運動は、そうした地域の活力・持続性・自律性等を高める小規模な生産者・企業・商店の存続や発展を後押ししていくものでありたいと思います。

「**スモール・イズ・ビューティフル**」は、フェアトレードタウン運動にも当てはまります。運動の規模が大きくなればなるほど、市民から縁遠いものになり、参加意欲も下がってしまうものです。まちよりも小さな単位を対象とするフェアトレード大学／学校／宗教施設は、運動をより身近にして参加しやすくする工夫でもあります。オランダでは、フェアトレード病院やフェアトレードスポーツクラブが生まれています。

大きなまちを丸ごとフェアトレードタウンにして終わりではなく、その中に小さなフェアトレードのコミュニティ（人が集まる場）をキラ星のようにたくさん誕生させることで、公正で持続可能な共生社会に近づけるのではないでしょうか。**フェアトレード商店街**、**フェアトレードホテル**、**フェアトレード図書館**／**映画館**／**美術館**／**公園**などと考えていくと楽しくなってきます。「**フェアトレード家族**」というのがあってもいいかもしれません。いろいろな可能性をフェアトレードタウンごとに追求して企画し、推進していってよいと思います。ただその中には、フェアトレード産品を利用／提供／販売する（＝市場の拡大）だけでなく、より発展的な活動（レベル３以上の活動）が含まれていてほしいと思いますが。

他の市民運動との協働

先に、フェアトレードタウン運動は、フェアトレード市場の拡大だけでなく、広く倫理的な消費や生活を推進し、地域の問題に目を向け、公正で持続可能な生産と消費のシステムを作り、公正で持続可能な共生社会を築くものへと発展、深化していると書きました。ですが、そんなに大きな目標を掲げて実現できるのか、広げすぎれば「虻蜂《あぶはち》取らず」になるのでは、といった懸念があるのも事実です。

確かに、フェアトレードタウン運動だけで大きな目標を達成するのは非現実的でしょう。鍵は、**他の市民運動との連携・協働**にあります。環境、人権、福祉、まちづくりなど多種多様な市民運動は、寛容で公正・持続可能な共生社会を目指す点では共通しつつも、力点の置き方が異なっています。それら多様な運動が幅広く連携・協働するのは、欧米では珍しくありませんが、日本ではなかなか見られません。連携や協働に割く人も資金も時間も足りないという事情はあるものの、それぞれ「こだわり」が強く、「小異を捨てて大同につく」のが不得手でもあります。そうしたこだわりの強い市民運動が連携・協働せず、分断されている状況は、実は「新自由主義」にとって非常に好都合なのです。

フェアトレードはもともと、環境、人権、福祉、まちづくり（途上国での地域開発）など、多面性を持った運動です。それだけに、地域の多種多様な市民運動を結びつけるハブ的な役割を果たすのに適任だと思うのです。確かに、一つの運動が何にでも手を出せば「虻蜂取らず」に終わるでしょうし、「餅は餅屋」という言葉もあります。したがって、市民運動は自らの分野の活動に主力を傾けながらも、他分野の市民運動のメッセージを自らのネットワークを使って発信しあったり（相互発信）、各運動が取り組む課題を順番に主要テーマとする合同イベントを定期的に開催したりといった、互いにメリットがある「互恵的」な協働を積み重ね、強化していく――そうすることで、共通の目標を実現できるのではないかと思います。垂井町の運動は、そうした連携・協働の最先端を走っています。

幅広い市民参加を得るために

私はフェアトレードタウン運動に、「寛容で公正・持続可能な共生社会を築く」潜在力があると信じています。ですが、その潜在力を発揮する上で乗り越えるべき課題がある、とも感じています。それは、フェアトレードタウン運動に限らず、市民運動全体に共通する「姿勢」に関するものです。

四〇歳を過ぎて国際協力分野で市民運動に関わりはじめた私が、ずっと違和感を抱いてきた言葉があります。市民運動がよく使う「**巻き込む**」という言葉です。それは、人々に参加してほしいという思いの込もった言葉だとは思いますが、市民活動と縁の薄い人々を遠ざける語感があります。「事件に巻き込む」とか「車の後輪に巻き込む」とか言うように、本人の意思に反して（往々にして悪い結果に）引き込むような語感があるからです。そうした響きがある言葉を使うことで、市民活動へのネガティブな感覚（市民活動は「怖い」という感覚）を一般市民に抱かせることを、私は危惧しています。なぜこの言葉にこだわるかと言えば、排他的で不寛容な言動が世界に今蔓延しつつあるからです。民族・宗教・文化・性別等に基づいた差別や偏見（特に社会的弱者や少数派への差別や偏見）をなくす「政治的な正しさ」への反感が強まり、ヘイトスピーチ、ヘイトクライムが増加しています。「ポスト・トゥルース（もう一つの真実）」という言葉が表すように、信じたいことしか信じない人たちが増えています。

その背景には、グローバルな自由競争によって切り捨てられ、置き去りにされ、没落していった中間層や底辺層の「怒り」があると言われます。「置き去りにされた」と感じる人たちが、「正しさ」を押し付けてくるエリート層やマスコミに反発し、移民や安い外国製品を自分たちを苦しめるものとして敵視し、自分たちを気にかけ守ってくれそうな威勢のいいリーダーに救いを求めていると言います。ですが、先進国の生産者・労働者が抱く疎外感（置き去りにされた感情）も、途上国の生産者・労働者が持つ疎外感も、ともに「新自由主義」という同じ根から生まれているのです。利潤第一の新自由主義は、場所を選ばずモノも労働力も環境も買い叩きます。そうした新自由主義の「被害者」同士が、国境をこえて競争させられ、敵対させられているのが今日の世界です。そのように考えた時、「置き去りにされた」先進国の人たちも、フェアトレード（タウン）運動が気にかけ、寄りそうべき人たちでしょう。

かつてフェアトレードは、「道徳的な高み」から「意識が低い」人たちを説教していると欧米で批判されたことがあります。「巻き込む」という言葉も、「道徳的な高み」から発せられた（≒上から目線の）「正しさ」を押しつける言葉に聞こえがちです。置き去りにされ、見捨てられたと思っている人たちを運動に「巻き込む」べく、途上国の生産者や労働者を思いやるよう訴えても、反発を買うだけではないのか――なぜ自分たちには目を向けないのかと――、それが私の最も危惧することです。

今や政治を左右する一大勢力となった「**置き去りにされた**」**人たち**が、排他的な分断・抗争の道を選ぶのか、それとも多様性を受け入れて共生する道を選ぶのか――それによって、これからの世界は大きく変わると思います。それだけに、疎外感を抱く人たちの心に響く言葉で語りかけ、ともに共生の道を歩んでいくことができるのか――そうした言葉を持つことが、今日のフェアトレード（タウン）運動に問われているのだと思います。「置き去りにされた」と感じている先進国の人たちが、その本当の原因を知り、実は自分たちも途上国の人たちと同じ立場に置かれていることに気づいた時、そして途上国で起きていることが決して「他人《ひと》ごと」ではなく「自分ごと」でもあることを悟った時、初めて途上国の人たちともども、人間らしく暮らせる共生社会を築いていこうという意識が芽生えるのではないかと思うのです。

ローカルからナショナル、そしてグローバルへ

札幌の萱野さんは、フェアトレードタウン運動は「ローカルな立場から、現在のグローバルスタンダードに変わる、新たなグローバルスタンダードを提示する、**グローカルな冒険**」だと言います。

今日グローバリゼーションが終焉に近づいているとしても、新自由主義的な考え方に染まった政治リーダーはまだまだ各国で「健在」です。そうした中で、いきなり国（ナショナル）レベルで公正で持続可能な共生社会を実現しようとしても難しく、やはり、市民の声を反映させやすい自治体（ローカル）レベルで実現し、その輪を全国に広げていく「下からの築き上げ」が現実的な道だと思います。実例もあります。日本では一九六〇年代から七〇年代にかけて、経済成長を優先し公害問題に後ろ向きだった政府に対し、公害のない社会を目指す「革新自治体」が市民運動に支えられて誕生しました（全国で一三〇市以上が誕生）。革新自治体は先駆的な環境政策を推し進め、その輪が広がって最後には国を環境規制強化へと突き動かしたのです。トランプ大統領が地球温暖化対策の国際枠組み「パリ協定」から離脱すると発表したアメリカでも、四〇〇近い市の市長が連帯してパリ協定遵守を表明しました。それらの市に加えて一五の州、三〇〇以上の大学、一七〇〇以上の企業も合同でパリ協定に踏みとどまることを誓約（アメリカズ・プレッジ＝アメリカの誓約）するなど、草の根から変えていこうとする運動が盛り上がっています。これらの例にならって、**公正で持続可能な共生社会を「下から」築き上げていく**動きに、フェアトレードタウン運動がリーダーシップを発揮することを期待したいと思います。

また、国単位では解決できないようなグローバルな問題を、都市が連携して解決する新たな試みが生まれています。「都市同盟」です。一つの自治体では国の圧力に屈しても、国内外と連携すれば対抗できるという発想から、水平レベルで運動を継続・連動させ、ボトムアップ型でより広範囲の変化につなげようというのです（二〇一七年六月二九日朝日新聞「あすを探る」より）。実は、世界のフェアトレードタウン運動も、二〇一一年のG20農相会議に対して、世界の農業貿易を公正なものにするよう要請したことがあります。当時一〇〇〇しかなかったフェアトレードタウンも今や二〇〇〇を超えました。その力を合わせれば、公正で持続可能な共生社会に向けて、少しでも世界を動かす力になれるのではないでしょうか。それは、クラウザー氏も強調してやまないことです。

国際社会は二〇一五年の国連総会で、「**誰も置き去りにしない**」をスローガンに、三〇年までに南北を問わず貧困に終止符を打ち、地球を保護し、すべての人が平和と豊かさを享受できることを目指す持続可能な開発目標（ＳＤＧｓ）を定めました。一方日本政府も、「消費者市民社会」の形成を目指す消費者教育推進法を一二年に制定しました。そこに言う「消費者市民社会」とは、自らの消費行動が、現在および将来の世代にわたって内外の社会経済や地球環境に影響を及ぼし得ることを自覚して、公正で持続可能な社会の形成に消費者が積極的に参画する社会のことで、それはフェアトレードが目指す社会そのものです。

このように、世界でも日本でも、公正で持続可能な社会の実現を目指す大きな流れが現れていて、フェアトレードタウン運動には「追い風」と言えます。が、他方では、先に述べたように自国ファーストや排他的ポピュリズムの流れ（＝逆風）も強まっていて、その二つの流れがせめぎあっているのが今日の世界です。その中で、公正で持続可能な社会への流れを強める動きの先頭にフェアトレードタウン運動が立つことができれば、そして「草の根からの変革」、「草の根からの世直し」を世界二〇〇〇のまちの仲間たちと実現できれば、とても素晴らしいことだと思います。

「**まち**は、ただそこにあるものではなく、誰かから与えられたものでもなく、**私たちがこうありたいと望み、みんなが参加して創り上げていくもの**」という、名古屋の土井さんの言葉が胸にしみます。

さあ、公正で持続可能な共生社会に向けて、あなたのまちもフェアトレードタウンを目指しませんか！

に参入したことで，フェアトレード市場は飛躍的に拡大した一方で，その企業寄りの姿勢が懸念されている。

HP：https://www.fairtrade.net/

▶フェアトレードタウン国際推進委員会

2012 年に，各国のフェアトレードタウン運動コーディネータの中から選ばれた委員により結成された非公式なネットワーク組織。各国の運動間の連絡調整，国際ガイドラインの策定とそれに基づいた助言，国際会議の企画などを行っている。2016 年の改選で初めて途上国（ペルー）からも委員が選出された。

HP：http://www.fairtradetowns.org/

巻末資料：フェアトレード国際ネットワーク概要

▶WFTO（World Fair Trade Organization：世界フェアトレード機構）

弱い立場にある生産者・労働者の生計向上と世界貿易の公正化を目標に，フェアトレードに 100%コミットした先進国のフェアトレード団体と途上国の生産者団体が 1989 年に設立した国際ネットワーク組織。現在は 70 余の国から 370 以上のフェアトレード団体が加盟する。5 月の第 2 土曜日を「世界フェアトレード・デー」と定め，フェアトレードの普及イベントを世界同時に実施している。2013 年からは，フェアトレードの 10 原則（下記参照）を遵守している団体を認証し，その団体が認証ラベルを取り扱い産品に貼ることを認める「フェアトレード保証システム」を始動させている。最近は，FLO（次項参照）以上にフェアトレードタウンの推進に熱心に取り組んでいる。

HP：https://wfto.com/

【WFTO の 10 原則】

1. 経済的に不利な立場に置かれた生産者への機会の創出
2. 透明性とアカウンタビリティ
3. 公正な取引
4. 公正な価格の支払い
5. 児童労働と強制労働の禁止
6. 非差別，公正なジェンダー関係，および結社の自由
7. 安全・健康な労働条件と ILO（国際労働機関）条約等の遵守
8. 生産者の能力強化
9. フェアトレードの啓発と唱導
10. 環境影響の最小化

▶FLO（Fairtrade Labelling Organization：国際フェアトレードラベル機構）

フェアトレードを「主流の市場」に普及させるため，フェアトレードの基準を満たしたことを第三者が認証し，基準を満たした産品にラベルを貼ることを認める「フェアトレードラベル」の国際推進組織（1997 年設立）。現在先進 20 カ国／地域のラベル推進組織（日本ではフェアトレード・ラベル・ジャパン）と 3 地域の生産者ネットワーク団体で組織されている。この仕組みを使って企業がフェアトレード

萱野智篤（かやの　ともあつ）　バングラデシュで開発協力勤務の後，北星学園大学経済学部教授。フェアトレード北海道代表理事，日本フェアトレード・フォーラム（FTFJ）理事，フェアトレードタウンさっぽろ戦略会議メンバー。「フェアトレードで分かち合おう人としての暮らし，築こう地域と地球の持続可能な未来」をスローガンに，道内でフェアトレードを推進。

【フェアトレード北海道】
〒060-0008 北海道札幌市北区北 8 条西 3 丁目
札幌エルプラザ公共 4 施設 2 階
札幌市市民活動サポートセンター（レターケース No.67）
HP：http://fairtrade-hokkaido.org/
E-mail：ftt.sapporo@gmail.com

秋庭智也（あきば　ともや）　ベンチャー企業のウェブプロデューサー，国際協力 NGO「シャプラニール＝市民による海外協力の会」の広報・フェアトレード担当を経て，2012 年陸別町へ移住。特産品や地域ブランド開発に携わる。2017 年 4 月に独立し，陸別町地域ブランドプロデューサーや帯広のラジオ番組「Outdoor Neighborhood 」の DJ として活動中。

神田浩史（かんだ　ひろし）　京都市生まれ。開発コンサルタント企業で政府開発援助の農業開発事業に従事。退社後，数々の NGO に関わり，主に東南アジアの農山漁村を調査。現在は岐阜県不破郡垂井町のフェアトレードタウン化を進めながら，揖斐川流域の循環型社会の再構築を軸に，「穏豊（おんぽう）社会」の実現に向けた活動を展開中。

【NPO 法人泉京・垂井】
〒503-2124 岐阜県不破郡垂井町宮代 1794-1
HP：http://sento-tarui.blogspot.jp/
E-mail：info@sento-tarui.org　　Tel：0584-23-3010／Fax：0584-84-8767

Bruce Crowther（ブルース・クラウザー）　フェアトレードタウン運動の創始者。2000 年にイギリス北部の町ガースタングを世界初のフェアトレードタウンにしたのちイギリス国内の運動を支援し，12 年からは「フェアトレードタウン大使」として世界各地の運動への助言・支援を行ってきた。現在は自ら設立したフェアトレードの国際交流センター FIG Tree の代表。一連の功績により，2008 年に大英帝国勲章第 5 位（MBE）を授与された。

【The FIG Tree - Fair Trade Centre】
HP：http://fairtradecentre.org/
E-mail：info@fairtradecentre.org

渡辺龍也（わたなべ　たつや）　奥付参照

連携を行っている。

三田千英子（みた　ちえこ）　愛知県立南陽高等学校教諭（教科：家庭科）。家庭科に関する知識を活用し Nanyo Company 部を立ち上げ，顧問に。家庭科に関する研究も行い，全国家庭科教育研究会で発表するなど，数々の実践を行っている。

【Nanyo Company 部】
〒455-0861 愛知県名古屋市港区大西 2-99 愛知県立南陽高等学校内
HP：http://www.nanyo-h.aichi-c.ed.jp/b-nanyo%20company.html
Tel：052-301-1973／Fax：052-302-6624

梶原英彦（かじはら　ひでひこ）　愛知県立愛知商業高等学校教諭（教科：商業科）。地域資源を活用した地域貢献プロジェクトを展開するため，企業や大学等と連携をとりながら，近年は SDGs（持続可能な開発目標）を意識したプログラムづくりを模索している。様々な実践を通して，自分の地域に誇りと愛着をもつ生徒の育成を目指している。

【愛知県立愛知商業高等学校ユネスコクラブ】
〒 461-0025 愛知県名古屋市東区徳川 1-12-1
愛知県立愛知商業高等学校内
HP：http://www.aichi-ch.aichi-c.ed.jp/bee.html
Tel：052-935-3480／Fax：052-935-3470

磯野昌子（いその　よしこ）　1994～2004 年まで東和大学国際教育研究所研究員として，開発教育とネパールの教育開発に関する調査研究に従事。退職後，逗子へ移住し子育てに専念。2011 年より逗子のフェアトレードタウン運動に携わり，15 年にフェアトレード専門店@MARE（アマーレ）を起業。かながわ開発教育センター理事，横浜市立大学非常勤講師。

【逗子フェアトレードタウンの会】
〒249-0007 神奈川県逗子市新宿 1-4-30 @MARE 気付
HP：http://fttzushievent.wixsite.com/fttzushi
E-mail：fttzushi.event@gmail.com

下澤　嶽（しもざわ　たかし）　大学卒業後，世田谷ボランティア協会を経て，1988 年から国際協力 NGO「シャプラニール＝市民による海外協力の会」，2006～10 年まで国際協力 NGO センター（JANIC）事務局長。2010 年より静岡文化芸術大学に勤務しつつ，はままつフェアトレードタウン・ネットワークを立ち上げる。

【はままつフェアトレードタウン・ネットワーク】
〒430-8533 静岡県浜松市中区中央 2-1-1 静岡文化芸術大学
下澤研究室内
HP：http://h-fairtrade.net/
E-mail：info@h-fairtrade.net　Tel：053-457-6149

執筆者紹介・推進団体連絡先（登場順）

明石祥子（あかし　しょうこ）　1994年にフェアトレード専門店「ラブランド」オープン。2011年に熊本市を日本初，世界1000番目のフェアトレードタウンに。2014年には第8回フェアトレードタウン国際会議in熊本を開催。現在フェアトレード ラブランド代表／フェアトレードシティくまもと推進委員会代表理事。

【フェアトレードシティくまもと推進委員会】
〒862-0975 熊本県熊本市中央区新屋敷1-9-7
http://fairtrade-kumamoto.com/
E-mail：ftc.kumamoto@gmail.com　　Tel/Fax：096-362-4130

土井ゆきこ（どい　ゆきこ）　1996年，48歳で中部地区初のフェアトレード・ショップ風"s（ふ～ず）を起業。2009年「名古屋をフェアトレード・タウンにしよう会」設立。「名古屋にフェアトレードを広めるための会議」呼びかけ人を経て，2013年「フェアトレード名古屋ネットワーク」初代代表。息子3人は独立，夫と週半分田舎暮らし。豊田市稲武近く野入古民家のカフェに出店予定。

【名古屋をフェアトレード・タウンにしよう会（略称なふたうん）】
〒461-0015 愛知県名古屋市東区東片端町49 正文館書店本店2階
フェアトレード・ショップ風"s正文館店内
HP：http://www.nagoya-fairtrade.net/（風"sのURL…http://huzu.jp/）
E-mail：huzu@huzu.jp　　Tel/Fax：052-932-7373

原田さとみ（はらだ　さとみ）　NPO法人フェアトレード名古屋ネットワーク代表。エシカル・ペネロープ（株）代表取締役，JICA中部オフィシャルサポーター，日本フェアトレード・フォーラム理事，日本エシカル推進協議会理事。モデルとしてデビュー後，東海圏を中心にタレントとして活動。現在はフェアトレード＆エシカル・ファッションの店「エシカル・ペネロープ」を拠点にフェアトレードとエシカルを推進。名古屋市から観光文化交流特命大使に任命され「フェアトレードタウンなごや」を市の魅力として発信。

【NPO法人フェアトレード名古屋ネットワーク】
〒460-0003 愛知県名古屋市中区錦3-6-15先 名古屋テレビ塔1F
エシカル・ペネロープ内（2019年1月～20年6月までテレビ塔が工事のため休館，その間およびそれ以後の移転先は未定）
HP：http://www.ftnn.net
E-mail：staff.ftnn@gmail.com　　Tel/Fax：052-972-7350

柘植政志（つげ　まさし）　愛知県立南陽高等学校教諭（教科：商業科）。Nanyo Company部の立ち上げに携わり，商業科に関する知識を活用し，部の顧問として活動。商業に関する授業実践として積極的に産業界との

編著者紹介

渡辺龍也（わたなべ・たつや）

NHK記者，米大学院，国際機関職員，NGOスタッフ（ラオス駐在）等を経て，2000年から東京経済大学教員（担当分野：国際開発協力，NPO論）。研究のかたわら，フェアトレードタウン・ジャパン（現日本フェアトレード・フォーラム），日本エシカル推進協議会等の立ち上げに関わり，理事を務める。学生とともに「まちチョコ」活動も実施。主な著書に『フェアトレード学―私たちが創る新経済秩序』（新評論，2010，日本NPO学会優秀賞受賞），『「南」からの国際協力―バングラデシュ グラミン銀行の挑戦』（岩波ブックレット，1997），訳書にオックスファム・インターナショナル『貧富・公正貿易・NGO―WTOに挑む国際NGOオックスファムの戦略』（新評論，2006），D. コーテン『NGOとボランティアの21世紀』（学陽書房，1995）等がある。

フェアトレードタウン
“誰も置き去りにしない”公正と共生のまちづくり

2018年3月10日　　初版第1刷発行

編著者　渡辺龍也
発行者　武市一幸

発行所　株式会社　新評論

〒169-0051　東京都新宿区西早稲田3-16-28
http://www.shinhyoron.co.jp

電話　03（3202）7391
FAX　03（3202）5832
振替　00160-1-113487

定価はカバーに表示してあります
落丁・乱丁本はお取り替えします

装丁　山田英春
印刷　神谷印刷
製本　中永製本所

ISBN978-4-7948-1085-4
Printed in Japan

好評刊

渡辺龍也

フェアトレード学　私たちが創る新経済秩序

「人間らしい生活と経済活動」を私たち自身の手で切りひらくために！ 実務家から研究者，学生，消費者まで，歴史・課題・争点を総合的に学びたいすべての人必読・必携の画期的入門書。

A5 並製　352 頁　3200 円　ISBN978-4-7948-0833-2

M.B.ブラウン／青山薫・市橋秀夫 訳

フェア・トレード　公正なる貿易を求めて

第一世界の消費者と第三世界の生産者を結ぶ草の根貿易「フェア・トレード」。その仕組みと実践成果を，市民貿易団体TWINTRADEの代表が平易に説く。

四六上製　384 頁　3000 円　ISBN4-7948-0400-8

オックスファム・インターナショナル／渡辺龍也 訳

貧富・公正貿易・NGO
WTO に挑む国際 NGO オックスファムの戦略

貧困撲滅に向けた政策提言を続けてきた国際 NGO が，世界中の「貧困者」「生活者」の声を結集し「WTO 改革」につきつける渾身のレポート。**【序文：アマルティア・セン】**

A5 上製　440 頁　3500 円　ISBN4-7948-0685-X

【表示価格：税抜本体価】

好評刊

V ザックス＋T.ザンタリウス 編／川村久美子 訳

フェアな未来へ

誰もが予想しながら誰も自分に責任があるとは考えない問題に私たちはどう向き合っていくべきか

「事実としての正確さ，概念としての適切さ，不動の倫理的基盤。これ以上何を求めることがあろうか？」（スーザン・ジョージ)。ドイツ発，公正・人権・環境優先の政治経済モデル。

A5 上製　428 頁　3800 円　ISBN978-4-7948-0881-3

西川芳昭・木全洋一郎・辰巳佳寿子 編

国境をこえた地域づくり

グローカルな絆が生まれた瞬間

「究極のよそ者」である途上国の研修員と，日本のまちの人々との対話と協働から紡ぎだされる，地域づくりと国際協力の新しい指針。**【国際開発学会会長 佐藤寛氏推薦】**

A5 並製　228 頁　2400 円　ISBN978-4-7948-0897-4

大橋正明・谷山博史・宇井志緒利・金敬黙・中村絵乃・野川未央 編

非戦・対話・NGO

国境を越え，世代を受け継ぐ私たちの歩み

安保法制はなぜ廃止されなければならないのか。NGO 非戦ネットの有志 12 人が，自分史を通じて「世界と私」の関係性，そして「非戦の意思」を紡ぐ「生の証言集」。

A5 並製　240 頁　2600 円　ISBN978-4-7948-1081-6

【表示価格：税抜本体価】

好評刊

菊地昌実

絶対平和論　日本は戦ってはならない

対米従属，経済成長神話，抑止力幻想下の防衛構想，9条改悪…その下での「自衛」とは何なのか？ 明治150年，日本近代の鏡像を通じて，我が国の進むべき道を考える。

四六並製　248頁　1500円　ISBN978-4-7948-1084-7

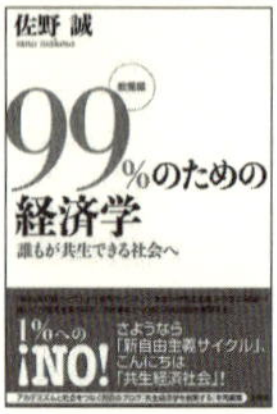

佐野　誠

99%のための経済学【教養編】
誰もが共生できる社会へ

新自由主義サイクル＋原発サイクル＋おまかせ民主主義＝共生の崩壊。この悪しき方程式からの脱却をめざす「いのち」と「生」のための経済学。「市民革命」はすでに現前している！

四六並製　216頁　1800円　ISBN978-4-7948-0920-9

佐野　誠

99%のための経済学【理論編】
「新自由主義サイクル」，TPP，所得再分配，「共生経済社会」

世界的視野から日本型「新自由主義サイクル」の破壊的本質を抉り出し，所得再分配と共生経済の来るべきマクロ＝ミクロ連環を大胆に対置する。好評【教養編】の理論的支柱。

四六上製　176頁　2200円　ISBN978-4-7948-0929-2

【表示価格：税抜本体価】